DR. OETKER

SCHUL KOCH BUCH

DAS ORIGINAL

DR. OETKER

SCHUL KOCH BUCH

DAS ORIGINAL

Ceres-Verlag
Rudolf-August Oetker KG
Bielefeld

Die Rezepte in diesem Buch sind –
wenn nicht anders angegeben –
für 4 Personen berechnet.

Für die Zurverfügungstellung von
Requisiten danken wir folgenden
Firmen:

AEG, Nürnberg
Fürst-Bestecke, Solingen
Krafft GmbH, Steinenbronn
Hutschenreuther, Selb
AUBECQ, Auxe le Chateau

Redaktion: Gisela Knutzen

Ratgebertexte: Christa Thim, Erlenbach

Rezeptentwicklung und -text: Versuchsküche Dr. August Oetker, Bielefeld
Leitung: Lieselotte Krätschmer

Titel- und Innenfotos: Christiane Pries, Borgholzhausen

Reproduktionen: Pörtner & Saletzki, Bielefeld

Satz: Junfermann Druck & Service, Paderborn

Druck: Kaufmann, Lahr

ISBN 3-7670-0359-7

Vorwort

Seit Generationen ist dieses bewährte Standardwerk der deutschen Küche Arbeitsgrundlage und Nachschlagewerk für Anfänger und für die versierte Hausfrau.

Immer wieder aktualisiert, d. h. überarbeitet unter Berücksichtigung moderner ernährungswissenschaftlicher Erkenntnisse und unter Einbeziehung neuer Produkte, vereint dieser Klassiker Bewährtes-Traditionelles und Neues-Modernes, bleibt somit zeitgemäß.

Übersichtlich und leicht verständlich dargestellt, von Phasenfotos hilfreich unterstützt, werden Anfänger und Profis problemlos zum perfekten Ergebnis geführt, das sich in vielen großzügig angelegten Abbildungen widerspiegelt.

Der erweiterte, reich bebilderte Ratgeberteil informiert über eine sinnvolle Ernährung, erklärt neue Produkte und gibt viele Tips und Tricks zu den einzelnen Rezepten, so daß alle Gerichte mühelos gelingen.

Das neue Dr. Oetker Schulkochbuch steht unter dem Motto: Kochen, genießen, sich wohlfühlen.

Ihr
CERES-Verlag

Inhaltsübersicht

Inhaltsübersicht

Inhaltsübersicht

Ernährung heute

Ernährung heute

Kaum ein Bereich des menschlichen Lebens ist von so großer Bedeutung wie die Ernährung. Sie trägt ganz wesentlich zu unserem Wohlbefinden bei. Viele Menschen empfinden ein hohes Genußgefühl, wenn ihnen das Essen schmeckt. Neben diesen subjektiven Aspekten der Freude am Essen spielt aber auch die „richtige" Ernährung eine große Rolle für unser physisches Wohlbefinden. Eine richtig zusammengestellte Kost trägt dazu bei, unsere Leistungsfähigkeit zu erhalten und gesund zu bleiben.
In diesem Kapitel werden die wichtigsten Bereiche der Ernährungslehre angesprochen und ihre Grundbegriffe erläutert. Außerdem geben wir Hinweise für das empfohlene Verhalten.

Es geht keineswegs darum, ständig mit Nährwerttabellen oder sonstigen Unterlagen bei der täglichen Speisenzubereitung zu arbeiten. Vielmehr sollte jeder die wichtigsten Grundbegriffe und Regeln kennen und sich im Grundsatz danach richten.

Ganz besonders wichtig ist es, sich abwechslungsreich zu ernähren. Dies bedeutet, eine möglichst breite Palette an Rohstoffen (Lebensmitteln) einzusetzen. So stellt man schon weitgehend sicher, die wichtigsten Nähr- und Wirkstoffe in genügender Menge aufzunehmen. Wenn man dann noch die Angebote der verschiedenen Jahreszeiten nutzt, kann man auch preiswert einkaufen.

Inzwischen hat sich weitgehend durchgesetzt, den Tag auf 5 Mahlzeiten (3 Haupt- und 2 Zwischenmahlzeiten) aufzuteilen. Dies trägt zu einer gleichmäßigen Leistungsfähigkeit über den ganzen Tag bei. Im allgemeinen kann man folgende Aufteilung empfehlen:

Frühstück und Abendessen	je 25%
Zwischenmahlzeiten	je 10%
Mittagessen	30%

Energiebedarf

Der Energiebedarf des einzelnen Menschen richtet sich nach seinem Grundumsatz und Arbeitsumsatz. Die beiden ergeben zusammen den tatsächlichen Tages-Energiebedarf.

Grundumsatz + Arbeitsumsatz
= Gesamtumsatz (Tages-Energie)

Grundumsatz. Das ist die benötigte Energiemenge in Ruhestellung (z. B. auch während des Schlafes).
Arbeitsumsatz. Das ist die zusätzlich benötigte Energiemenge durch körperliche Tätigkeit. Durch die Aufnahme der unterschiedlichen Speisen bekommt der Körper auch unterschiedlich viel Energie zugeführt. Stimmt außer der Energiemenge auch die Relation der einzelnen Nährstoffe zueinander, so wird auf Dauer sichergestellt, daß dem Organismus die nötigen Stoffe zur Aufrechterhaltung der Körperfunktionen zugeführt werden.

Kilokalorie/Kilojoule

Der Energiegehalt aller Lebensmittel wird seit einiger Zeit nach der internationalen Maßeinheit **Kilo-Joule** (kJ) – sprich: Dschul – berechnet und löst damit die bisher übliche Maßeinheit Kilokalorie (kcal) ab.

Energie wird gemessen:

1 kJ = 0,24 kcal
1 kcal = 4 kJ (genau 4,184)
Um 1 Liter Wasser um 1 Grad zu erwärmen werden 4,184 kJ (1 kcal) benötigt.

Täglicher Energiebedarf bei verschiedenen Tätigkeiten (Durchschnittswerte).

- Leichte, überwiegend sitzende körperliche Tätigkeit (z. B. Sekretärin, Laborant, Pkw-Fahrer):
  2200 Tages-Kilokalorien (= 9200 kJ).
- Mittelschwere körperliche Tätigkeit (z. B. Hausfrau mit Kindern, Autoschlosser):
  2800 Tages-Kilokalorien (= 11300 kJ).
- Schwere körperliche Tätigkeit (z. B. Maurer, Zimmermann, Leistungssportler):
  3400 Tages-Kilokalorien (= 13800 kJ).
- Schwerste körperliche Tätigkeit (z. B. Waldarbeiter, Steinbrecher, Hochleistungssportler):
  3800 Tages-Kilokalorien (= 15900 kJ).

Es gibt auch eine Faustregel zur Berechnung des Tages-Kalorienbedarfes bei leichter körperlicher Tätigkeit:
Idealgewicht × 32 = Tages-Kalorienbedarf
d. h. bei einem Idealgewicht von 60 kg beträgt der Tages-Energiebedarf 1920 Kilokalorien (= 8030 kJ).
Bei 70 kg beträgt der Tages-Kalorienbedarf 2240 Kilokalorien (= 9370 kJ).

Idealgewicht/Normalgewicht
Die Körpergröße über 1 Meter entspricht dem „Normalgewicht" in Kilogramm. Z. B. hat ein Mensch mit einer Körperlänge von 170 cm ein „Normalgewicht" von 70 Kilogramm.
Das „Idealgewicht" wird errechnet, indem bei:

- Männern vom Normalgewicht 5% abgezogen werden.
  70 kg – 5% = 66,5 kg.
- Frauen vom Normalgewicht 10% abgezogen werden.
  70 kg – 10% = 63 kg.

Empfohlenes Verhältnis der Nährstoffe zueinander

12 – 15% Eiweiß
30 – 35% Fett
55 – 60% Kohlenhydrate

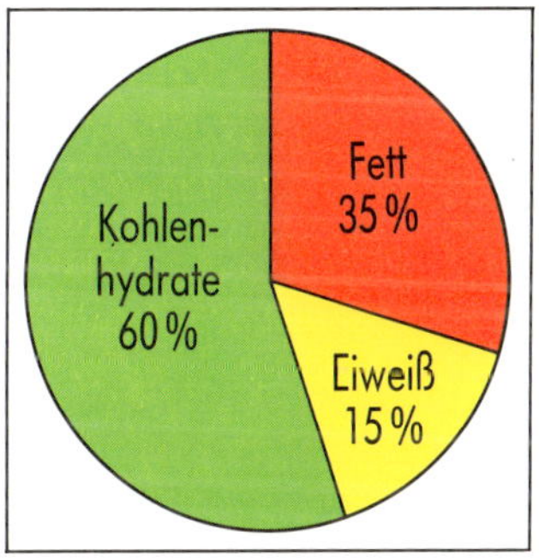

Beispiel:
Bei einer Tages-Energiemenge von 2000 kcal ergibt das folgende Menge der einzelnen Nährstoffe:

- Eiweiß ca. 60,0 – 75,0 g
- Fett ca. 66,5 – 77,5 g
- Kohlenhydrate ca. 275,0 – 300,0 g

Durch eine möglichst abwechslungsreiche Zusammenstellung der Lebensmittel entsprechend obiger Aufteilung ist auch die Versorgung mit Vitaminen, Minarlstoffen und Spurenelementen weitgehend sichergestellt.

Ernährung heute

Energiegehalt der einzelnen Nährstoffe:

1 Gramm
- Eiweiß ca. 4 kcal = ca. 17 kJ
- Fett ca. 9 kcal = ca. 38 kJ
- Kohlenhydrate
  ca. 4 kcal = ca. 17 kJ
- Alkohol
  ca. 7 kcal = ca. 29 kJ

Häufig wird bei der Berechnung der gesamten Energiemenge vergessen, daß Alkoholkonsum erheblich zur überhöhten Energieaufnahme beiträgt.

Eiweiß (Protein)

Eiweiß ist die lebensnotwendige Wachstumsquelle für alle Zellen und Muskeln des menschlichen Körpers. Die einzelnen Zellen im menschlichen Organismus werden ständig ab- und wieder neu aufgebaut. Dabei ist nicht jedes Protein für den Organismus gleich wertvoll. Mehr als 20 verschiedene Bausteine, die Aminosäuren bilden die unterschiedlichen Proteine. 8 dieser Aminosäuren können nicht vom Körper aufgebaut werden und müssen deshalb mit der Nahrung aufgenommen werden. Dies sind die sogenannten essentiellen Aminosäuren. Die restlichen Aminosäuren kann der menschliche Organismus aus anderen Grundnährstoffen selbst zusammensetzen.

Eiweißhaltige, empfehlenswerte Lebensmittel.

Tierisches Eiweiß ist mit einem hohen Anteil enthalten in: Magerem Fleisch, Geflügel, Wild, Fisch, Milchprodukten, Milch, Eiern.

Pflanzliches Eiweiß ist mit einem hohen Anteil enthalten in: Getreide, Hülsenfrüchten, Gemüse, Nüssen, Mandeln, Kartoffeln.

Fette

Sie sind unsere größten Energielieferanten und Bestandteil jeder einzelnen Zelle in unserem Organismus. Sie sind auch Träger lebensnotwendiger, fettlöslicher Vitamine.

Im menschlichen Organismus sind die Fette als Neutralfette (Verbindungen von Glycerin und Fettsäuren) und Lipoide (fettähnliche Substanzen wie z. B. Cholesterin) enthalten.
Ein Hauptbestandteil der Fette sind die Fettsäuren. Es gibt einfach ungesättigte, mehrfach ungesättigte und gesättigte Fettsäuren. Der Anteil der gesättigten Fettsäuren am Gesamt-Fettverzehr ist häufig zu hoch und sollte zugunsten der mehrfach ungesättigten Fettsäuren reduziert werden.

Tierische Fette (Butter, Schmalz, Rindertalg) enthalten überwiegend gesättigte und einfach ungesättigte Fettsäuren.

In **pflanzlichen** Fetten sind die mehrfach ungesättigten Fettsäuren in größeren Mengen vorhanden (z. B. Sonnenblumen-, Maiskeim- oder Distel-Öle oder Margarinen).
In der täglichen Ernährung sind die Fette in versteckter und in sichtbarer Form enthalten.
Sichtbare Fette benötigen wir zum Aufstreichen und Zubereiten vieler Speisen (s. Foto).

Versteckte Fette sind in vielen einzelnen Rohstoffen und in zubereiteten Speisen enthalten, z. B. in Fleisch, Wurst, Geflügel, Fisch, Milch und Milchprodukten, Schokolade, Kartoffelpüree, Gebäck.
Häufig denkt man nicht an die versteckten Fette in den einzelnen Speisen. Gerade wenn man den Fettverbrauch reduzieren möchte, ist deren Beachtung jedoch besonders wichtig.
Der Verbrauch an Fett sollte pro Tag auf keinen Fall 1 g pro kg Körpergewicht überschreiten. Bei einem Normalgewicht von 60 kg ergibt das 60 g Fett pro Tag. Dabei muß beachtet werden, daß etwa die Hälfte des Gesamt-Fettanteils bereits in

versteckter Form in den Lebensmitteln enthalten ist (s. Foto) und zum Aufstreichen und Zubereiten der Speisen pro Tag nur noch 30 g übrigbleiben.

Hinweise und Tips zur Einsparung von Fett

- Fette immer mit einem Tee- oder Eßlöffel genau abmessen.
  1 gestr. Teelöffel Fett entspricht etwa 4 – 5 g.
  1 gestr. Eßlöffel Fett entspricht etwa 10 – 12 g.
- Butter oder Pflanzenmargarine enthalten weniger Energie als Speiseöl, da sie nur ca. 80% Fett enthalten. Der Rest besteht überwiegend aus Wasser.
- Versteckte Fette enthalten überwiegend gesättigte Fettsäuren. Ausnahmen z. B. Mandeln, Nüsse, Avocados.
- Fettfreie und fettarme Garmethoden sollten den fettreichen (z. B. fritieren) vorgezogen werden.

Kohlenhydrate

Kohlenhydrate sind für verschiedene Stoffwechselvorgänge verantwortlich. Sie machen mehr als die Hälfte der Tagesenergie in unserem Essen aus. Kohlenhydrate teilt man üblicherweise in 2 Gruppen ein:

Wertvolle Kohlenhydrate. Sie liefern dem Körper außer Energie noch Nährstoffe, Vitamine, Spurenelemente, Mineralstoffe und Ballaststoffe. Außerdem werden sie im Organismus langsamer abgebaut und sorgen für ein länger anhaltendes Sättigungsgefühl.

Beispiele für Lebensmittel mit einem hohen Anteil an wertvollen Kohlenhydraten (Foto 1 unten). Getreide, Vollkornbrot, Knäckebrot, frische Früchte, Gemüse, Trockenobst, Kartoffeln, Hülsenfrüchte.

Leere Kohlenhydrate. Sie liefern nur Energie und werden überwiegend schnell abgebaut. Beispiele für Lebensmittel mit überwiegend leeren Kohlenhydraten: Weißbrot, Toast, zuckerhaltige Getränke, gesüßte Konserven, Pralinen, Schokolade, Marmelade, Süßspeisen mit überwiegend hohem Zuckeranteil usw. (Foto 2).

1

2

Ernährung heute

Ballaststoffe

Ballaststoffe sind unverdauliche Rohfaserstoffe (Zellulose), welche dem Darm als Füllstoff dienen. Sie quellen mit Wasser auf und regen die Darmtätigkeit an. Durch die modernen Ernährungsgewohnheiten ist der Anteil an ballaststoffreichen Lebensmitteln stark zurückgegangen. Daher nehmen wir üblicherweise deutlich zu wenig Ballaststoffe auf.
Reich an Ballaststoffen sind z. B.: Hülsenfrüchte, Vollkornbrot, Getreide generell, frische Früchte, Gemüse, Dörrobst.
Arm an Ballaststoffen sind z. B.: Süßigkeiten, Kuchen, Weißbrot, Toastbrot, Teigwaren aus Mehl Type 405, Fleisch, Fisch, Eier, Wurstwaren, Milchprodukte.

Vitamine und Mineralstoffe

Ohne Vitamine und Mineralstoffe ist menschliches Leben nicht möglich. Sie sind lebensnotwendige Bestandteile in unserer Nahrung und greifen regulierend in verschiedene Stoffwechselvorgänge ein. Wir benötigen sie, im Gegensatz zu den Nährstoffen, nur in geringen Mengen. Sie liefern auch keine Energie.

Vitamine werden eingeteilt in:
- **wasserlösliche** Vitamine (Vitamine der gesamten B-Gruppe und Vitamin C)
- **fettlösliche** Vitamine (Vitamin A, D, E und K)

Mineralstoffe werden eingeteilt in:
- **Mengenelemente.** Sie werden in einer etwas größeren Menge benötigt (z. B. Calcium, Phosphor, Magnesium, Kalium).
- **Spurenelemente.** Sie werden in einer sehr geringen Menge benötigt (z. B. Eisen, Zinn, Zink, Kupfer, Mangan).

Vitamine und Mineralstoffe haben ganz unterschiedliche Funktionen im menschlichen Körper.

Einige Beispiele:

Vitamine und Mineralstoffe	**wichtig für:**
Vitamin B_1	Kohlenhydratabbau
Vitamin D	Einlagerung der Mineralstoffe in die Knochen.
Vitamin C	Schutzfunktion vor Infektionskrankheiten.
Vitamin A	Bestandteil des Sehpurpurs (Augen).
Eisen	Bildung roter Blutkörperchen.
Jod	Schilddrüsenfunktion
Calcium	Knochenaufbau
Phosphor	Knochenaufbau

Einen besonders hohen Anteil an Vitaminen und Mineralstoffen in unterschiedlicher Zusammensetzung haben z. B.:
Milch, Milchprodukte, frische Früchte, Gemüse, Brot, Getreide, Vollkornbrot, Fleisch, Fisch, Kartoffeln, Kräuter, Eier.
Durch nicht sachgemäße Behandlung gehen häufig wertvolle Wirkstoffe verloren. Folgende Hinweise helfen, den Vitamin- und Mineralstoffgehalt zu erhalten:
- Die Lagerzeit so kurz wie möglich halten.
- Möglichst frische Zutaten verwenden.
- Lebensmittel erst nach dem Waschen zerkleinern.
- Schonende Garmethoden auswählen (z. B. dünsten, dämpfen).
- Garzeit so kurz wie möglich halten.
- Zubereitete Speisen nicht lange warm halten.
- Früchte und Gemüse überwiegend roh verzehren (aber sorgfältig waschen).
- Bei der Vorratshaltung lieber tiefkühlen als sterilisieren.

Wasser

Wasser ist ein Hauptbestandteil des Menschen. Ohne Wasser gibt es kein Leben. Es ist in allen Zellen enthalten und dient als wichtiges Transport- und Lösungsmittel für Nähr- und Wirkstoffe um sie an ihre Bestimmungsorte (Zellen, Organe) zu bringen.
Der täglich benötigte Wasserbedarf liegt bei 2 bis 2,5 Liter.
Die **Wasseraufnahme** erfolgt mit Getränken, Früchten, Gemüse und Speisen wie z. B. Suppen, Soßen, Eintöpfen.
Die **Wasserausscheidung** erfolgt überwiegend mit dem Harn aber auch durch die Haut (als Schweiß) und die Atmung.

Wasseranteil verschiedener Lebensmittel in %:
Brathähnchen 73%
Wassermelonen 73%
Apfelsinen 86%
Radieschen 94%
Milch 87%
Forelle 77%
Schweineschnitzel 70%
Vollkornbrot 71%
Erdbeeren 90%
Äpfel 84%

Fehlernährung – eine mögliche Ursache für Zivilisationserkrankungen
Fehlernährung kann dazu beitragen, ernährungsbedingte Erkrankungen zu begünstigen. Bei vielen Menschen ist der Wunsch vorhanden, sich richtig zu ernähren. Doch in Wirklichkeit essen wir immer noch „zu viel", „zu süß", „zu ballaststoffarm" und „zu fett". Somit fördern wir die Entstehung z. B. von Herz- und Kreislauferkrankungen, Gicht, Diabetes, Verdauungsstörungen, Karies und Übergewicht.

Folgende Lebensmittel begünstigen bei zu hohem Verbrauch z. B.:

Übergewicht: alle fett- und zuckerhaltigen Speisen, Süßigkeiten, Kuchen, Limonaden und Cola-Getränke, Alkohol, Wurstwaren, fetthaltige Käse, Aufstrichfett.

Anstieg von Bluthochdruck u. a. häufig durch zu hohen Salzverbrauch.

Anstieg von Harnsäure im Körper: Fleisch, Wild, Wurst, Geflügel, Innereien, Fisch, Weich- und Krustentiere, hausgemachte Knochen- und Fleischbrühe.

Anstieg von Cholesterin oder Blutfetten: Fette wie z. B.: zuviel Kokosfette, Butter, Schmalz, Speck etc., Wurstwaren, Fleisch, Wild, Fisch, Süßspeisen, Eier, Kuchen.

Anstieg von Blutzucker im Blut: Hoher Verbrauch von schnell resorbierbaren, leeren Kohlenhydraten wie z. B.: Süßigkeiten, Zucker, Honig, Kuchen, gesüßte Getränke und Obst-Konserven, Eis.
Von besonderer Wichtigkeit für die Gestaltung des täglichen Speiseplanes ist die Erhaltung der Freude am Essen. Das bedeutet, daß die Grundlagen der richtigen Ernährung beachtet werden. Voraussetzung dafür, daß die Familie zufrieden bleibt, ist allerdings, daß das Essen auch gut schmeckt. Diejenige Hausfrau, die die beiden Aspekte „richtige" Ernährung und hoher Genußwert kombinieren kann, wird auf Dauer das beste für ihre Familie tun, nämlich Spaß am Essen schaffen und einen Beitrag zur Gesunderhaltung leisten.

Richtig würzen

Gewürze und Kräuter geben den einzelnen Speisen das gewisse Etwas.

Gewürze waren früher kostbar und wertvoll. Manchmal wurde ihr Gewicht in Gold aufgewogen. Sie waren das Privileg der Reichen. Heute sind sie für jedermann in großer Auswahl in jedem Lebensmittelgeschäft zu erhalten.

Das Angebot an Kräutern wird auf Wochenmärkten und in unseren Lebensmittelgeschäften immer umfangreicher. Schöner ist es allerdings, sie im eigenen Garten oder Blumenkasten zu ziehen.

Kräuter und Gewürze geben uns nicht nur die Möglichkeit, den täglichen Speiseplan interessanter zu gestalten, sondern sie sind auch bekannt dafür, daß sie im therapeutischen Bereich bei unterschiedlichen Erkrankungen eingesetzt werden. Sie wirken auf unseren Organismus z. B.:

- appetitanregend (z. B. Rosmarin, Bohnenkraut, Basilikum).
- erkältungshemmend (z. B. Salbei).
- schweißtreibend (z. B. Salbei).
- durchblutungsfördernd (z. B. Rosmarin).
- harntreibend (z. B. Petersilie, Kümmel, Wacholder, Kresse).
- verdauungsfördernd (z. B. Künmmel, Ingwer, Anis).

Beim richtigen Einsatz von Kräutern und Gewürzen kann der übermäßig hohe Salzverbrauch reduziert werden.

Hinweis:
Da sich Kochsalz in den Speisen sehr schnell verteilt, empfiehlt es sich, die Gerichte mit Kräutern und Gewürzen zuzubereiten und erst unmittelbar vor dem Servieren nach Bedarf zu salzen.

Verarbeitung von Gewürzen

1. Gewürze dürfen nie den Eigengeschmack der Speisen übertönen. Sie müssen immer auf die einzelnen Lebensmittel abgestimmt werden.
2. Gewürze sollten vorwiegend zu Beginn des Garvorganges an die Speisen gegeben werden. Die Aromastoffe ziehen besser durch die Rohstoffe. Die Zugabe von Salz kann dadurch stark eingeschränkt werden.
3. Gewürze erst unmittelbar vor der Verwendung zerkleinern. (Pfeffer- oder Muskatmühle, Mörser etc.). So bleiben ihre Geschmacks- und Aromastoffe erhalten.

Hinweise:

- Gemahlene Gewürze nur in kleinen Mengen einkaufen. Licht- und aromageschützt, getrennt in geschlossenen Behältern aufbewahren.
- Vorsicht vor Wasserdampf. Gewürze klumpen und verderben.
- Vorsicht vor heißem Fett. Viele Gewürze werden bitter und verbrennen (Paprika).

Eine kleine Auswahl aus dem vielfältigen Sortiment der Gewürze.

Pfeffer. Wichtigstes Gewürz. Runde Früchte des Pfefferstrauches. Mit grüner Schale sind die Früchte unreif (roh konserviert). Je nach Reifegrad ist die Schale rot, schwarz bis gelblich-weiß gefärbt. Schwarzer Pfeffer ist würzig und weniger reif als der weiße, milde.

Piment (Nelkenpfeffer). Runde, vor der Reife gepflückte rot- bis dunkelbraune Beerenfrüchte. Getrocknet ganz oder gemahlen; z. B. für Wild, Marinaden/Sud, Sauerbraten, Reisgerichte, Gebäck.

Curry ist eine Gewürzmischung aus 12 – 15 verschiedenen Gewürzen für Reis- und Getreidegerichte, Geflügel, Fisch, Soßen.

Kümmel. Fruchtsamen in gemahlener oder ganzer Form. Für: Kohl, Kartoffeln, Hackfleisch, Brot, Quark.

Lorbeer. Getrocknete Blätter des Lorbeerstrauches. Für: Marinaden, Wild, Kraut, Hülsenfrüchte.

Muskatnuß. Frucht des immergrünen Muskatbaumes. Für Apfelmus, Kartoffelbrei, Rosenkohl.

Nelken. Getrocknet; ganz oder gemahlen z. B. für Sauerbraten, Reis, Hirse, Wild, Kompott, Gebäck, Glühwein.

Paprika. Getrocknete, gemahlene Schoten. Paprika-edelsüß = leicht scharf. Rosenpaprika = sehr scharf.

Wacholder. Violettfarbene Beeren des Wacholderstrauches. Für: Marinaden, Wild, Fleisch, Fisch, Kraut.

Vanille. Verwendet wird das ausgekratzte Mark der Schote oder die ganze Schote kleingeschnitten.

Zimt. Getrocknete Innenrinde des Zimtbaumes. Ceylon-Zimt = würzig, mild. Kassia-Zimt (China) = stark würzig.

Einkauf von Lebensmitteln

Die wirtschaftliche Führung eines Haushaltes muß sorgfältig geplant werden, denn gute Planung bringt erhebliche Zeit- und Kostenersparnis.

Eine gute Planung bedeutet:

1. Aufstellung eines Speisenplanes.
   Am besten für eine gesamte Woche. Der Bedarf kann in Ruhe auf das Haushalts-Budget, die vorhandenen Vorräte und das jahreszeitliche Angebot angestimmt werden.
2. Eine gute Vorratshaltung.
   Die wichtigen Lebensmittel, die immer wieder gebraucht werden, sollten ständig vorrätig sein. Entsprechend der Speisenplanung müssen sie mit den weiter benötigten Zutaten ergänzt werden. Überlagerung vermeiden.
3. Führung eines Haushaltsbuches.
   Genaue Aufzeichnungen über die Einkäufe führen! Der Stand des Haushaltsbudgets ist dann immer klar ersichtlich. Engpässe können vermieden werden.
4. Einbeziehung vorgefertigter Lebensmittel.
   Sie helfen bei richtigem Einsatz Zeit und Kraft einzusparen und ermöglichen rationelle Vorratshaltung. Zeitaufwendige Arbeitsabläufe werden uns von der Industrie abgenommen.

Beim Einkauf ist zu beachten:

- Eine Einkaufsliste bewahrt vor unüberlegten und oft auch unnötigen Einkäufen.
- Nur wirklich frische Lebensmittel auswählen.
- Das Mindesthaltbarkeitsdatum genau ansehen.
- Preisvergleiche anstellen. Günstige Sonderangebote ausnutzen (vorher die nötigen Lagermöglichkeiten überdenken).
- Sonderangebote kritisch betrachten; nicht jedes ist auch wirklich günstig.
- Beim Kauf der vorgefertigten Lebensmittel die Zutatenliste ansehen. Die Aufzählung der genannten Rohstoffe erfolgt in absteigender Reihenfolge ihres Gewichtsanteiles.

Vorrat und Lagerung

Alle Lebensmittel sollten so frisch wie möglich verarbeitet werden. Allerdings ist auch ein Notvorrat über einen Zeitraum von etwa 2 Wochen empfehlenswert.

Einkauf von Lebensmitteln

Vorteile der Vorratshaltung

- Im Kühlschrank oder in dem Tiefkühlgerät halten die Lebensmittel länger frisch.
- Rationelles Arbeiten, da der tägliche Einkauf entfällt.
- Rationeller Einkauf für kleine Haushalte. Geringer Verlust bei größeren Packungen wie z. B. Sahne oder Milch.
- Sonderangebote können besser genutzt werden (z. B. eine größere Menge Fleisch oder Gemüse fachgerecht tiefgefrieren).
- Zubereitungsmöglichkeiten von Gerichten, die nicht der Jahreszeit entsprechen.
- Reserve für Krankheitsfall oder überraschende Gästebewirtung.

Lagermöglichkeit im Keller

Der Keller sollte gut belüftet und dunkel sein.
Günstige Temperatur bei:
- Lehmboden + 12°C.
- Betoniertem Boden + 9° bis 15°C.

Die Lagerung von Obst und Kartoffeln ist in Horten oder Steigen empfehlenswert.

Lagerung länger haltbarer Lebensmittel in Speisekammer oder -schrank
Speisekammer oder -schrank sollten ebenfalls gut belüftet sein. Die Temperatur sollte + 15°C bis + 20°C nicht übersteigen.

Lagerzeiten, soweit sie nicht vom Hersteller anderweitig (z. B. Mindesthaltbarkeitsdatum) angegeben sind:

Lebensmittel	**Jahr**
Fischvollkonserven	1–2
Fleischvollkonserven	3–5
Dosensuppen	1–2
Gemüsekonserven	2
Obstkonserven	1–2
Gewürze	1
Grieß, Graupen	½
Haferflocken	½–1
Honig	1
Hülsenfrüchte	1
Kaffee	1
Kakao	½
Kondensmilch	1
Konfitüre	1–2
Mehl	½
Reis	1
Speiseöl	1
Speisestärke	1
Tee	½–1
Teigwaren	½–1
Trockenobst	1
Trockensuppen (kochfertig)	¾–1
Zwieback	1
Zucker – bei trockener Lagerung unbegrenzt	

Lagerung im Kühlschrank
Günstige Temperatur:
+2° – +4°C.

Einige Hinweise:
- Gegarte Speisen vorher abkühlen
- Speisen abdecken, damit Austrocknung und Geruchsübertragung vermieden werden.
- Geöffnete Konserven oder Dosenmilch vorher in ein anderes Gefäß umfüllen.
- Obst und Gemüse in den dafür vorgesehenen Schalen lagern. Sie bleiben länger frisch.
- Pilze aus der Verpackung nehmen. Sie müssen trocken und kühl gelagert werden.

Lagerdauer im Kühlschrank

Lebensmittel	**Tage**
Fleisch, roh	2– 5
Fleisch, gegart	2– 6
Hackfleisch, roh	6–8 **Std.**
Hackfleisch, gegart	2– 4
Wurst, frisch	1– 4
Fisch, roh	bis 24 Std.
Fisch, gegart	2– 3
Milch, Sahne	4– 5
Joghurt	4– 6
Frischkäse	4– 5
Schnittkäse	10–14
Eier	3–4 Wochen
Gemüse, roh	3– 8
Salate	1– 3
Gemüse, gegart	1– 3
Beerenobst	2–10
Früchte, frisch	3–10
Teigwaren, gegart	2– 4
Reis, gegart	2– 4
Kartoffelsalat	bis 1

Hinweis:
Lagerung in Tiefkühlgeräten siehe Seite 29.

Nährwerttabelle

Nahrungsmittel 100 g enthalten (käufliche Rohware)	Eiweiß g	Fett g	Kohlen- hydrate g	Kilo- joule kJ	Kilo- kalorien kcal	Chole- sterin
Rindfleisch:						
Filet	19,2	4,4	—	527	126	70,0
Keule	17,4	5,9	—	552	132	99,6
Ochsenschwanz	21,0	11,5	—	770	184	70,0
Roastbeef	19,0	9,4	—	724	173	64,4
Zunge	11,8	11,8	—	699	167	79,9
Schweinefleisch:						
Filet	18,6	9,9	—	736	176	70,0
Hackfleisch (halb und halb)	20,0	20,0	—	1088	260	70,0
Kasseler	17,3	14,1	—	920	220	—
Keule	15,2	20,6	—	1100	263	63,0
Kotelett	13,1	19,6	—	1021	244	56,0
Leber	20,1	5,7	1,1	615	147	346,0
Nieren	14,4	4,5	0,7	456	109	305,0
Kalbfleisch:						
Brust	10,6	3,6	—	339	81	51,3
Keule	16,1	1,2	—	347	83	70,0
Schulter	15,8	2,2	—	381	91	69,3
Hammelfleisch:						
Kotelett	16,9	2,4	—	410	98	54,6
Geflügel:						
Ente	14,5	13,8	—	812	194	60,0
Gans	9,9	19,5	—	958	229	55,0
Poularde	15,2	4,1	—	448	107	56,0
Pute (Steak)	24,1	1,0	—	481	115	0,0
Suppenhuhn	13,5	14,8	—	837	200	55,0
Wild:						
Kaninchen	16,4	6,0	—	552	132	55,3
Rehrücken	15,7	2,5	—	389	93	77,0
Wildschweinkeule	18,8	2,1	—	410	98	0,0
Fisch:						
Aal (grün)	10,5	17,2	—	874	209	99,4
Forelle	10,1	1,4	—	243	58	28,6
Kabeljau (Netto)	17,7	0,4	—	343	82	30,0
Rotbarsch	8,7	1,7	—	230	55	18,2
Seelachs	11,9	0,5	—	238	57	21,5
Schollenfilet	17,1	0,8	—	343	82	50,0
Milchprodukte:						
Buttermilch	3,5	0,5	4,0	151	36	4,0
Crème fraîche, 30 % Fett	2,6	30,2	3,9	1293	309	0,0
Joghurt, 3,5 % Fett	3,9	3,8	4,6	293	70	10,0
Schlagsahne, 30 % Fett	2,4	31,7	3,4	1326	317	109,0
saure Sahne, 10 % Fett	3,1	10,5	4,0	531	127	34,0
Trinkmilch, 3,5 % Fett	3,3	3,6	4,7	276	66	11,7
Eier:						
Ei, Gewichtsklasse 3, (Brutto)	11,3	9,9	0,6	615	147	512,0
Öle und Fette:						
Butter	0,7	83,2	0,7	3247	776	240,0
Margarine, z. B. Sanella	0,2	80,0	0,4	3138	750	0,0
Erdnußfett	—	93,0	—	3619	865	0,0
Pflanzenöl	—	93,0	—	3619	865	0,0

Nährwerttabelle

Nahrungsmittel 100 g enthalten (käufliche Rohware)	Eiweiß g	Fett g	Kohlenhydrate g	Kilojoule kJ	Kilokalorien kcal	Cholesterin
Getreideerzeugnisse:						
Grieß	10,3	0,8	75,3	1548	370	0,0
Reis, poliert	7,0	1,0	79,0	1540	368	0,0
Sago	2,0	—	82,0	1435	343	0,0
Nudeln	13,0	2,9	72,4	1632	390	0,0
Weizenmehl, Type 405	10,6	1,0	74,0	1540	368	0,0
Speisestärke	0,4	0,1	86,6	1460	349	0,0
Haferflocken (Vollkorn)	13,5	7,0	66,4	1695	405	0,0
Gemüse:						
Blumenkohl	1,6	0,2	2,4	71	17	0,0
Bohnen, grün	2,3	0,2	4,8	134	32	0,0
Champignons	2,7	0,2	2,9	100	24	0,0
Chicorée	1,2	0,2	2,0	59	14	0,0
Gurken	0,4	0,1	1,0	29	7	0,0
Grünkohl	2,2	0,5	2,6	100	24	0,0
Kartoffeln	1,6	0,1	14,8	293	70	0,0
Kopfsalat	1,3	0,2	2,2	67	16	0,0
Möhren	0,8	0,2	7,1	138	33	0,0
Pfifferlinge	1,0	0,3	1,8	59	14	0,0
Spargel	1,4	0,1	2,2	63	15	0,0
Spinat	2,1	0,3	2,9	92	22	0,0
Tomaten	0,9	0,2	3,3	79	19	0,0
Weißkohl	1,1	0,2	3,3	79	19	0,0
Zwiebeln	1,2	0,2	8,0	176	42	0,0
Hülsenfrüchte:						
Bohnen (weiße)	21,3	1,6	57,6	1473	352	—
Erbsen	22,9	1,4	58,9	1515	362	—
Linsen	23,9	1,4	56,2	1481	354	—
Süßwaren:						
Zucker	—	—	99,8	1648	394	0,0
Schokolade (Vollmilch)	9,1	32,8	54,7	2356	563	0,0
Obst:						
Ananas	0,3	0,1	7,1	126	30	0,0
Äpfel	0,3	0,4	12,6	230	55	0,0
Bananen	0,8	0,1	15,6	276	66	0,0
Birnen	0,4	0,3	11,9	218	52	0,0
Erdbeeren	0,8	0,4	7,3	151	36	0,0
Himbeeren	1,3	0,3	8,1	167	40	0,0
Pflaumen	0,6	0,2	13,6	243	58	0,0
Weintrauben	0,7	0,3	16,1	289	69	0,0
Backobst	2,8	0,6	64,1	1151	275	0,0
Getränke:						
Apfelsaft	—	—	11,6	192	46	0,0
Orangensaft, frisch	0,7	—	10,6	192	46	0,0
		Alkoholgehalt g				
Rotwein, leicht	0,2	7,9	2,4	276	66	0,0
Weißwein, mittlere Qualität	0,2	8,4	2,6	293	70	0,0
Vollbier, hell	0,5	3,6	4,8	197	47	0,0

— = Keine Daten; 0 = nicht vorhanden.

Garmethoden

Es gibt eine Vielzahl an Garmethoden, die je nach Gericht unterschiedlich eingesetzt werden. Man achtet jetzt zunehmend darauf, unter Zugabe von möglichst wenig Fett zu garen. Dadurch bekommen z. B. Alufolien, Bratfolien und Tonformen eine wachsende Bedeutung. Aber auch bei konventionellen Zubereitungsarten wie Backen, Braten kann meist erheblich Fett eingespart werden.

Kochen

Garen in einer großen Menge siedender Flüssigkeit (siehe Ratgeberteil/Fleisch, Seite 94).

Schmoren

Garen durch Anbraten in heißem Fett und Weitergaren in siedender Flüssigkeit und Wasserdampf (siehe Ratgeberteil/Fleisch, Seite 94).

Braten

- Braten **in der Pfanne** (Kurzbraten). Garen und Bräunen in wenig Fett (siehe Ratgeberteil/Fleisch, Seite 94).
- Braten **im Backofen.** Garen unter Bräunung (mit oder ohne Fettzugabe) im offen Gefäß (siehe Ratgeberteil/Fleisch, Seite 95).

Dämpfen

Garen in strömendem Wasserdampf bei Temperaturen zwischen 80° C und 100° C. Dabei liegen die Lebensmittel in einem Siebeinsatz, werden von dem aufsteigenden Dampf gleichmäßig umgeben und garen schonend. Die Speisen sind leicht verträglich und behalten ihre frische Farbe und ihren Eigengeschmack. Die Dampfflüssigkeit ist nach der Garzeit ein kräftig schmeckender Sud und sollt zur Zubereitung von Suppen und Soßen weiterverwendet werden.

Tip: Gewürze und Kräuter in die Dampfflüssigkeit geben. Ihre Aroma- und Geschmacksstoffe übertragen sich während des Garens auf das Gargut.

Dünsten

Garen in wenig Flüssigkeit und Wasserdampf bei Temperaturen unter 100° C (siehe Ratgeberteil/Gemüse, Seite 160).

Alufolie

Garen im eigenen Saft (ohne Bräunung). Alufolie (Aluminiumfolie) besteht aus sehr dünn ausgewalztem Aluminium. Die in ihr zubereiteten Speisen behalten Eigengeschmack, Vitamine und Mineralstoffe. Alufolie ist geschmacksneutral, geruchsfrei und undurchlässig für Flüssigkeiten.

Wichtige Hinweise:

- Folie leicht einfetten, die Speisen kleben nicht an.
- Folie richtig zufalzen; es darf keine Flüssigkeit entweichen. Brief-, Block- oder Beutelpackung (s. Foto oben).
- Folie nicht zu eng um das Gargut spannen, es muß etwas Platz für die Dampfentwicklung bleiben.
- Verschlossene Folienpäckchen auf den Bratrost legen (evtl. in einer feuerfesten Form), da der Herdboden zu heiß ist und die Folie anklebt.
- Die Garzeit der Speisen verlängert sich um etwa 1/3 im Vergleich zu der üblichen Garzeit.

Fritieren

Garen und Bräunen im Fettbad bei Temperaturen zwischen 170° C und 180° C.
Es handelt sich um ein Kurzbrat- bzw. Kurzbackverfahren, bei dem die Lebensmittel von allen Seiten gleichmäßig gebräunt werden (z. B. Pommes frites, Kroketten, panierte Fisch- oder Fleischportionen, Spritzgebäck). Fritieren ist eine sehr fettreiche Garmethode, die möglichst wenig eingesetzt werden sollte.

Bratfolie

Garen im eigenen Saft (mit Bräunung).
Im Gegensatz zur Alufolie bekommen in Bratfolie zubereitete Speisen durch die Strahlungswärme eine Bräunung. Bratfolie ist bis etwa 230° C hitzebeständig und ist nur für die Zubereitung von Speisen im Backofen geeignet.
Sie besteht aus einem klaren Kunststoff, ist geruchsneutral und wird in Schlauch- und Beutelform und am Stück (Rolle) mit Alustreifen angeboten.

Wichtige Hinweise:
- Gargut einfüllen; Folie verschließen.
- Folie nicht zu straff um die Speisen spannen, es muß für die Dampfentwicklung genügend Platz bleiben.
- Folie mehrmals einstechen (s. Foto oben) damit der Dampf entweichen kann.

- Folie auf den **kalten** Bratrost legen. Auf dem heißen Rost würde sie sofort platzen.
- Folienpäckchen nicht zu nahe an die Backofenwand oder -decke legen. Beim Ausdehnen könnte sie daran festkleben.

Grillen

Garen unter Bräunung durch Strahlungshitze mit sehr hoher Temperatur. Fettarme Garmethode.

Wichtige Hinweise:
- Mariniertes Grillgut (Öl, Beize, Gewürze) wird zarter und schmackhafter.
- Gewürze zuerst mit dem Öl vermischen, danach das Grillgut bestreichen. Die Gewürze können nicht verbrennen (s. Foto unten).
  Erst nach dem Grillen salzen.
- Beim Holzkohlengrill ist es empfehlenswert, auf Alufolie oder in speziellen Grillschalen zu grillen.

Schnellkochen

Durch den Schnellkopftopf wird die Garzeit im Vergleich zu anderen Garmethoden wesentlich verkürzt. Die Speisen werden in einem hermetisch abgeschlossenen Topf unter Druck gekocht. Im Topfinnenraum entsteht bei der Erwärmung der Flüssigkeit ein Überdruck, der die Temperatur auf über 100° C ansteigen läßt.
Die Speisen werden bei einer Temperatur zwischen 108° C und 118° C gegart. Durch die hohe Temperatur wird die Garzeit der einzelnen Speisen um ca. 2/3 verkürzt.
Schnellkochtöpfe haben im Topfdeckel oder am Griff ein Ventil (fest oder aufschraubbar)

eingebaut, welches durch den Dampfdruck im Innenraum hochgedrückt wird. An dem Ventil ist eine Markierung angebracht, die anzeigt, welcher Temperaturbereich im Topfinnenraum erreicht ist.
Bei Erreichen der gewünschten Temperatur beginnt die Garzeit der Speisen. Sie muß genau eingehalten werden, um ein Übergaren zu verhindern.

Ist der Druck im Topfinnern zu stark, öffnet sich das Ventil automatisch, damit der Überdruck entweichen kann.
Zum Schnellgaren sind besonders Speisen mit einer langen Garzeit geeignet, z. B. Hülsenfrüchte, Suppenfleisch, Suppenhuhn. Bei Gerichten mit einer kräftigen Soße werden die Zutaten erst kräftig angebraten. Ist die gewünschte Bräunnung erreicht, etwas Flüssigkeit aufgießen und unter Druck fertig garen (z. B. Rouladen, Gulasch, Schmorbraten).

Wichtige Hinweise:
- Ventil immer sorgfältig reinigen, um eine genaue Temperaturanzeige sicherzustellen.
- Zur Entwicklung des nötigen Dampfes ist ⅛ l Flüssigkeit nötig.
- Der Topf sollte nicht mehr als ⅔ gefüllt werden.
- Automatikplatten sind zum Schnellkochen ungünstig, sie verlängern die Garzeit.
- Topf niemals unter Druck öffnen!

Tonform

Garen im eigenen Saft (mit oder ohne Bräunung). Schonende, fettarme Garmethode. Die Form besteht aus porösem Ton und muß vor jeder Benutzung ca. 15 Minuten gewässert werden (s. Foto unten). Dabei saugt sie sich mit Wasser voll. Die Form wird in den **kalten** Backofen gestellt. Beim Garen gibt die Form das vorher aufgesaugte Wasser in Form von Dampf ab. Die Speisen bleiben saftig und werden schonend gegart.

Wichtige Hinweise:
- Fettzugabe entfällt.
- Form nur **gewässert** in den **kalten** Backofen stellen.
- Tonformen zerspringen bei großen Temperaturschwankungen.
  - Heiße Form z. B. auf ein Holzbrett stellen.
  - Keine kalte Flüssigkeit in die heiße Form einfüllen.
- Mit heißem Wasser ohne Spülmittel reinigen.
- Form an der Luft gut trocknen.

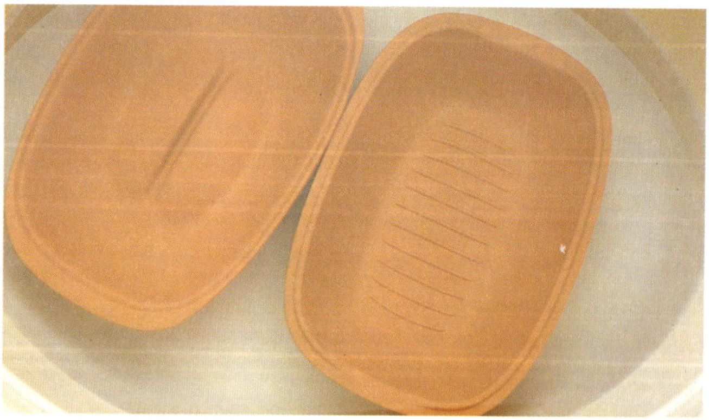

Maße und Gewichte

Abkürzungen

kg	= Kilogramm
g	= Gramm
l	= Liter
ml	= Milliliter
dl	= Deziliter
cl	= Zentiliter
Eßl.	= Eßlöffel
Teel.	= Teelöffel
gestr.	= gestrichen
kJ	= Kilojoule
kcal	= Kilokalorie
E	= Eiweiß
F	= Fett
Kh	= Kohlenhydrat
F. i. Tr.	= Fett in der Trockenmasse

Die angegebenen Werte sollten als Mittelwerte verstanden werden, da sehr unterschiedliche Löffelformen in den Haushalten vorhanden sind.

Lebensmittel	**1 Teel. gestr.**	**1 Eßl. gestr.**
Backpulver	3 g	10 g
Crème fraîche	5 g	15 g
Fett	5 g	15 g
Grieß	3 g	12 g
Haferflocken	2 g	8 g
Honig	6 g	20 g
Joghurt	6 g	17 g
Kakao, löslich	2 g	6 g
Mandeln, gerieben	3 g	8 g
Mehl	3 g	10 g
Meerrettich	6 g	20 g
Nüsse, gerieben	3 g	8 g
Öl	4 g	12 g
Salatmayonnaise	5 g	15 g
Salz	5 g	15 g
Saure Sahne	6 g	17 g
Schlagsahne	5 g	15 g
Semmelbrösel	3 g	10 g
Senf	3 g	9 g
Speisestärke	3 g	9 g
Tomatenketchup	5 g	19 g
Tomatenmark	5 g	18 g
Zucker	5 g	15 g

Flüssigkeitsmengen

1000 ml (1 l) Wasser = 1 kg = 1000 g
750 ml (¾ l) Wasser = ¾ kg = 750 g
500 ml (½ l) Wasser = ½ kg = 500 g
375 ml (⅜ l) Wasser = ⅜ kg = 375 g
250 ml (¼ l) Wasser = ¼ kg = 250 g = 1 Suppenteller
125 ml (⅛l) Wasser = 125 g = ca. 8 Eßl.
100 ml (1/10 l) Wasser = 100 g = 1 dl = knapp 7 Eßl.
15 ml Wasser = 1 Eßl. = 15 g
10 ml Wasser = 1 cl = 10 g

Mengenangaben

Bei den folgenden Angaben handelt es sich um Durchschnittsmengen pro Portion. Im einzelnen Haushalt müssen diese dann entsprechend der persönlichen Situation und der speziellen Bedürfnisse angepaßt werden.
Dabei sind Alter, Berufsarbeit, Gewöhnung und die Speisenzusammenstellung zu berücksichtigen.
Im allgemeinen werden folgende Mengen für eine Mahlzeit pro Person zugrundegelegt:

Vorsuppe:	150–200 ml
Hauptgericht:	
Eintopf-Suppe	375–500 ml
Fleisch	100–125 g
Fleisch – mit Knochen	125–150 g
Fischfilet	100–150 g
Fisch – mit Gräten	150–200 g
Beilagen:	
Soße	ca. 100 ml
Gemüse (geputzt)	200 g
Salat (geputzt)	40– 50 g
Kartoffeln (geschält)	200 g
Reis, Hirse, Graupen etc.	50 g (roh)
Teigwaren	50 g (roh)
Backobst	60 g
Nachtisch:	
frisches Obst	150–200 g
Kompott	150 g

Küchentechnische Ausdrücke

Abbrennen: Bei ständiger Wärmezufuhr Mehl- oder Grießbrei so lange rühren, bis sich die Masse als Kloß vom Topfboden löst (z. B. beim Brandteig).
Ablöschen: Mehlschwitze, Soßenfond oder Karamel unter Rühren mit Flüssigkeit auffüllen.
Abhängen: Fleisch oder Wild müssen teilweise bis zur Weiterverarbeitung eine gewisse Zeit kühl gelagert abhängen, damit ihr Fleisch zart wird.
Abschäumen: Entfernen des Schaumes nach dem ersten Aufkochen (geronnenes Eiweiß) z. B. bei Brühen, Butter, Obst.
Abschmecken: Speisen mit Küchenkräutern, Gewürzen oder Salz würzen.
Abstechen: Kleine Klößchen mit angefeuchteten Löffeln von einem Teig abstechen, formen und weiterverarbeiten (z. B. Brandteig- oder Grießklößchen).
Absengen, Abflammen: Noch vorhandene Feder- und Kielreste von gerupftem Geflügel über einer Flamme abbrennen.
Auftauen: Tiefgefrorene Lebensmittel fachgerecht auftauen.
Abschrecken: Übergießen gegarter, heißer Lelbensmittel mit kaltem Wasser.
Aufwärmen: Erkaltete, gegarte Speisen oder Getränke wieder erwärmen.
Ausbeinen: Aus rohem Wild, Fleisch oder Geflügel die Knochen herauslösen.
Auslassen: Erwärmen von klein geschnitteten fetthaltigen Lebensmitteln zur Fettgewinnung.
Ausnehmen: Geflügel und Fisch von seinen Eingeweiden befreien.
Auspressen, ausdrücken: Flüssige und feste Bestandteile unter Druckanwendung trennen, z. B. bei der Saftgewinnung.
Ausrollen: Teig mit dem Wellholz auf einer bemehlten Fläche unter Druck in alle Richtungen auswellen.
Backen: Garen unter Bräunung in trockener, heißer Luft bei unterschiedlichen Temperaturen. (Überwiegend Kuchen, pikant oder süß).
Bardieren: Mageres Fleisch oder Geflügel mit Speckscheiben umwickeln oder belegen.
Beizen: Einlegen von Fleisch oder Wild in eine Essig- oder Weinmischung oder in Buttermilch mit Gewürzen und Kräutern.
Binden, andicken: Flüssigkeiten durch Zugabe von Bindemitteln sämig machen.
Braten: Garen roher Lebensmittel unter Bräunung im Backofen oder auf der Kochstellen; mit oder ohne Fettzugabe.
Blanchieren: Kurzes Vorgaren von Lebensmitteln in kochendes Wasser. Danach rasches Abkühlen in Eiswasser.
Blindbacken: Vor- oder Abbacken von Teigen ohne Füllung.
Dämpfen: Garen von Lebensmittel im Wasserdampf.
Dressieren: Garfertige Lebensmittel mit Hilfe von Stäbchen, Klammern, Faden oder Nadel und Faden in die gewünschte Form bringen (z. B. Rollbraten, gefülltes Geflügel verschließen).
Dünsten: Garen in wenig eigener oder zugesetzter Flüssigkeit mit oder ohne Zugabe von Fett (z. B. Gemüse).
Durchdrehen: Lebensmittel zum Zerkleinern durch einen Fleischwolf drehen.
Durchseihen: Trennung fester und flüssiger Bestandteile beim Abgeißen durch ein Sieb (z. B. bei Soßen).
Eindicken, reduzieren: Flüssigkeit durch Erhitzen im offenen Gefäß einköcheln lassen.
Einlegen: Lebensmittel zum Konservieren in eine bestimmte Flüssigkeit wie z. B. Alkohol, Essig, Zitronensäurelösung, Salz- oder Zuckerlösung einlegen.
Entfetten: Fett z. B. von Suppen oder Soßen abheben.
Farcieren: Füllen oder besteichen von Lebensmitteln mit einer sehr fein zerkleinerten Masse z. B. Fleisch-, Fisch- oder Pilzfüllung (Farce).
Filieren, filetieren: Rohe, tierische Lebensmittel von Haut, Kopf und Gräten befreien und gleichzeitig in Stücke teilen.
Flambieren: Speisen mit einer kleinen Menge, meist erwärmten alkoholhaltiger Flüssigkeit übergießen und anschließend anzünden.

Küchentechnische Ausdrücke

Fritieren: Garen unter Bräunung im schwimmenden, heißen Fett.
Garziehen, pochieren: Lebensmittel in wenig oder viel heißer Flüssigkeit bei Temperaturen unter dem Siedepunkt garziehen.
Gratinieren: Bräunung der Speisenoberfläche durch starke Oberhitze.
Grillen: Garen durch Strahlungs- oder Kontaktwärme mit gleichzeitiger Bräunung.
Kneten: Lebensmittel mit unterschiedlicher Konsistenz unter Druck zu einem Teig verarbeiten.
Klären: Entfernung und Bindung fein verteilter Trübstoffe mit etwas angeschlagenem Eiweiß, z. B. Brühe klären, langsam erhitzen und durchsieben.
Kochen: Garen in viel Flüssigkeit bei einer Temperatur von ca. 100° C.
Legieren: Einrühren von Eigelb, Sahne oder Butter in eine nicht mehr kochende Flüssigkeit.
Mahlen: Feste Rohstoffe zwischen Mahlelementen wie Scheiben oder Walzen zerkleinern, z. B. Pfeffer-, Muskat-, Mohn- oder Kaffeemühle.
Mehlieren: An der Oberfläche trockene Lebensmittel in Mehl wenden und garbraten (z. B. Leber, Schnitzel).
Panieren: Einhüllen von Lebensmitteln. Nacheinander wenden in Mehl, verschlagenem Ei und Paniermehl, gehackten Nüssen, Kokosflocken usw. und ausbacken.
Passieren: Weiche rohe oder gegarte Lebensmittel oder Speisen durch ein Sieb pressen oder streichen.
Pürieren, zerstampfen: Weiche rohe oder gegarte Lebensmittel zu einer Masse fein zerstampfen oder zerdrücken.
Putzen: Entfernen von nicht eßbaren Teilen, z. B. welken oder harten Stücken bei Gemüsen.
Quellen: Aufnahme von Flüssigkeit unter Zunahme des Volumens (z. B. bei Reis oder Teigwaren).
Raspeln: Lebensmittel auf einer Reibe mit gelochter Fläche fein oder grob zerkleinern.
Rühren: Verschiedene Zutaten, oft auch mit unterschiedlicher Konsistenz zu einer einheitlichen Masse verrühren.
Schälen, pellen, abziehen: Schale von Lebensmitteln entfernen, z. B.: bei Kartoffeln, Gurken, Bananen.
Schlagen, aufschlagen: Luft in Lebensmittel einarbeiten, z. B. bei Sahne oder Eiweiß.
Schmelzen: Feste Lebensmittel bei geringer Temperatur verflüssigen (z. B. Gelatine, Schokolade, Fette).
Schmoren: Bräunung in heißem Fett mit anschließendem Garen in wenig siedender Flüssigkeit in einem geschlossenen Gefäß.
Schneiden: Lebenmittel mit einem scharfen Messer zerkleinern, z. B. in Stifte, Rauten, Scheiben, Würfel.
Schuppen: Fische von Schuppen befreien.
Spritzen: Eine cremige Masse mit dem Spritzbeutel oder einer Papiertüte in eine bestimmte Form bringen (z. B. Brandteig, Sahne, Eischnee, Zuckerguß).
Stocken: Verfestigen von Eimasse (z. B. Eierstich) im Wasserbad, in heißer Luft (Backofen) oder in der Pfanne.
Tranchieren: Rohe oder gegarte Lebensmittel in Scheiben oder in Teile schneiden.
Wässern: Einlegen in Wasser, z. B. Heringe.
Unterheben, unterziehen: Gleichmäßiges Unterheben und Verteilen unter eine Masse. Nicht rühren; z. B. Eischnee unter einen Teig heben.
Zerlegen: Aufteilen und zerlegen von ganzen Tieren oder großen Fleischteilen.

Einfrieren von Lebensmitteln

Lebensmittel werden durch Tiefgefrieren haltbar gemacht. Wichtig ist, daß die Speisen und Lebensmittel „schockgefroren" werden. Dabei wird der größte Teil der Zellflüssigkeit im Gefriergut bei mindestens -30° C so schnell eingefroren, daß sich kleine Eiskristalle bilden. Ist die Gefrier-Temperatur nicht niedrig genug, so bilden sich größere Eiskristalle. Sie verändern und zerstören das Zellgewebe und beeinträchtigen Aussehen und Nährstoffgehalt nach dem Auftauen.

Wichtige Hinweise:

- Einige Zeit vor dem Einfüllen des Gerätes Schalter auf Superfrosten einschalten.
- Nur frische Lebensmittel oder frisch zubereitete Speisen eingefrieren.
- Gekochte Speisen erst abkühlen lassen.
- Magere Lebensmittel sind länger lagerfähig als fette.
- Lebensmittel erst nach dem Auftauen salzen, würzen oder zuckern. Salz und Zucker entziehen den Speisen Eigensaft; Gewürze verlieren ihre Geschmacksintensität.
- Beeren nebeneinander schockgefrieren, danach fachgerecht verpacken.
- Tiefkühlgerät übersichtlich einräumen. Das erleichtert die Entnahme und das Gerät kann schnell wieder geschlossen werden (Reifbildung).
- Gemüse blanchieren, sonst zersetzt sich das Eiweiß (besonders wichtig bei Bohnen und Erbsen). Gemüse in einem Drahtkörbchen ca. 2-4 Minuten in kochendes Wasser eintauchen und danach zum Abkühlen in Eiswasser eintauchen.

- Das Verpackungsmaterial muß säurestabil, kältebeständig, luftundurchlässig und reißfest sein (z. B. extra starke Alufolie, Gefrierbeutel, -dosen, -kochbeutel, Aluschalen).

- Gefriergut mit Inhaltsangabe und Abpack-Datum beschriften (s. Foto rechts).
- Stapelbare, gut verschließbare Behälter verwenden.
- Behälter **ohne** Flüssigkeit (z. B. Gemüse) voll, **mit** Flüssigkeit (z. B. Suppe) nur etwa bis 2 cm unter den Rand einfüllen (die Flüssigkeit dehnt sich beim Gefrieren aus).
- Gefriergut **neben-** und **nicht an**einander zum Gefrieren in das Gerät stellen. Die Kälte kann schneller durch die Speisen dringen. Aneinander gestapelt lagern.

Zum Tiefgefrieren ungeeignet sind:

(Beispiele)
- Gebundene Soßen
- Pudding
- Gelatinespeisen ohne Ei und Schlagssahne
- Joghurt
- Käse (Aromaverlust)
- Salate, Radieschen, Kartoffeln

Auftauen von Geflügel und Fleisch

1. Gefriergut aus der Verpackung lösen.
2. Zum Auftauen in ein Gefäß mit Siebeinsatz oder auf einen umgedrehten Suppenteller legen. Das Gefriergut darf **nicht** im Auftauwasser liegen.
3. Auftauwasser nicht verwenden.

Weitere Hinweise:
- Gemüse gefroren weiterverarbeiten
- Kleine Fleisch- oder Fischportionen können angetaut weiterverarbeitet werden.
- Angetautes, nicht vollkommen aufgetautes Fleisch läßt sich sehr gut schneiden (z. B. Geschnetzeltes, Gulasch).
- Im Gefrierkochbeutel eingefrorene Speisen im Wasserbad auftauen und erwärmen.
- **Gegarte** Klöße/Knödel gefroren im Siebeinsatz (z. B. Kartoffeldämpfer) über Wasserdampf auftauen.
  Rohe Klöße/Knödel geforen – ohne Verpackung – in siedendem Wasser auftauen und garen.

Lagerdauer im Tiefkühlgerät

Temperatur von –18° bis –20° C.

Lebensmittel	Monate
Rindfleisch, mager	2– 9
Schweinefleisch	4– 5
Lammfleisch, mager	6–10
Wild	9–12
Hähnchen	8–10
Ente	4– 6
Wildgeflügel	8–10
Wurst	2– 4
Fisch	2– 4
Eigelb	8–10
Eiweiß	10–12
Butter/Margarine	6– 8
Gemüse	6– 8
Obst	8–10
Brot	4– 6
Brötchen	2– 4
Gebäck, gebacken	4– 6
Torten	2– 3
Hefeteig, nicht geb.	8 Wochen
Gegarte Speisen	2– 3

Energiearten: Gas, Strom/Heißluft

Die Entwicklung der Kochstellen

In der Vergangenheit wurde viel mit Gas gekocht. Das Gaskochen hat einige Vorteile, wie z. B. sofortige Verfügbarkeit der vollen Wärme, stufenlose Regulierung der Stichflamme und problemlose Anpassung der offenen Flamme an die Topfgröße.
Immer mehr hat sich jetzt die Elektrobeheizung der Kochplatten durchgesetzt. Gründe: Der einfachere Anschluß bei Einbaugeräten und der ungefährlichere Betrieb.
Bei den Elektrokochplatten hat sich die Technik sehr stark fortentwickelt. Es gibt heute außer den Standard-Kochplatten Herde mit Glaskeramik-Kochfeldern und Strahlheizkörpern oder Strahlheizkörper mit Halogenlicht und neuerdings Induktionskochstellen. Diese sind im Gegensatz zu herkömmlichen Kochmulden schneller und energiesparender.

Einstellung von Kochstellen

Einstellung:	**Einsatz für:**
0	Herdplatte ist aus.
½	Speisen warmhalten.
1	Sieden nach dem Ankochen; Dünsten; Dämpfen; Schmoren kleiner Portionen; TK-Kost auftauen.
1½	Garen größerer Speisenmengen; Langsames Braten in wenig Fett.
2	Braten; Schmoren; Fritieren.
2½	Schnelles Anbraten.
3	Schnelles Ankochen.

Blitz- und Schnellkochplatten

Sind meistens mit einem roten Punkt versehen. Sie heizen sich schneller auf und eignen sich daher zum schnellen Ankochen, Aufkochen oder Anbraten.

Automatikkochstelle:

Stufe	**Einsatz für:**
0	Herdplatte ist aus.
1	Schmelzen, Auflösen von Gelatine.
2– 3	Speisen warmhalten oder ausquellen; Milch erwärmen.
4– 5	Dünsten; Dämpfen; TK-Kost auftauen.
6– 7	Gar-Braten in wenig Fett; Schmoren größerer Speisemengen.
8– 9	Kurzes, mildes Braten.
9–10	Braten; Schmoren großer Fleischportionen.
11–12	Ankochen und Fritieren.

Sehr praktisch ist die neue Regla-90-Kochautomatik von AEG. Einmal eingestellt, schaltet sie von einer hohen Ankochleistung auf eine niedrigere Fortkochleistung automatisch um.

Induktionskochstelle

Die neueste Entwicklung sind Induktionskochstellen, wie die hier abgebildete von AEG. Beim induktiven Kochen wird die Wärme durch elektromagnetische Wechselfelder direkt im Topfboden erzeugt. Damit entsteht die Wärme unmittelbar da, wo sie gebraucht wird. Das Aufheizen des Topfes über den Umweg Kochplatte entfällt (s. Foto unten). Beispiel:

Beim Erhitzen von Flüssigkeit bleibt die Temperatur der Glaskeramik so niedrig, daß zarte Gewebe nicht beschädigt werden.

Die Vorteile dieser neuen Beheizung sind schnelle Reaktion und größere Sicherheit, z. B. bleibt die Glaskeramik im Umfeld des Topfes weitgehend kalt. Die Induktionskochstelle erkennt den richtigen Topf und schaltet bei Überheizung selbsttätig aus.

Die Entwicklung der Backöfen

Die früher weit verbreitete Gasbeheizung war wegen der stetig brennenden Flamme schlecht zu regulieren. Jetzt wird meist Elektroheizung gewählt.

Backöfen mit Heißluftsystem

Ein intensiver Hitzestrom umgibt die Speisen und läßt sie garen. Die Luft wird erhitzt und im Backofen ständig umgewälzt. Dieses System ermöglicht das gleichzeitige Garen in verschiedenen Etagen. Die Temperaturbereiche sind bei den einzelnen Geräten unterschiedlich. (Anleitung beachten).

Backöfen mit konventioneller Beheizung

Bei dieser Beheizungsart wird die Temperatur durch Ober- und Unterhitze erzeugt und durch Strahlung übertragen.

Temperatur-Einstellung

Gas	Strom	Einsatz für:
	50°	Hefeteig gehen lassen.
	75°	Speisen warmhalten; Geschirr erwärmen.
1	100°–125°	Gebäck langsam trocknen (Makronen)
2	175°	Sterilisieren (Einkochen).
2	175°–190°	Hohes Gebäck (z. B. Sandkuchen).
3	200°	Mittelhohes Gebäck (Blechkuchen); Aufläufe; Eintöpfe; Schmorgerichte.
3–4	210°–225°	Flaches Gebäck; hohe, große Braten.
5–6	225°–250°	Flache Braten; Gratinieren.

Umschaltbare Backöfen

Die modernsten Backöfen sind umschaltbar auf 4 Beheizungsarten:

- **Vier-Etagen-Heißluftsystem**
  für große Mengen
- **Ober- und Unterhitze**
  für bestimmte Rezepte
- **Flächengrill**
  Flache Grillstücke werden durch Strahlungshitze gegart und an der Oberfläche knusprig.
- **Infratherm-Grill**
  Durch die Umluft wird die Strahlungshitze um das Grillgut geleitet. Die Bräunung erfolgt ohne Benötigung von Zusatzgeräten, welche das Gargut drehen. Besonders günstig für große Braten und Geflügel.

Eine weitere, deutliche Verbesserung bieten VITRATHERM-Einbau-Herde von AEG. Die Heizkörper der Oberhitze und des Infrarot-Grillheizstabes sind hinter einer transparenten Glaskeramik-Platte angebracht. Vorteile dieser Beheizung: Leichtere Reinigung und größere Grillfläche mit besseren Grill-Ergebnissen.

Mikrowelle

Vielleicht sind Sie bereits Besitzer eines Mikrowellenherdes, wenn nicht, haben Sie sicher schon darüber gelesen bzw. davon gehört, denn – Mikrowelle liegt im Trend, und das aus vielerlei Gründen.

Was ist Mikrowelle und wie funktioniert sie?

Ein Mikrowellenherd ist die ideale Ergänzung zum konventionellen Herd und Backofen. Es soll und will ihn keinesfalls ersetzen. Seine Stärke ist das schonende Auftauen, Erhitzen und Garen von Speisen.

Ein Mikrowellenherd besteht im wesentlichen aus zwei Teilen, dem Garraum mit Metallwänden, die zusätzlich kunststoffbeschichtet sein können, und dem Leistungsteil, mit dem Magnetron. Das Magnetron verwandelt den elektrischen Strom in Mikrowellen, das sind elektromagnetische Wellen, die im Garraum durch eine Antenne, einen Reflektor oder einen Drehteller gleichmäßig verteilt werden. Mikrowellen können kein Metall durchdringen; sie prallen von Wänden, Boden und Decke des Garraumes ab und treffen so auf das Lebensmittel, durchdringen es und bringen die Moleküle in Schwingung. Das erzeugt Reibung und Reibung erzeugt Wärme. Auf diese Weise wird das Lebensmittel erhitzt, aufgetaut oder gegart. Und das geht schnell, denn die Moleküle schwingen 2,5 Milliarden Mal in der Sekunde.

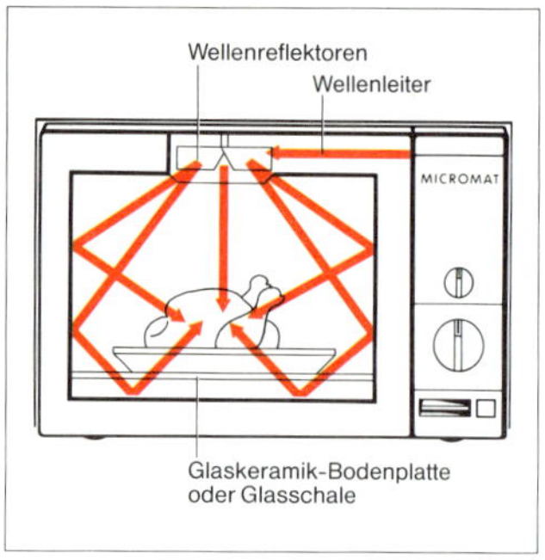

Mikrowellen-Energie erzeugt in allen organischen Stoffen Wärme. Deshalb wird übrigens auch in der Medizin zur Wärmebehandlung am Menschen die Mikrowelle genutzt.

Wie sollte ein Mikrowellenherd ausgestattet sein?

Ein Mikrowellenherd sollte über eine mehrstufige oder stufenlose Leistungsregelung verfügen. Mit dieser Einrichtung kann die Mikrowellen-Leistung an jede Lebensmittelart und -menge individuell angepaßt werden. Außerdem sollte der Mikrowellenherd zur präzisen Einstellung kurzer Garzeiten eine Elektronikuhr oder zumindest einen elektro-mechanischen Zeitschalter, der im Kurzzeitbereich von 1-5 Minuten die Möglichkeit bietet, z. B. ½ – 1 Minute exakt einzustellen.
Typische Vertreter aus dem Mikrowellenherde-Angebot von AEG:

Der Mikromat FX 179 L-dunkelbraun ist in 10 Leistungsstufen von 10 % bis 100 % einstellbar. Die bequeme Eingabe der Daten erfolgt über Folienschalter. Er verfügt über eine Elektronik-Zeitschaltuhr und ist programmierbar für den automatischen Ablauf von 3 vorgewählten Leistungsstufen.

Der Mikromat FX 24 X-weiß hat eine Leistung von 600 Watt, in 4 Stufen einstellbar. Er verfügt über eine 60-Minuten-Zeitschaltuhr mit speziellem Kurzzeitbereich und ein akustisches Signal bei Ablauf der eingestellten Garzeit.
Der helle, geräumige 20-Liter-Garraum ist mit einer nach unten aufklappbaren Tür ausgestattet.

Wohin mit dem Mikrowellenherd?

Mikrowellenherde lassen sich frei auf die Arbeitsplatte stellen, sie können aber auch in Schränke eingebaut oder unter Wandschränke gehängt werden. Beispiel unten: UX-112 Z-Gerät von AEG.

Welche Vorteile bietet ein Mikrowellenherd?

Mikrowellen optimal genutzt bedeutet, sich mit der Kochtechnik des Gerätes auszukennen. So wird der Mikrowellen-Herd zur idealen Ergänzung des konventionellen Herdes, d.h. während man im konventionellen Herd backt, brät oder grillt, kann man in der Mikrowelle schnell und energiesparend auftauen, erhitzen und/oder garen.
Hier einige Beispiele:

- Durch das schonende und kurze Garen mit nur wenig oder gar keiner Flüssigkeit bleiben den Speisen wichtige Nährstoffe weigehend erhalten. Und auch die natürliche Farbe der Nahrungsmittel und ihr Eigengeschmack verändern sich kaum.
- Das Essen kann portionsweise auf Teller gegeben werden und wird einzeln - je nach Bedarf schonend erwärmt und schmeckt wie gerade frisch zubereitet.
- Es wird weniger Geschirr gebraucht, denn die meisten Speisen können im Kochgeschirr serviert werden.

Grundausstattung Küchengeräte

Die unentbehrlichen Küchen-Werkzeuge

Dazu gehören vor allem die Koch- und Küchenmesser in unterschiedlichen Größen und Formen. Sie werden täglich eingesetzt und sollten deshalb von bester Qualität sein. Auf eine gute Stahl-Sorte der Klinge ist unbedingt zu achten, damit die Messer funktionstüchtig und haltbar sind. Sie müssen darüber hinaus gut in der Hand liegen, also „griffig" sein.
Folgende Werkzeug-Grundausstattung sollte in einer gut ausgerüsteten Küche vorhanden sein:

Küchenmesser und **Kartoffelschäler** zum Schälen, Obst- und Gemüseputzen und zum Zerkleinern gibt's in zahlreichen Formen.

Ein **Fleischmesser,** kürzer oder länger, um rohes oder gegartes Fleisch gleichmäßig schneiden zu können.

Das **Tranchierbesteck** – eine Gabel mit zwei langen Zinken und ein scharfes, langes Messer – ist zum Schneiden vor allem von großen Braten und Geflügel unentbehrlich.

Die **Küchenschere** ist ein Allzweckgerät. Es können damit Packungen auf- und Kräuter kleingeschnitten werden. Mit der Ausbuchtung hinter den Klingen werden widerspenstige Drehkorken und normale Kronkorken geöffnet.

Die **Geflügelschere,** mit scharfen Klingen und sehr robust, hilft rohes und gegartes Geflügel in Portionsstücke zu teilen. Sie ist so stark, daß sie auch Knochen teilen kann.
Das **Wiegemesser** mit den zwei gebogenen Klingen und den beiden Griffen hackt Kräuter fein und zerkleinert Gemüse, Fleisch und Fisch, egal, ob roh oder gegart.
Mit der **Knoblauchpresse** werden abgezogene Knoblauchzehen besonders fein zerkleinert.

Grundausstattung Küchengeräte

Als Grundausstattung sollten in einem 2–4 Personenhaushalt vorhanden sein:

- Je 1 kleiner und 1 großer Kochtopf
- 1 Bratentopf
- 1 Stieltopf
- 1 Schüssel-Set
- 1 längliche und 1 ovale Auflaufform
- je 1 große und 1 kleine Pfanne
- 1 Backuhr
- 1 Meßbecher

Ergänzend dazu gehören in eine gut und reibungslos funktionierende Küche noch folgende Gegenstände:

- 1 elektrisches Handrührgerät mit Zusatzteilen
- 2–3 große und kleine Schneidebretter aus Holz, Kunststoff oder Marmor
- 1 Lebensmittelwaage
- 1–2 feuerfeste Untersetzer
- verschiedene Backformen
- 1 Tablett
- 1 Kuchengitter
- 1 Brotkorb
- 1 Kartoffel- und Spätzlepresse
- 1 Vielzweck-Rohkostreibe
- 1 Teigroller und 1 Teigschaber
- 1 Salatsieb und 1 Teesieb
- 1 Salatbesteck
- 1 Pfannenwender
- 1 Schöpfkelle
- 1 Kochlöffel
- 1 Soßenlöffel
- 1 Schaumlöffel
- 1 Schneebesen
- 1 Backpinsel
- 1 Eierschneider
- 1 Dosenöffner
- 1 Flaschenöffner
- 1 Zitronenpresse
- 1 Pfeffermühle
- 1 Salzstreuer

Französische Zwiebelsuppe

(6 Portionen)

500 g Zwiebeln	abziehen, halbieren, in dünne Scheiben schneiden
50 g Butter oder Margarine	im offnen Schnellkochtopf zerlassen, die Zwiebelscheiben darin andünsten (Foto 1)
1 l Fleischbrühe	hinzugießen, den Schnellkochtopf schließen, kochen lassen
125 ml (⅛ l) Weißwein	in die Suppe geben, mit
Salz	
geschrotetem weißem Pfeffer	abschmecken
2 Scheiben Weißbrot	toasten, in sehr kleine Würfel schneiden
30 g Butter	zerlassen, die Weißbrotwürfel darin goldgelb rösten (Foto 2) die Zwiebelsuppe in 6 Tassen füllen, die Weißbrotwürfel darauf verteilen
50 g Parmesan-Käse	darüber geben (Foto 3), im vorgeheizten Grill überbacken, sofort servieren.
Kochzeit:	Etwa 4 Minuten.

Pro Portion: E: 5 g, F: 15 g, Kh: 11 g, kJ: 933, kcal: 223.

Beilage: Kleine Brötchen.

Tip: Für schnelle Suppen, z. B. Gemüse-Suppen lohnt es sich immer, Knochenbrühen auf Vorrat zu kochen und sie zu 750 ml (¾ l) abgefüllt einzufrieren.

Suppen

Die Grundlage einer guten Suppe ist eine kräftige, wohlschmeckende Brühe. Typische Brühen bereitet man aus Knochen, Fisch, Rindfleisch, Geflügel, Wild oder Gemüse. Diese werden in reichlich Wasser unter Zugabe von Kräutern und Gewürzen so lange bei schwacher Hitze gekocht, bis eine wohlschmeckende Brühe entstanden ist.
Brühen werden eingeteilt in:

1. Fleischbrühe oder Bouillon (fettarm).
2. Kraftbrühe, Consommé (fettfrei und geklärt; doppelt so stark wie 1).
3. Doppelte Kraftbrühe, Consommé double, Empotage. (fettfrei und geklärt; doppelt so kräftig wie 2).

Die stärkere Konzentration der Brühen wird erreicht durch:

- Erhöhte Fleischzugabe.
- Evtl. Anbraten der Zutaten vor dem Aufgießen mit Wasser.
- Öfteres Reduzieren (einköcheln) der Brühe.

Knochen- und Fleischbrühen haben einen hohen Anteil an Harnsäure, was bei der Menüzusammenstellung Beachtung finden sollte.

Cremesuppen haben im Gegensatz zu Brühen immer eine Bindung, z. B. mit Mehl, Speisestärke, Mehlbutter, Crème fraîché, püriertem Gemüse oder Kartoffeln, Eigelb oder Eigelb-Sahnemischung.

Zur Zubereitung einer kräftigen Brühe gehören außer Fleisch und Knochen auch Suppengrün oder Bouquet garni und/oder eine gespickte Zwiebel.

Suppengrün
Dazu gehört je ein gleichgroßes Stück Lauch, Sellerie, Möhre und Petersilienwurzel. Es wird bereits fertig zusammengestellt als Bund im Handel angeboten. 1 Bund (ca. 200 – 250 g) ist ausreichend für 1 – 2 l Brühe.

Gespickte Zwiebel.
Zwiebel von den äußeren Schalen befreien. Saubere Schalen (sie geben der Brühe eine schöne Farbe) nicht entfernen. Zwiebel mit 1 – 2 Nelken spicken. Das dadurch entstehende Aroma trägt zu einem abgerundeten Geschmack bei.

Bouquet garni
Suppengrün und Kräuter fertig zusammengebunden. Zu dem Suppengrün kommt z. B. noch 1 – 2 Zweige Thymian, 1 kleiner Zweig Liebstöckel, 1 – 2 Lorbeerblätter, 1 Stengel Petersilie und nach Belieben 1 Knoblauchzehe.
Bouquet garni vorbereitet, gewaschen und zusammengebunden in die Brühe legen. Nach Beendigung der Garzeit ist es problemlos zu entfernen.

Brühe zubereiten

1. Sorgfältig unter kaltem Wasser gewaschene Zutaten in den Topf legen.

2. Mit kaltem Wasser auffüllen, bis die Zutaten bedeckt sind und zugedeckt aufkochen.

3. Sich bildender Schaum aus geronnenem Eiweiß und Trübteilchen, abheben.

4. Das Suppengrün sollte erst nach dem Abschäumen dazugegeben werden.

5. Temperatur zurückschalten auf kleine Stufe und die Zutaten mindestens 1 Stunde auf kleiner Stufe köcheln lassen.

6. Die fertige Brühe kann, wenn man sie besonders klar haben will, durch ein im Sieb eingelegtes Küchentuch gegossen werden.

Hinweis:
Werden die Zutaten in **kaltem** Wasser aufgesetzt, laugen sie stärker aus, d. h. der volle Geschmack geht in die Brühe über. (Besonders schmackhafte Fleischbrühe). Wird das Fleisch erst in das **kochende** Wasser eingelegt, schließen sich sofort die Poren, d. h. das Fleisch bleibt saftig und zart. (Besonders schmackhaftes, gekochtes Rindfleisch).

Brühe klären

Dafür gibt es verschiedene Methoden (s. Fotos rechts)

1. 1 – 2 verschlagene Eiweiß in die Brühe geben. Unter ständigem Rühren aufkochen. Das Eiweiß gerinnt und umschließt die trüben Teilchen. Brühe absieben.

2. a) Pro Liter Brühe jeweils 100 g Sellerie und Möhren in feine Würfel geschnitten dünsten, und abkühlenlassen.
   b) 2 – 3 Eiweiß steif schlagen. Das abgekühlte Gemüse unterheben.

c) Eiweißmischung in die lauwarme Brühe geben, bei starker Hitze unter ständigem Rühren aufkochen. Das gare Eiweiß umschließt die trüben Teilchen und schwimmt an der Oberfläche.

d) Brühe abseihen. Sie ist klar. Portionsgerecht verpackt tiefkühlen oder weiterverarbeiten.

Brühe entfetten

1. Muß es **schnell** gehen,
   a) Fettaugen mit einem flachen, großen Löffel abheben.
   b) stark saugendes Haushaltspapier über die Oberfläche der Brühe ziehen. Dabei nimmt es die Fettschicht auf.
2. Ist etwas **mehr Zeit** vorhanden, Brühe abkühlen lassen. Das Fett schwimmt immer an der Oberfläche. Es erstarrt beim Erkalten und läßt sich leicht abheben.

Hinweise:
- Brühe erst bei der Weiterverarbeitung für ein bestimmtes Rezept salzen. Gesalzene Brühen werden beim Reduzieren (einkochen) salziger.
- In geklärten Brühen keine Teigwaren, Reis oder Klößchen garen. Die Brühen werden trüb. Einlage getrennt garen und erst kurz vor dem Servieren in die Brühe geben.

Suppeneinlagen

Suppeneinlagen und Art der Brühe (Fisch-, Fleisch-, Geflügel-, Wild- oder Gemüsebrühe) müssen aufeinander abgestimmt sein. Im Geschmack neutrale Einlagen wie z. B. Teigwaren, Reis, Lauch passen in jede Brühe. Dagegen harmonieren geschmacksintensive Einlagen nicht mit allen Brühen (z. B.: Schinkenschöberl oder Leberknödel passen in keine Fischbrühe sondern in eine Fleisch- oder Gemüsebrühe).

Beispiele für harmonische Kombinationen:
Fischbrühe mit Fischstückchen (gedünstet oder geräuchert), Muscheln, Shrimps, geröstete Brotwürfel, Fischklößchen, gedünstete Lauch-, Möhren- oder Selleriestreifen, Sauerampfer, Zitronenmelisse, Dill oder Estragon.
Fleischbrühe mit Schwemm-, Grünkern- oder Leberklößchen, Käsenockerl, Schinkenschöberl, Pfannkuchenstreifen, gehackten Kräutern, Gemüsestreifen, Maultaschen, Eierstich, Bratwurstklößchen.

Gemüsebrühe mit Graupen, Reis, Suppennudeln, Grießklößchen, pochiertem Ei, Pilzbiskuit, Brandteigkrapfen, Hülsenfrüchte.

Je nach Zubereitungsaufwand kann man Suppeneinlagen wie folgt einteilen:

1. **fertig**
   z. B. gehackte Kräuter, Eigelb, Tomatenwürfel, geriebener Käse, Backerbsen, Shrimps, Krabben, Schinkenwürfel.

2. **geringer Zeitaufwand**
   z. B. verschlagenes Ei, gegarte Teigwaren oder Reis, gedünstetes Gemüse (Lauchstreifen), geröstete Brotwürfel, geröstete Mandel.

3. **zeitaufwendiger**
   z. B. Flädle (Pfannkuchenstreifen), Maultaschen, Klößchen (Grieß-, Käse-, Leber-, Fisch-, Markklößchen), gedünstete Gemüse (Julienne-Streifen, mit kleinen Förmchen ausgestochen), Käse- oder Schinkenschöberl, Eierstich (Fotos 1–4).

Erbsensuppe mit Grießklößchen

375 g junge ausgepalte Erbsen (1 ¼ kg mit Schoten)	waschen, abtropfen lassen
2 mittelgroße Zwiebeln	abziehen, fein würfeln
20 g Margarine	zerlassen, die Zwiebelwürfel darin glasig dünsten lassen die Erbsen (3 Eßl. zurücklassen) hinzufügen, kurz andünsten
750 ml (¾ l) Fleischbrühe	hinzugießen, mit
Salz	
Pfeffer	würzen, zum Kochen bringen, etwa 15 Minuten kochen lassen, durch ein Sieb streichen
Grießklößchen	zubereiten, mit den zurückgelassenen Erbsen in die Suppe geben, in etwa 10 Minuten gar ziehen lassen
10 g Butter	unterrühren, die Suppe mit Salz abschmecken, nach Belieben mit
gehackter Petersilie	bestreuen
Garzeit:	Etwa 25 Minuten.

Pro Portion: E 8 g, F: 9 g, Kh: 18 g kJ: 762, kcal: 182.

Gulasch-Suppe

200 g Zwiebeln	abziehen, in Scheiben schneiden
1 Knoblauchzehe	abziehen, fein würfeln
2 große Paprikaschoten (rot und grün, 400 g)	vierteln, entstielen, entkernen, die weißen Scheidewände entfernen, die Schoten waschen, in feine Streifen schneiden
3 mittelgroße Tomaten	kurze Zeit in kochendes Wasser legen (nicht kochen lassen), enthäuten, die Stengelansätze herausschneiden, die Tomaten vierteln
300 g Rindfleisch	unter fließendem kaltem Wasser abspülen, trockentupfen, in kleine Würfel schneiden
40 g Pflanzenfett	erhitzen, das Fleisch von allen Seiten gut darin anbraten, das Gemüse hinzufügen, kurz mitbraten lassen
3 schwach gehäufte Eßl. Tomatenmark	
Salz	
Pfeffer	
Paprika edelsüß	
Paprika extrascharf	
½ Teel. Kümmel	
gerebelten Majoran	

1 l Wasser	hinzufügen, etwa 45 Minuten kochen lassen
	die Suppe mit
dunklem Soßen-Helfer	binden, mit Salz, Pfeffer, Paprika,
Tabasco	abschmecken
Garzeit:	Etwa 45 Minuten.

Pro Portion: E: 16 g, F: 12 g, Kh: 15 g kJ: 1031, kcal: 246.

Tip: Gulasch-Suppe kann gut einen Tag vor dem Verzehr zubereitet werden. Gebunden wird sie dann aber erst kurz vor dem Verzehr.

Spargel-Cremesuppe

250 g Suppenspargel	waschen, von oben nach unten schälen, darauf achten, daß Schalen und holzige Stücke völlig entfernt, die Köpfe aber nicht verletzt werden
	den Spargel in 3 cm lange Stücke schneiden
500 ml (½ l) Wasser	mit
Salz	
1 gestrichenen Teel. Zucker	
10 g Butter	zum Kochen bringen, Spargelenden und -schalen hinzufügen, zum Kochen bringen, gar kochen lassen
	das Spargelwasser durch ein Sieb gießen, mit
250 ml (¼ l) Milch (3,5% Fett)	auffüllen, die Spargelstücke hineingeben, zum Kochen bringen, gar kochen lassen, zum Abtropfen auf ein Sieb geben, von der Flüssigkeit 500 ml (½ l) abmessen
20 g Margarine	zerlassen
15 g Weizenmehl	unter Rühren so lange darin erhitzen, bis es hellgelb ist
500 ml (½ l) Spargelkochflüssigkeit	hinzugießen, mit einem Schneebesen durchschlagen, darauf achten, daß keine Klumpen entstehen, die Suppe zum Kochen bringen, 5 Minuten kochen lassen, mit Salz abschmecken
1 Eigelb	mit
2 Eßl. Schlagsahne (30% Fett)	verschlagen, die Suppe damit abziehen (nicht mehr kochen lassen)
50 g gekochte Schinkenscheiben	in Streifen schneiden, mit den Spargelstücken in die Suppe geben, mit
1 Eßl. gehackter Petersilie	bestreuen
Kochzeit:	Etwa 30 Minuten.

Pro Portion: E: 7 g, F: 14 g, Kh: 8 g kJ: 820, kcal: 196.

Suppen

Kerbelsuppe

1 Bund Suppengrün	putzen, waschen, kleinschneiden
10 g Margarine	zerlassen, das Suppengrün darin andünsten
375 g Kartoffeln	schälen, waschen, in Würfel schneiden
1 Bund Kerbel	unter fließendem kaltem Wasser abspülen, mit dem angedünsteten Suppengrün in
750 ml (3/4 l) Fleischbrühe	geben, mit
Salz	würzen, zum Kochen bringen, gar kochen lassen die Suppe durch ein Sieb streichen
125 ml (1/8 l) Schlagsahne (30% Fett)	hinzugießen, erhitzen die Suppe mit Salz abschmecken
2 Eßl. gehackte Kerbelblättchen	unterrühren
Kochzeit:	Etwa 20 Minuten.

Pro Portion: E: 3 g, F: 12 g, Kh: 20 g kJ: 883, kcal: 211.

Markklößchen

40 g Rindermark	zerlassen, durch ein Sieb gießen, kalt stellen das abgekühlte Fett geschmeidig rühren
1 Ei, 1 Eigelb	
Salz	
geriebene Muskatnuß	
50 g Semmelmehl	hinzufügen (es muß eine geschmeidige Masse entstehen) (Foto 1)
1 Messerspitze Backpulver	unterrühren die Masse etwa 20 Minuten stehenlassen, mit nassen Händen oder mit 2 Teelöffeln Klößchen daraus formen (Foto 2), in kochendes Salzwasser oder kochende Suppe geben (Foto 3), gar ziehen lassen (Flüssigkeit muß sich leicht bewegen)
Garzeit:	Etwa 3 Minuten.

Pro Portion: E: 4 g, F: 12 g, Kh: 11 g kJ: 745, kcal: 178.

Suppen

Rindfleischbrühe

250 g zerkleinerte Rinderknochen	
250 g Rindfleisch (Beinscheibe)	unter fließendem kaltem Wasser abspülen
	beide Zutaten in
1 ½ l kaltes Salzwasser	geben, zum Kochen bringen, abschäumen, ziehen lassen
1 Bund Suppengrün	putzen, waschen, evtl. zerkleinern
2 mittelgroße Zwiebeln	
	beide Zutaten etwa 1 Stunde vor Beendigung der Garzeit zu dem Fleisch geben, gar ziehen lassen
	die Brühe durch ein Sieb gießen, mit Salz abschmecken
	das Fleisch in Würfel schneiden, in die Brühe geben, mit
2 Eßl. gehackter Petersilie	bestreuen
Garzeit:	Etwa 2 ½ Stunden.
	Pro Portion: E: 11 g, F: 12 g, Kh: 6 g, kJ: 787, kcal: 188.
Einlage:	Eierstich oder Markklößchen, Reis oder Nudeln.

Gemüsebrühe

1 Stück Sellerie	
1 mittelgroßer Kohlrabi	
1 mittelgroße Möhre	
1 mittelgroße Zwiebel	
1 Stange Porree	
100 g Spargelstücke	
	das Gemüse putzen, waschen, kleinschneiden
40 g Butter oder Margarine	zerlassen, das Gemüse darin andünsten
1¼ l heißes Wasser	hinzugießen, zum Kochen bringen, gar kochen lassen, kurz Beendigung der Kochzeit
1 Bund Petersilie	waschen, hinzufügen
	die Brühe durch ein Sieb gießen, sie anstelle von Fleischbrühen verwenden
Kochzeit:	Etwa 1 Stunde.
	Pro Portion E: 2 g, F: 9 g, Kh: 7 g, kJ: 490, kcal: 117.
Veränderung:	Petersilienwurzel, Blumenkohlrippen, Weißkohl- und Wirsingblätter mitkochen.
Tip:	Anstelle von frischem Gemüse tiefgekühltes Suppengemüse verwenden.

Hühnerbrühe

(6 Portionen)

1 küchenfertiges Suppenhuhn (1 kg)	unter fließendem kaltem Wasser abspülen, mit Herz, aufgeschnittenem, gesäubertem Magen, Hals in
1 ½ l kochendes Salzwasser	geben, fast zum Kochen bringen, abschäumen
1 Bund Suppengrün	putzen, waschen, kleinschneiden
1 mittelgroße Zwiebel	abziehen, in die Brühe geben, das Huhn gar ziehen lassen die Brühe durch ein Sieb gießen, mit Salz abschmecken das Fleisch von den Knochen lösen, die Haut entfernen das Fleisch in kleine Stücke schneiden
200 g gekochte Spargelstücke	
125 g gekochter Langkornreis (parboiled)	
	die drei Zutaten in die Brühe geben, erhitzen, mit
2 Eßl. gehackter Petersilie	bestreuen
Garzeit:	Etwa 1 ½ Stunden.

Pro Portion: E 24 g, F: 25 g, Kh: 9 g kJ: 1590, kcal: 380.

Eierstich

2 Eier	mit
125 ml (⅛ l) kalter Milch (3,5% Fett)	
Salz	
geriebener Muskatnuß	verschlagen, in ein gefettetes Gefäß füllen, mit
Alufolie	verschließen, in kochendes Wasser stellen das Wasser wieder zum Kochen bringen, den Topf mit einem Deckel verschließen (das Wasser nicht mehr kochen lassen) wenn die Masse fest geworden ist, sie stürzen, in Würfel schneiden, in die Suppe geben
Garzeit:	Etwa 30 Minuten.

Pro Portion: E: 4 g, F: 4 g, Kh: 2 g kJ: 272, kcal: 65.

Veränderung: 1 Eßl. feingehackte Kräuter, feingeriebenen Käse oder Tomatenmark mit den Eiern verschlagen.

Tip: Eierstich läßt sich besonders gut in einem Mikrowellengerät zubereiten.

Suppen

Kartoffelsuppe

2 mittelgroße Zwiebeln	abziehen, würfeln
1 Bund Suppengrün	putzen, waschen, kleinschneiden
15 g Margarine	zerlassen, Zwiebelwürfel und Suppengrün darin andünsten
250 g Kartoffeln	schälen, waschen, in Würfel schneiden, mit
500 ml (½ l) Instant-Fleischbrühe	hinzufügen, zum Kochen bringen, gar kochen lassen, die Suppe durch ein Sieb streichen, erhitzen, mit
Salz	
Pfeffer	
gerebeltem Basilikum	abschmecken
1 Brötchen (Semmel)	in Würfel schneiden
15 g Butter	zerlassen, die Brötchenwürfeln darin braun rösten die Suppe mit
2 Eßl. feingeschnittenem Schnittlauch	bestreuen, mit den Brötchenwürfeln anrichten
Kochzeit:	10 – 12 Minuten.

Pro Portion: E:3 g, F: 7 g, Kh: 21 g kJ: 690, kcal: 165.

Veränderung:	2 enthäutete, in Würfel geschnittene Tomaten in die Suppe geben.

Klare Ochsenschwanzsuppe
(6 Portionen)

750 g kleingehackten Ochsenschwanz	unter fließendem kaltem Wasser abspülen, trockentupfen
60 g Schinkenspeck	in Würfel schneiden
40 g Pflanzenfett	erhitzen, Ochsenschwanz- und Schinkenspeckwürfel von allen Seiten gut darin anbraten
1 Bund Suppengrün	putzen, waschen, kleinschneiden, kurz miterhitzen
1 mittelgroße Zwiebel	abziehen, halbieren, mit
1 Lorbeerblatt	
2 Gewürznelken	
4 Pfefferkörnern	
2 Pimentkörnern (Nelkenpfeffer)	
Salz	hinzufügen
1 l Wasser	hinzugießen, gar ziehen lassen die Brühe durch ein Sieb gießen, erkalten lassen, entfetten das Fleisch von den Knochen lösen, in kleine Stücke schneiden, in die Suppe geben, erhitzen, mit Salz,
Pfeffer	
Zucker	abschmecken

4 Eßl. Sherry	unterrühren
	die Suppe mit
2 Eßl. gehackter Petersilie	bestreuen
Garzeit:	Etwa 1 ½ Stunden.

Pro Portion: E 16 g, F: 18 g, Kh: 4 g kJ: 1113, kcal: 266.

Grießklößchen

125 ml (⅛ l) Milch (3,5% Fett)	mit
10 g Butter	
Salz	
geriebener Muskatnuß	zum Kochen bringen, von der Kochstelle nehmen
50 g Grieß	unter Rühren hineinstreuen, zu einem glatten Kloß rühren, noch etwa 1 Minute erhitzen, den heißen Kloß in eine Schüssel geben
1 Ei	unterrühren
	aus der Masse mit zwei Teelöffeln Klößchen formen, in kochendes Salzwasser oder kochende Suppe geben, gar ziehen lassen (Flüssigkeit muß sich leicht bewegen)
Garzeit:	Etwa 5 Minuten.

Pro Portion: E:4 g, F:5 g, Kh: 11 g kJ: 452, kcal: 108.

Fleischklößchen

20 g Butter oder Margarine	geschmeidig rühren
50 g Hackfleisch	
1 Eigelb	
Salz	
Pfeffer	
20 g Semmelmehl	hinzufügen, vermengen
	aus der Masse mit nassen Händen Klößchen formen, in kochendes Salzwasser oder kochende Suppe geben, gar ziehen lassen (Flüssigkeit muß sich leicht bewegen)
Garzeit:	Etwa 5 Minuten.

Pro Portion: E: 4 g, F: 9 g, Kh: 4 g kJ: 490, kcal: 117.

Die Klößchen eignen sich besonders gut als Einlage in Frikassee und Ragout.

Rotweinsuppe

375 ml (3/8 l) Wasser	mit
1 Stück Stangenzimt	
2 Gewürznelken	zum Kochen bringen
1 kleinen Apfel	schälen, vierteln, entkernen, in Scheiben schneiden, mit
30 g Sago	in das Wasser geben (Foto 1+2), umrühren, zum Kochen bringen, gar kochen lassen, ab und zu umrühren (Stangenzimt und Nelken herausnehmen)
375 ml (3/8 l) Rotwein	hinzugießen (Foto 3), die Suppe erhitzen (nicht kochen lassen)
75 g Zucker	hinzufügen, mit
Zitronensaft	abschmecken, die Suppe nach Belieben warm oder kalt reichen
Kochzeit:	10 – 15 Minuten.

Pro Portion: E: 0 g, F: 0 g, Kh: 30 g kJ: 728, kcal: 174.

Einlage: Suppenmakronen oder geröstete Weißbrotwürfel, Apfelstückchen oder Schneeklößchen.

Schneeklößchen

2 Eiweiß	steif schlagen
2 schwach gehäufte Teel. Zucker	unterschlagen, kleine Klöße abstechen, auf kochendheiße Suppe oder kochendheißes Wasser setzen, im zugedeckten Topf in etwa 5 Minuten fest werden lassen.

Pro Portion: E: 2 g, F: 0 g, Kh: 3 g kJ: 75, kcal: 18.

Veränderung: Die Klößchen mit geraspelter Schokolade oder mit Zucker und Zimt bestreuen.

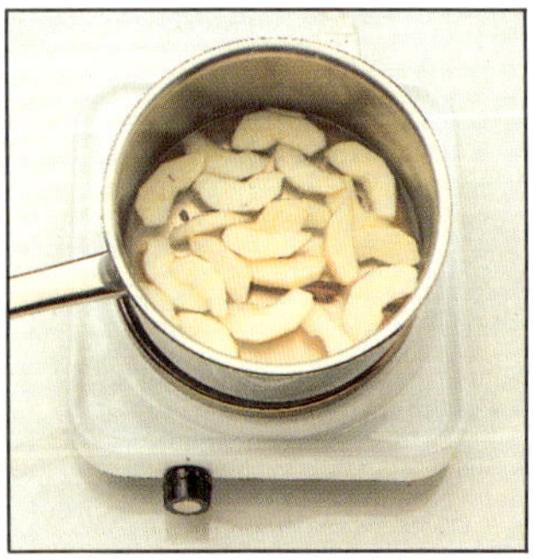

Haferflockensuppe

40 g Haferflocken	in
1 l kochende Milch (3,5% Fett)	streuen, umrühren, zum Kochen bringen, ausquellen lassen
50 g Zucker	
1 Päckchen Vanillin-Zucker	hinzufügen, die Suppe mit
Salz	
abgeriebener gelber Zitronenschale (unbehandelt)	
Zitronensaft	abschmecken
Garzeit:	Etwa 10 Minuten.
	Pro Portion: E: 10 g, F: 10 g, Kh: 33 g kJ: 1100, kcal: 263.
Veränderung:	20 g Butter unter die Suppe rühren.

Semmelklößchen

30 g Butter	zerlassen
1 verschlagenes Ei	
Salz	
geriebene Muskatnuß	unterrühren
50 g Semmelmehl	hinzufügen (es muß eine geschmeidige Masse entstehen)
1 Messerspitze Backpulver	unterrühren die Masse etwa 20 Minuten stehenlassen, mit nassen Händen Klößchen daraus formen, in kochendes Salzwasser oder kochende Suppe geben, gar ziehen lassen (Suppe muß sich leicht bewegen)
Garzeit:	Etwa 4 Minuten.
	Pro Portion: E: 3 g, F: 8 g, Kh: 11 g kJ: 548, kcal: 131.

Tomatensuppe

500 g Tomaten	kurze Zeit in kochendes Wasser legen (nicht kochen lassen), in kaltem Wasser abschrecken, enthäuten, die Stengelansätze herausschneiden, die Tomaten in Würfel schneiden
2 mittelgroße Zwiebeln	abziehen
50 g fetter Speck	
	beide Zutaten in Würfel schneiden
20 g Margarine	zerlassen, Zwiebel- und Speckwürfel darin glasig dünsten lassen

	die Tomatenwürfel hinzufügen, kurz mitdünsten lassen, mit
20 g Weizenmehl	bestäuben
2 Eßl. Tomatenmark	unterrühren
750 ml (3/4 l) Instant-Fleischbrühe	hinzugießen, zum Kochen bringen, etwa 5 Minuten kochen die Suppe durch ein Sieb streichen, erhitzen, mit
Salz, Zucker	
Pfeffer (aus der Mühle)	
Paprika edelsüß	
gehackten Basilikumblättchen	
gehackten Thymianblättchen	
Tabasco	abschmecken, mit
1 Eßl. gehackter Petersilie	bestreuen, die Suppe mit
1 Becher (150 g)	
Crème fraîche (30% Fett)	anrichten.

Pro Portion: E: 4 g, F: 27 g, Kh: 12 g kJ: 1356, kcal: 324.

Tip: Anstelle von frischen Tomaten können auch Tomaten aus der Dose verwendet werden.

Sauerkirsch-Kaltschale
(6 Portionen)

375 g Sauerkirschen	waschen, abtropfen lassen, entstielen, entsteinen, mit
150 g Zucker	
1 Stück gelber	
Zitronenschale (unbehandelt)	in
500 ml (1/2 l) Wasser	geben, zum Kochen bringen, fast gar kochen lassen
1 Päckchen Götterspeise	
Kirschgeschmack	mit
500 ml (1/2 l) kaltem Wasser	anrühren, 10 Minuten zum Quellen stehenlassen, unter die heißen Sauerkirschen rühren, so lange rühren, bis sich alles gelöst hat, die Suppe mehrere Stunden kalt stellen.

Pro Portion: E: 2 g, F: 0 g, Kh: 34 g kJ: 611, kcal: 146.

Tomatensoße

1 kleine Zwiebel	abziehen
30 g roher Schinken	
	beide Zutaten in kleine Würfel schneiden
250 g Tomaten	waschen, in Stücke schneiden
20 g Butter oder Margarine	zerlassen, die Schinkenwürfel darin auslassen, Zwiebelwürfel, Tomatenstücke darin andünsten, mit
20 g Weizenmehl	bestreuen, kurz miterhitzen
375 ml (3/8 l) Wasser	hinzugießen, mit einem Schneebesen durchschlagen, darauf achten, daß keine Klumpen entstehen die Soße zum Kochen bringen, etwa 10 Minuten kochen lassen, durch ein Sieb streichen, mit
Salz	
Pfeffer	
Zitronensaft	
Tomatenmark	abschmecken
Kochzeit:	Etwa 10 Minuten.

Pro Portion: E: 3 g, F: 7 g, Kh: 6 g kJ: 427, kcal: 102.

Veränderung: Anstelle von frischen Tomaten geschälte Tomaten (etwa 300 g) aus der Dose verwenden. Tomatenflüssigkeit evtl. mit Wasser auf 375 ml (3/8 l) auffüllen.

Tip: Die Tomatensoße eignet sich als Beilage zu Fisch oder zu Nudelgerichten.

Soßen

Die Zubereitung einer guten Soße gehört zur Krönung der Kochkunst. Das ist nicht so schwierig, wie immer noch viele Hausfrauen fürchten.
Viele Gerichte bringen durch ihre Zubereitung schon die Basis für eine gute Soße mit (z. B. Hühnerfrikassee, Sauerbraten, Gulasch). Bei anderen, wie z. B. kurzgebratenem oder gegrilltem Fleisch, entsteht bei der Zubereitung kein Fond oder Bratensaft. In solchen Fällen kann man auch auf einen tiefgekühlten Vorrat oder auf von der Industrie vorgefertigte Produkte zurückgreifen.

Die Grundlage für viele Soßen ist ein kräftig schmeckender heller oder dunkler Fond (kräftig bis sehr kräftige Brühe). Er kann aus Fleisch, Geflügel, Wild, Fisch oder Gemüse zubereitet werden.

Heller Fond (Brühe). Dafür werden z. B. Fischköpfe und Gräten, Knochen und Fleisch oder eine Auswahl von Suppengemüsen mit Wasser, Gewürzen und Kräutern längere Zeit gekocht (siehe auch Brühe auf Seite 39).

Nach dem Abkühlen geliert der Fond und kann löffelweise entnommen werden.

Dunkler Fond (Bratensaft). Dabei ist zu beachten, daß das Brat- oder Schmorgut kräftig angebraten wird. Nach dem Würzen und Ablöschen mit Flüssigkeit (Wasser, Wein, Brühe) muß diese immer wieder eingeschmort (reduziert) und mit kleinen Mengen Flüssigkeit wieder abgelöscht werden. Je öfter dieser Vorgang wiederholt wird, desto kräftiger und besser wird der Soßenfond.
Nicht benötigter Fond eignet sich portionsgerecht verpackt gut zum Tiefkühlen.

Soßen können eingeteilt werden in:

- Helle Grundsoßen (z. B. Champignon-, Bechamel-, Meerrettich-, Käse- oder Kapernsoße).
- Dunkle Grundsoßen (z. B. Burgunder-, Pfeffer-, Jägersoße).
- Abgeschlagene Soße (z. B. Holländische Soße, Sauce Bérnaise oder – Choron).
- Bratensaft, (ungebunden).
- Kalte Soßen (z. B. auf Quark-, Joghurt-, Mayonnaise- oder Sahnebasis).

Helle und dunkle Soßen binden

1. **Mehlschwitze.** Mehl in Fett (Mengenverhältnis 1:1, z. B. 25 g Mehl und 25 g Fett) leicht oder etwas stärker anschwitzen (bräunen). Nach und nach unter ständigem Rühren mit Brühe (Fond) ablöschen bis die gewünschte Konsistenz erreicht ist. Überwiegend für helle Soßen.

2. **Mehlkloß.** Fett (Margarine, Öl oder Butter) und Mehl zu einem Kloß verkneten. Soviel Mehl unter das Fett kneten, wie es aufnimmt. In den klaren Fond geben, unter Rühren aufkochen und kurz köcheln lassen.

3. **Gemüse, Zwiebeln.** Mitgegartes Gemüse und Zwiebeln pürieren oder durch ein Sieb streichen. Kalorienarme und leicht bekömmliche Bindungsart.
4. **Angerührtes Mehl, Speisestärke oder Stärkemehl.** Mehl oder Stärke mit kaltem Wasser in einem separaten Gefäß anrühren. Unter Rühren in die heiße Flüssigkeit einlaufen lassen und kurz köcheln. Diese Methode ist unter geschmacklichen Gesichtspunkten nicht sehr empfehlenswert, da das Aroma feiner Soßen leicht überdeckt wird.

5. **Eigelb, Sahne.** Für helle Soßen Eigelb und etwas Sahne verrühren. Langsam in den heißen Soßenfond einrühren. So lange kräftig rühren, bis die Soße sämig ist. Nicht aufkochen!
6. **Schlagsahne.** Fond mit süßer Sahne oder Crème fraîche bis zur gewünschten Konsistenz einköcheln. Sahne mit einem Fettgehalt von 10% ist dafür nicht geeignet, sie flockt beim Erhitzen aus.
7. **Joghurt.** Vor dem Servieren unter ständigem Rühren vorher verschlagenen Joghurt unterrühren und erwärmen. Nicht aufkochen, sonst gerinnt die Soße.
8. **Pumpernickel, Lebkuchen.** Dunkle Soßen mit fein zerbröseltem Pumpernickel oder Lebkuchen verrühren und etwas köcheln lassen.
9. **Vorgefertigte Produkte.** Soßenbinder oder Fertig-Soßen laut Anweisung einrühren.

Abwandlungsmöglichkeiten für Soßen.

Helle Grundsoßen z. B.
mit: Käse, Kapern, gehackten Kräutern, Curry, Zitronensaft, Weißwein, Meerrettich, Sardellenpaste, Tomatenmark, feinen Gemüsestreifen.

Dunkle Grundsoßen z. B.
mit gebratenen Zwiebelwürfeln, Pilzen, Johannisbeergelee, Preiselbeeren, Orangensaft, zerdrückten Wacholderbeeren, Sauerkirschen, Orangenmarmelade, grünen zerdrückten Pfefferkörnern, Rotwein, Sherry, Cognac, Senf, Créme fraîche.

Abgeschlagene Soßen z. B.
mit gehackten Kräutern, Zitronensaft, Weißwein, Gemüsewasser, zerdrückten grünen Pfefferkörnern, Paprika, geriebenem Käse.

Süße Soßen z. B.
mit Vanillemark, Ingwersaft, Orangensaft, Zitronensaft, Weißwein.

Soßen

Abgeschlagene Soßen

Abgeschlagene Soßen erfordern die Beachtung einiger Grundregeln, die den Erfolg der Zubereitung sicherstellen.

1. Zutaten für die Soße in einen sehr sauberen Topf – am besten mit abgerundetem Topfboden – einfüllen.
2. Faustregel für leichte Soßen: Auf 1 Eigelb 2 Eßlöffel Wasser (Wein, Gemüsebrühe oder Fruchtsaft) oder 1 Eßlöffel Wasser und etwa 30 – 40 g zerlassene Butter oder Pflanzenmargarine (die nach dem Aufschlagen des Eigelbs tröpfchenweise untergerührt wird) aufschlagen. Fetthaltige Soßen wie z. B. Sauce Hollandaise enthalten auf 1 Eigelb etwa 80 g Fett.
3. Für das Wasserbad den Topf etwa 3/4 mit Wasser füllen. Das Wasser soll leicht köcheln (simmern) aber nicht kochen.
4. Sämtliche Zutaten und Geräte für die Soße bereitstellen.
5. Gefäß mit den Zutaten in das Wasserbad stellen oder sie in einem Spezialtopf (Simmertopf) geben. Die Masse mit dem Handrührgerät oder Schneebesen zu einer schaumig, sämigen Soße aufschlagen.
6. Wird die Soße mit zerlassenem Fett zubereitet, dieses vorher klären (eiweißhaltigen Schaum abschöpfen) und zuerst tropfen- und danach teelöffelweise in die Schaumsoße einrühren.

7. Zum Abschmecken in die Soße nur mit einem sauberen Löffel eintauchen.
8. Sofort servieren.

Hinweis:
Gerinnt die Soße, sofort aus dem Wasserbad nehmen und 1 – 2 Eiswürfel, etwas Zitronensaft oder 1 – 2 Eßlöffel kalte Sahne unterrühren.
Eine weitere Möglichkeit, die geronnene Soße sehr langsam unter 1 – 2 neue Eigelbe unterrühren.

Soßen auf Mayonnaisen-Basis

Zubereitung von Mayonnaise.

1. Geräte und Zutaten bereitstellen.
2. Eigelb und Eiweiß trennen. Eiweiß evtl. tiefkühlen.
3. Eigelb, Gewürze und Zitronensaft oder Essig mit dem Schneebesen verrühren, bis sich die Masse einheitlich verbunden hat. Nur in eine Richtung rühren.

4. Öl zuerst tropfen- danach löffelweise unterrühren, bis die Soße cremig ist.

Helle Soße

25 Butter oder Margarine	zerlassen
10 g Weizenmehl	unter Rühren so lange darin erhitzen, bis es hellgelb ist
250 ml (¼ l) Milch (3,5% Fett)	
125 ml (⅛ l) Schlagsahne (30% Fett)	hinzugießen, mit einem Schneebesen durchschlagen, darauf achten, daß keine Klumpen entstehen die Soße zum Kochen bringen, etwa 5 Minuten kochen lassen
1 Eigelb	mit
2 Eßl. Schlagsahne (30% Fett)	verschlagen, die Soße damit abziehen (nicht mehr kochen lassen), mit
Salz	
Zitronensaft	abschmecken
20 g Butter	unterrühren
Kochzeit:	Etwa 5 Minuten.

Pro Portion: E: 4 g, F: 26 g, Kh: 5 g kJ: 1172, kcal: 280.

Tip: Die Helle Soße kann eine Basissoße für Frikassee und für gekochtes Kalb-, Fisch- oder Geflügelfleisch sein.

Dunkle Grundsoße

25 g Margarine	zerlassen
20 g Weizenmehl	unter Rühren so lange darin erhitzen, bis es hell- bis dunkelbraun ist
375 ml ⅜ l) Instant-Fleischbrühe	hinzugießen, mit einem Schneebesen durchschlagen, darauf achten, daß keine Klumpen entstehen die Soße zum Kochen bringen, etwa 5 Minuten kochen lassen, nach Belieben abschmecken.
Kochzeit:	Etwa 5 Minuten.

Pro Portion: E: 1 g, F: 6 g, Kh: 4 g kJ: 297, kcal: 71.

Tip: Die dunkle Grundsoße eignet sich sich als Basissoße für ein Zungenragout oder für eine polnische Soße, die gern zu Karpfen gereicht wird.

Soßen

Sauce béarnaise

100 g Butter	zerlassen, etwas abkühlen lassen
1 kleine Zwiebel	abziehen, würfeln, mit
gehackten Estragonblättchen	
gehackten Basilikumblättchen	
schwarzem Pfeffer (aus der Mühle)	
2 Teel. Wein-Essig	
2 Eßl. Wasser	zum Kochen bringen, kurz aufkochen lassen, durch ein Sieb streichen, den Sud mit
2 Eigelb	im Wasserbad so lange schlagen, bis die Masse dicklich ist die Schüssel aus dem Wasserbad nehmen, die etwas abgekühlte Butter langsam darunter schlagen, die Sauce mit
Salz	
Pfeffer	
Zucker	
Zitronensaft	abschmecken
1 Eßl. gemischte, gehackte Kräuter	unterrühren, die Sauce im Wasserbad warm halten.

Pro Portion: E: 2 g, F: 24 g, Kh: 1 g kJ: 987, kcal: 236.

Tip: Die Sauce béarnaise eignet sich als Beilage zu feinen Gemüsesorten wie Spargel, Broccoli oder Rosenkohl oder zu kurzgebratenem Fleisch.

Soßen

Specksoße

1 mittelgroße Zwiebel	abziehen
50 g fetter Speck	
	beide Zutaten in kleine Würfel schneiden, unter Rühren so lange erhitzen, bis sie gelblich sind, aus dem Topf nehmen
20 g Weizenmehl	unter Rühren so lange in dem ausgelassenen Fett erhitzen, bis es braun ist
375 ml (3/8 l) Instant-Fleischbrühe	hinzugießen, mit einem Schneebesen durchschlagen, darauf achten, daß keine Klumpen entstehen
½ Lorbeerblatt	
2 Gewürznelken	und Speck- und Zwiebelwürfel unterrühren
	die Soße zum Kochen bringen, etwa 5 Minuten kochen lassen
2 Eßl. Essig	hinzufügen, mit
Salz	abschmecken, Lorbeerblatt und Nelken vor dem Anrichten aus der Soße nehmen
Kochzeit:	Etwa 5 Minuten.

Pro Portion: E:1 g, F: 11 g, Kh: 5 g kJ: 565, kcal: 135.

Tip: Die Soße zu Brechbohnen, Kartoffelklößchen, Pellkartoffeln oder Verlorenen Eiern reichen.

Béchamelsoße

1 kleine Zwiebel	abziehen
40 g Schinkenspeck	
	beide Zutaten in kleine Würfel schneiden
25 g Butter oder Margarine	zerlassen, die Schinkenspeckwürfel darin auslassen
20 g Weizenmehl	zusammen mit den Zwiebelwürfeln unter Rühren so lange darin erhitzen, bis das Mehl hellgelb ist
250 ml (¼ l) Milch (3,5% Fett)	
125 ml (1/8 l) Instant-Fleischbrühe	hinzugießen, mit einem Schneebesen durchschlagen, darauf achten, daß keine Klumpen entstehen
	die Soße zum Kochen bringen, etwa 10 Minuten kochen lassen, mit
Salz, Pfeffer	abschmecken
Kochzeit:	Etwa 10 Minuten.

Pro Portion: E: 5 g, F: 11 g, Kh: 7 g kJ: 636, kcal: 152.

Veränderung: Die Soße durch ein Sieb streichen.

Grüne Soße

1 Bund Petersilie	
1 Bund Schnittlauch	
1 Bund Kerbel	
1 Bund Dill	
1 Bund Borretsch	
1 Bund Estragon	
1 Bund Basilikum	
½ Kästchen Kresse	
	die Kräuter abspülen, trockentupfen
1 kleine Zwiebel	abziehen
	alle Zutaten zerkleinern, mit
1 Becher (150 g) Crème fraîche (30% Fett)	
125 g Speisequark (Magerstufe)	in einem elektrischen Mixbecher 1 – 2 Minuten schlagen lassen die Soße mit
Salz	
Pfeffer	abschmecken.

Pro Portion: E: 6 g, F: 12 g, Kh: 5 g kJ: 649, kcal: 155.

Tip: Diese Soße zu Lachsmousse, zu gekochten Eiern oder zu gekochtem Rindfleisch reichen.

Senfsoße

25 g Butter oder Margarine	zerlassen
10 g Weizenmehl	unter Rühren so lange darin erhitzen, bis es hellgelb ist
250 ml (¼ l) Milch (3,5% Fett)	
125 ml (⅛ l) Schlagsahne (30% Fett)	hinzugießen, mit einem Schneebesen durchschlagen, darauf achten, daß keine Klumpen entstehen die Soße zum Kochen bringen, etwa 5 Minuten kochen lassen
2 schwach gehäufte Eßl. mittelscharfen Senf	in die Soße geben, mit
Salz	
Zitronensaft	
Zucker	abschmecken
Kochzeit:	Etwa 5 Minuten.

Pro Portion: E: 5 g, F: 18 g, Kh: 5 g kJ: 879, kcal: 210.

Soßen

Remouladensoße

2 hartgekochte Eier	pellen, das Eigelb durch ein Sieb streichen, mit
1 rohen Eigelb	
Salz	verrühren, dann tropfenweise unter Schlagen die Hälfte von
125 ml (1/8 l) Salatöl	hinzufügen, ist die Masse steif genug,
2 Eßl. Essig	
oder Zitronensaft	
1 schwach gehäuften Teel. Senf	hinzufügen, dann erst den Rest des Öls hinzugeben
1 Eßl. Kapern	fein wiegen
1 mittelgroße Gewürzgurke	
2 Eßl. gehackte Kräuter	
(Petersilie, Schnittlauch, Dill,	
Kerbel, Kresse)	fein würfeln
	die Zutaten zu der Mayonnaise geben, mit
Pfeffer	
Zucker	abschmecken.

Pro Portion: E: 3 g, F: 34 g, Kh: 1 g kJ: 1397, kcal: 334.

Veränderung: Das hatgekochte Eiweiß in kleine Würfel schneiden, mit in die Soße geben.

Tip: Die Remouladensoße zu Sülze mit Bratkartoffeln oder zu kaltem Braten reichen.

Holländische Soße

(Abgeschlagene Soße)

200 g Butter	zerlassen, etwas abkühlen lassen
2 Eigelb	mit
2 Eßl. Weißwein	im Wasserbad so lange schlagen, bis die Masse dicklich ist, die Schüssel aus dem Wasserbad nehmen die etwas abgekühlte Butter langsam darunter schlagen die Soße mit
Zitronensaft, Salz, Pfeffer	abschmecken.

Pro Portion: E: 2 g, F: 45 g, Kh: 1 g kJ: 1803, kcal: 431.

Crème-fraîche-Soße

1 Becher (150 g) Crème fraîche (30 % Fett)	mit
2 Eßl. Milch (3,5 % Fett) 1 schwach gehäuften Eßl. Tomatenketchup	verrühren, mit
Salz, Pfeffer	abschmecken
2 Eßl. gehackte Kräuter (Petersilie, Schnittlauch, Dill, Kresse)	unterrühren.

Pro Portion: E: 1 g , F: 12 g, Kh: 3 g kJ: 531, kcal: 127.

Cumberlandsoße

Schale von 1 Apfelsine (unbehandelt)	von der weißen Haut befreien, die Schale in sehr feine Streifen schneiden, in etwa 10 Minuten in
3 Eßl. Rotwein	weich kochen lassen, kalt stellen
250 g Johannisbeergelee	mit
1 schwach gehäuften Teel. Senf	gut verrühren, die erkalteten Apfelsinenstreifen mit dem Rotwein hinzufügen die Soße mit
Salz, Zitronensaft	abschmecken.

Pro Portion: E: 0 g, F: 0 g, Kh: 40 g kJ. 724, kcal: 173.

Tip: Die Soße zu Wild, kaltem Fleisch oder Pasteten reichen.

Salatsoße mit Pimpinelle

3 Eßl. Salatöl	mit
3 Eßl. Essig	
1 Teel. mittelscharfem Senf	
Salz	
Pfeffer	verrühren
2–3 Eßl. feingehackte	
Pimpinelleblättchen	unter die Salatsoße rühren
	die Soße mit einigen
Pimpinelleblättchen	bestreuen.
	Salatsoße mit Pimpinelle eignet sich für Pflück- oder Eissalat.

Pro Portion: E: 0 g, F: 11 g, Kh: 0 g, kJ: 418, kcal: 100.

Tip: Die Salatsoße mit Pimpinelle kann einige Tage im Kühlschrank aufbewahrt werden.

Mayonnaise

1 Eigelb	mit
1 Eßl. Essig oder Zitronensaft	
Salz	
Zucker	in einer Rührschüssel mit einem Schneebesen oder mit einem Handrührgerät mit Rührbesen zu einer dicklichen Masse schlagen, darunter
125 ml (1/8 l) Salatöl	schlagen (bei dieser Zubereitung ist es nicht notwendig, das Öl tropfenweise zuzusetzen, es wird in Mengen von 1–2 Eßl. untergeschlagen, die an das Eigelb angegebenen Gewürze verhindern eine Gerinnung) die Mayonnaise evtl. mit
Senf	abschmecken.

Pro Portion: E: 1 g, F: 31 g, Kh: 1 g kJ: 1226, kcal: 293.

Veränderung: Unter die Mayonnaise Joghurt nach Geschmack rühren.

Tip: Evtl. geronnene Mayonnaise kann geglättet werden, indem 1 Eigelb untergeschlagen wird.

Speckschollen

4 küchenfertige Schollen (je etwa 300 g)	unter fließendem kaltem Wasser abspülen, trockentupfen, mit
Zitronensaft	beträufeln, etwa 30 Minuten stehenlassen, trockentupfen, mit
Salz	
Pfeffer	bestreuen, in
Weizenmehl	wenden (Foto 1)
2 Eßl. Speiseöl	in einer großen Pfanne erhitzen
etwa 20 g mageren, durchwachsenen Speck	in Würfel schneiden, darin ausbraten (Foto 2), die Speckwürfel herausnehmen, warm stellen, die Schollen in dem Speckfett von beiden Seiten braun braten (Foto 3), auf einer vorgewärmten Platte anrichten
	die Speckwürfel darüber geben
	die Schollen mit
Zitronenachteln	
Dillzweigen	garnieren
Bratzeit:	Etwa 15 Minuten.
	Pro Portion: E: 34 g, F: 42 g, Kh: 4 g, kJ: 2335, kcal: 558.
Beilage:	Salzkartoffeln, Feldsalat.
Tip:	Um zu verhindern, daß Küchengeräte und Hände starken Fischgeruch annehmen, sollten diese vor der Fischzubereitung mit kaltem Wasser abgespült werden.

Fisch

Fische sind eiweißreich, meist fettarm und enthalten einen großen Anteil wichtiger Vitamine, Spurenelemente und Mineralstoffe. Fast alle Fisch sind bei entsprechender Zubereitung leicht verdaulich.
Sie werden in 2 Gruppen eingeteilt, s. Fotos rechts.

Das Seefischangebot ist meist größer als das der Süßwasserfische. Seefische werden nach dem Fang auf dem Kutter ausgenommen, gereinigt, große Tiere teilweise auch zerteilt. Der Fisch wird auf Eis gekühlt (**nicht** gefroren) und kommt nach Fangreisen sofort in den Handel. Süßwasserfische werden häufig in kleinen Wasserbecken lebend frisch gehalten.
Frische Fische sind zu erkennen an:

1. klaren Augen;
2. roten Kiemen ohne Schleim (Kiemen etwas anheben und darunter sehen);
3. festen Schuppen;
4. frischem, nicht unangenehmem Geruch;
5. ihrer kräftig, glänzenden Haut, die mit klarem Schleim überzogen ist (verfärbt sich beim Garen im Sud blau);
6. an glatten, glänzenden Fischstücken bei zerlegtem Fisch.

1. **Seefische**
   Sie leben in salzhaltigen Gewässer, z. B. Rotbarsch, Schellfisch, Kabeljau, Heilbutt (1), Scholle (1), Seezunge (1), Aal (2), Makrele (2), Hering (2).

2. **Süßwasserfische**
   Sie leben in nicht salzhaltigen Gewässern (Flüssen und Seen), z. B. Hecht (3), Lachsforelle (3), Karpfen (3), Bachforelle (3), Felchen, Zander, Schleie, Waller.

Fisch schuppen

1. Schwanzende des Fische festhalten (evtl. mit einem Tuch.
2. Mit einem Fischschupper oder einem flachen, breiten Messer die Schuppen zum Kopf hin abschaben.

Tip:
Die Schuppen spritzen nicht so stark, wenn sie unter fließendem Wasser abgeschabt werden.

Fisch ausnehmen

1. Fisch mit der linken Hand festhalten.
2. Mit einem scharfen Messer vorsichtig vom Schwanzende in Richtung Kopf bis zu den Kiemen aufschneiden.
3. Eingeweide **vorsichtig** entfernen. Gallenblase nicht verletzen, sie kann den Fisch ungenießbar machen.
4. Blutreste unter fließendem, kaltem Wasser gründlich entfernen.
5. Weiterverarbeitung laut Rezept.

Fisch häuten.

1. Haut der Schwanzflosse mit einem scharfen Messer ein schneiden.
2. Schwanzflosse mit einem Tuch festhalten, s. unten.
3. Haut in Richtung Kopf mit einem kurzen Ruck abziehen.

Fisch filieren

Beispiel: Seezunge
1. Gehäutete Seezunge mit einem scharfen Messer an der Hauptgräte entlang vom Kopf bis zum Schwanz einschneiden.

2. Filet vorsichtig von den Gräten trennen. Sind beide Filets der einen Seite ausgelöst, auf der Rückseite genauso vorgehen.

Fisch

Fischgeruch läßt sich vermeiden

Hier ein paar einfache, aber wirkungsvolle Tips:

1. Den Fisch in ein mit Essig getränktes Tuch einwickeln.
2. Vorbereitet säuern, evtl. mit Kräutern bedeckt in einem Gefäß zugedeckt kühlgestellt bsi zur Verarbeitung lagern.
3. Hände und mit Fisch in Berührung gekommene Gegenstände mit **kaltem** Wasser oder noch besser mit Essig oder Zitronensaft einreiben.
4. Benutztes Geschirr **zuerst** mit kaltem Wasser überbrausen und danach erst mit heißem Wasser gründlich spülen.

Muscheln/Austern

Sie leben überwiegend im Meer. Ihr seitlich zusammengepreßter Körper ist mit einer Schale umgeben, die in 2 Hälften aufklappbar ist. Sie haben ein zartes, eiweißreiches Fleisch, das aber schnell verderben kann. Deshalb sind sie überwiegend in der kühlen Jahreszeit zu erhalten (Monate mit einem „R").

Es gibt viele Arten von Muscheln, z. B. Jakobs-,oder Kamm-Muscheln, Clams, Herzmuscheln, Venusmuscheln, Plattenmuscheln, Meeresmuscheln.

Drei-S-System

1. S = Säubern
   Fisch kurz unter kaltem Wasser abspülen und trockentupfen. Bei unzerkleinerten Fischen, die im Sud gegart werden, die Schleimhaut nicht verletzen.

2. S = Säuern
   Mit Zitronensaft, etwas Essig oder Weißwein beträufeln. Bei der Zubereitung im Sud entfällt dieser Arbeitsgang.

3. S = Salzen
   Erst unmittelbar vor dem Zubereiten salzen. Salz zieht Saft, der Fisch wird trocken. Auch zum Marinieren nicht salzen.

Für die Zubereitung von Fisch sind folgende Garmethoden geeignet:
Garen im Sud, Dünsten, Dämpfen, Braten, Backen, Räuchern.

Fisch ist gar:

1. Wenn sich die Flossen und Gräten leicht herausziehen lassen.
2. Wenn sich die Haut vom Fischfleisch leicht abheben läßt.
3. Wenn beim Druck mit der Gabel sich das Fischfleisch schuppenförmig löst.
4. Wenn die Augen heraustreten und trüb gefärbt sind.

Kauf und Vorbereitung

1. Muscheln nur mit fest verschlossener Schale kaufen. Rohe, bereits geöffnete Muscheln vorsichtshalber wegwerfen. Sie können verdorben sein.
2. Muscheln entbarten, d.h. noch vorhandene Fäden, Tang oder Muschelbart mit einem scharfen Messer oder einer Schere abschneiden.
3. Mit einer Bürste unter fließendem, kaltem Wasser sorgfältig reinigen.

Hinweis:
Beim Kochen müssen sich die Muscheln öffnen! Geschlossene Muscheln sind verdorben und deshalb ungenießbar.

1. Langschwänzige Krustentiere: Hummer, Langusten, Flußkrebse.

2. Kurzschwänzige Krustentiere: Tiefseegarnelen, Kaisergranat, Riesengarnelenschwänze, Nordseekrabben.

Krustentiere/ Krebstiere

Krustentiere sind in Gewässern lebende Gliederfüßler. Ihr Außenskelett (Panzerkleid) ist durch Kalkablagerungen unterschiedlich stark gefestigt. Die Tiere können nur durch wiederholtes Abwerfen der Panzerschalen wachsen. Sie atmen durch ihre Kiemen.
In den Schalen der Tiere befindet sich ein braun-schwarzes Chromoproteid (Eiweiß-Verbindung mit Farbstoff), in dem der rote Farbstoff Asthaxanthin gebunden ist, der die Schalen der braun-schwarzen Tiere beim Kochen rötlich färbt.

Krabben/Garnelen aus dem Panzer drehen

1. Abgekochte Tiere mit einer Hand hinter dem Kopf und mit der anderen Hand am Schwanz anfassen.
2. Kopf und Schwanz gegendrehen, Kopf abziehen.
3. Panzerteil etwas andrücken. Fleisch herauslösen.
4. Darm, etwas unterhalb der Rückoberseite gelegen, mit dem Messer oder einem Holzstäbchen herausziehen.

Fisch

Ausgebackener Fisch

750 g Fischfilet	
(Schellfisch, Kabeljau, Seelachs)	unter fließendem kaltem Wasser abspülen, trockentupfen (Foto 1), mit
Zitronensaft oder Essig	beträufeln, etwa 30 Minuten stehenlassen, trockentupfen, mit
Salz, Pfeffer	bestreuen, in Portionsstücke schneiden
	für den Teig
100 g Weizenmehl	in eine Schüssel sieben, in die Mitte eine Vertiefung eindrücken
1 Ei	mit
Salz	
125 ml (⅛ l) Milch	verschlagen, etwas davon in die Vertiefung geben
	von der Mitte aus Eiermilch und Mehl verrühren, nach und nach die restliche Eiermilch,
1 Eßl. Speiseöl	
oder	
zerlassene Butter	hinzugeben, darauf achten, daß keine Klumpen entstehen
	die Filetstücke mit einer Gabel in den Teig tauchen (Foto 2), schwimmend in siedendem
Ausbackfett	
(Speiseöl, Schweineschmalz	
oder Kokosfett)	braun und knusprig backen, auf Haushaltspapier abtropfen lassen (Foto 3)
Backzeit:	Etwa 10 Minuten.
	Pro Portion: E: 39 g, F: 17 g, Kh: 20 g, kJ: 1715, kcal: 410.
Beilage:	Kartoffelsalat.

Fisch

Eingelegte Bratheringe

4 mittelgroße Grüne Heringe (je 250 g)	ausnehmen (Köpfe abschneiden), unter fließendem kaltem Wasser abspülen, schuppen, trockentupfen
20 g Weizenmehl	mit
Salz	mischen, die Heringe darin wenden
6 Eßl. Speiseöl	in einer Bratpfanne erhitzen, die Heringe von beiden Seiten darin goldbraun braten
2 mittelgroße Zwiebeln	abziehen, in Scheiben schneiden, mit den Heringen,
1 Eßl. Senfkörnern	
8 Pfefferkörnern	
einigen Pimentkörnern (Nelkenpfeffer)	in einen Steintopf legen
250 ml (1/4 l) Essig	mit
125 ml (1/8 l) Wasser	verrühren, darüber gießen die Heringe können nach 4–6 Tagen gegessen werden
Bratzeit:	6–8 Minuten.

Pro Portion: E: 33 g, F: 47 g, Kh: 5 g kJ: 2548, kcal: 609.

Tip: Beim Braten ganzer Fische in der Pfanne sollte immer darauf geachtet werden, daß alle Fischteile Kontakt mit dem Pfannenboden haben, damit das Fischfleisch gleichmäßig durchgegart werden kann.

Makrelen in Käsesoße

4 küchenfertige Makrelen (je 250 g)	unter fließendem kaltem Wasser abspülen
500 ml (1/2 l) Wasser	mit
1 mittelgroßen Lorbeerblatt	
Wacholderbeeren	
einigen Senfkörnern	
1 schwach gehäuften Teel. Salz	
1 Messerspitze Pfeffer	
4 Eßl. Essig	zum Kochen bringen, die Fische hineingeben, zum Kochen bringen, gar ziehen lassen die Fische auf einer vorgewärmten Platte anrichten, warm stellen für die Käsesoße die Fischbrühe durch ein Sieb gießen, 250 ml (1/8 l) davon abmessen

25 g Margarine	zerlassen
10 g Weizenmehl	unter Rühren so lange darin erhitzen, bis es hellgelb ist
	die Fischbrühe hinzugießen, mit einem Schneebesen durchschlagen, darauf achten, daß keine Klumpen entstehen, die Soße zum Kochen bringen, etwa 5 Minuten kochen lassen
75 g geriebenen Schweizer Käse	
4 Eßl. Schlagsahne	unterrühren, die Soße mit
Salz	
Pfeffer	
Zucker	abschmecken
	die Soße über die Makrelen geben oder dazureichen
Garzeit für den Fisch:	Etwa 10 Minuten
Kochzeit für die Soße:	Etwa 5 Minuten.

Pro Portion: E: 36 g, F: 34 g, Kh: 2 g, kJ: 2075, kcal: 496.

Kabeljaufilet mit pikantem Belag

750 g Kabeljaufilet	unter fließendem kaltem Wasser abspülen, trockentupfen, mit
2 Eßl. Zitronensaft	beträufeln, etwa 15 Minuten stehen lassen, wieder trockentupfen, in eine gefettete Auflaufform legen
	für den Belag
50 g Butter oder Margarine	geschmeidig rühren
50 g Semmelmehl	unterrühren
1 mittelgroße Zwiebel	abziehen, fein würfeln
1 Eßl. gehackte Petersilie	
1 Eßl. feingeschnittener Schnittlauch	
1 gestrichener Teel. Paprika edelsüß	
125 ml (1/8 l) Weißwein	
	die Zutaten unterrühren
	den Belag mit
Salz	
Pfeffer	
geriebener Muskatnuß	abschmecken, auf den Fisch streichen
	die Auflaufform auf dem Rost in den vorgeheizten Backofen schieben
Strom:	200 – 225
Gas:	6 – 7
Backzeit:	30 – 35 Minuten.

Pro Portion: E: 35 g, F: 11 g, Kh: 13 g kJ: 1385, kcal: 331.

Beilage:	Blattsalat, Stangenweißbrot.

Gebratene Seezungen

4 küchenfertige Seezungen (je 300 g)	unter fließendem kaltem Wasser abspülen, trockentupfen, mit
4 Eßl. Zitronensaft	beträufeln, etwa 30 Minuten stehen lassen, trockentupfen, innen und außen mit
Salz	bestreuen, in
Weizenmehl	wenden
125 g Kräuterbutter	erhitzen, die Seezungen von beiden Seiten darin anbraten, auf einer vorgewärmten Platte anrichten, warm stellen
250 g Steinpilze	putzen, waschen, in Scheiben schneiden
50 g Kräuterbutter	erhitzen, die Pilze darin etwa 10 Minuten dünsten lassen
125 ml (1/8 l) Weißwein	
125 ml (1/8 l) Schlagsahne	hinzugießen, gut verrühren, aufkochen lassen, von der Kochstelle nehmen
2 Eigelb	verschlagen, mit der Soße verrühren, mit Salz, Pfeffer abschmecken über die Seezungen geben
25 g Kräuterbutter	erhitzen
50 g gehackte Mandeln	darin rösten, über die Seezungen geben
Bratzeit:	je Seite etwa 6 Minuten.

Pro Portion: E: 44 g, F: 65 g, kh: 10 g, kJ: 3577, kcal: 855.

Beilage: Reis, Blattsalate oder kleine Kräuter-Kartoffeln, Chicorée-Salat.

Tip: Ob im ganzen oder als Filet zubereitet, bei Seezungen wird immer die dunkle Haut entfernt. (Filieren s. Ratgeber)

Seezungenröllchen in Sahnesoße

8 Seezungenfilets (600 g)	unter fließendem kaltem Wasser abspülen, trockentupfen, mit
2 Eßl. Zitronensaft	beträufeln, etwa 15 Minuten stehenlassen, wieder trockentupfen, mit
Salz	bestreuen
115 g gedünstete Champignons	fein hacken, mit
2 Eßl. gehackter Petersilie	
1 Eßl. gehacktem Dill	verrühren, auf die Filets verteilen, aufrollen, mit Holzstäbchen feststecken
	für die Sahnesoße
250 ml (1/4 l) Schlagsahne (30 % Fett)	auf die Hälfte einkochen lassen, mit
Salz	

Currypulver	abschmecken
	die Seezungenröllchen darin garziehen lassen, aus der Soße nehmen, auf einer vorgewärmten Platte anrichten
	die Soße mit Salz abschmecken, mit auf der Platte anrichten
Garzeit:	Etwa 10 Minuten

Pro Portion: E: 29 g, F: 22 g, kh: 1 g, kJ: 1431, kcal: 324.

Beilage: Petersilien-Kartoffeln

Fischfrikadellen

1 Gemüsezwiebel	abziehen, in Scheiben schneiden
2 Eßl. Olivenöl	in einer Bratpfanne erhitzen, die Zwiebelscheiben hinzufügen, mit
Salz	würzen, in etwa 10 Minuten gar dünsten lassen, aus der Pfanne nehmen
1 Eßl. Olivenöl	in die Pfanne geben
1 Packung (250 g) tiefgekühlte Fischfrikadellen	nach Vorschrift auf der Packung zubereiten, auf eine vorgewärmte Platte geben, warm stellen, die Zwiebelscheiben wieder in die Pfanne geben
3 Eßl. Kondensmilch (7,5 % Fett) 2 gestrichene Teel. geriebenen Meerrettich (aus dem Glas)	hinzufügen, kurz erhitzen, auf den Fischfrikadellen anrichten
Garzeit:	15–20 Minuten.

Pro Portion: E: 10 g, F: 12 g, kh: 5 g, kJ: 887, kcal: 212.

Hechtfilet, gebraten

4 Hechtfilets	unter fließendem kaltem Wasser abspülen, trockentupfen, mit
Zitronensaft	beträufeln, etwa 30 Minuten stehen lassen, trockentupfen, mit
Salz	bestreuen
50 g fetten Speck	in Würfel schneiden, in
1 Eßl.Speiseöl	auslassen, die Filets von beiden Seiten darin braten, auf einer vorgewärmten Platte anrichten, mit
Petersilie:	garnieren
Bratzeit:	Etwa 10 Minuten.

Pro Portion: E: 28 g, F: 19 g, Kh: 0 g, kJ: 1305, kcal: 312.

Seelachsfilet, gedünstet

750 g Seelachsfilet	unter fließendem kaltem Wasser abspülen, trockentupfen, mit
2 Eßl. Zitronensaft	beträufeln, etwa 15 Minuten stehen lassen, wieder trockentupfen, mit
Salz	
Pfeffer	bestreuen
1 kleine Zwiebel	abziehen, würfeln
20 g Butter oder Margarine	zerlassen, die Zwiebelwürfel darin glasig dünsten lassen
2 Eßl. Wasser	hinzufügen, Fischfilet,
10 Pfefferkörner	
1 kleines Lorbeerblatt	
1 Gewürznelke	
2 Pimentkörner	
(Nelkenpfeffer)	hinzufügen, gar dünsten lassen
	das gare Fischfilet auf einer vorgewärmten Platte anrichten, mit
Zitronenscheiben	
Petersilie	garnieren
Dünstzeit:	8 – 10 Minuten.

Pro Portion: E: 34 g, F: 6 g, Kh: 1 g kJ: 862, kcal: 206.

Beilage:	Salzkartoffeln, gemischter Salat.
Veränderung:	Anstelle von Seelachsfilet Kabeljau-, Rotbarschfilet, Heilbuttscheiben (Dünstzeit: 8 – 10 Minuten) oder Blaulengfilet (Dünstzeit: 10 – 12 Minuten) verwenden.

Karpfen blau, gedünstet

1 ¼ kg küchenfertigen Karpfen	unter fließendem kaltem Wasser abspülen, innen mit
Salz	einreiben (nicht von außen salzen, da dann der Schleim, der die Blaufärbung hervorruft, verletzt würde)
1 mittelgroße Zwiebel	abziehen, würfeln
30 g Butter oder Margarine	zerlassen, die Zwiebelwürfel darin glasig dünsten lassen
5 Eßl. Wasser	hinzufügen, Fisch,
20 Pfefferkörner	
1 Lorbeerblatt	
1 Gewürznelke	
3 Pimentkörner	hinzufügen, gar dünsten lassen, den garen Fisch auf einer vorgewärmten Platte anrichten
Dünstzeit:	40 – 45 Minuten.

Pro Portion: E: 30 g, F: 14 g, Kh: 1 g kJ: 1105, kcal: 264.

Beilage: Zerlassene Butter, Kräuterkartoffeln.

Veränderung: Anstelle von Karpfen folgende Fische verwenden: 1. Forellen, je 300 g (rundgebunden) - Dünstzeit: 20 – 25 Minuten 2. Schleien, je 300 g (rundgebunden) - Dünstzeit: 25 – 30 Minuten.

Matjesfilets nach Hausfrauen-Art

6 Matjesfilets	1 – 2 Stunden wässern, gut abtropfen lassen, in etwa 2 cm große Stücke schneiden
	für die Sahnesoße
200 g Zwiebeln	abziehen
2 Gewürzgurken	
	beide Zutaten in Scheiben schneiden
375 ml (3/8 l) Schlagsahne	mit
4 – 5 Eßl. Essig	
1 Eßl. Senfkörnern	
8 Pfefferkörnern	verrühren, Zwiebel- und Gurkenscheiben hinzufügen, die Matjesfilets in die Soße legen, etwa 24 Stunden darin ziehen lassen.
Veränderung:	Etwa 2 Äpfel schälen, vierteln, entkernen in Stücke schneiden, in die Soße geben.

Pro Portion: E: 23 g, F: 58 g, Kh: 8 g, kJ: 2841, kcal: 679.

Beilage: Pellkartoffeln, Grüne Bohnen mit Speck oder Bratkartoffeln.

Fisch

Aal in Kresserahm

1 frischen Aal (etwa 1 kg)	vorbereiten: Den Fisch mit einem Küchenhandtuch festhalten, mit einem spitzen Messer auf der Bauchseite unterhalb des Kopfes etwa 2 cm einschneiden, die Haut rund um den Körper einschneiden, den Kopf mit dem Küchentuch festhalten und die Haut unter dem Kopf etwas lösen (Foto 1), sie mit einem kräftigen Ruck zum Schwanz hin abziehen (Foto 2), danach den Kopf abschneiden, den Aalkörper mit dem Küchentuch festhalten, mit Hilfe einer Fleischgabel mit einer drehenden Bewegung die Innereien aus der Bauchhöhle ziehen (Foto 3), den Fisch unter fließendem kaltem Wasser abspülen, trockentupfen, in etwa 7 cm lange Stücke schneiden
etwa 1 ½ l Wasser	mit
Salz, Essig	verrühren, zum Kochen bringen
1 Zwiebel	abziehen, mit
2 Nelken	spicken, mit
1 Lorbeerblatt	in das Essigwasser geben, die Fischstücke hinzufügen, zum Kochen bringen, gar ziehen lassen, aus der Flüssigkeit nehmen, abtropfen lassen, warm stellen
	für den Kresserahm
2 Schalotten	abziehen, fein würfeln
100 g Butter	zerlassen, die Schalottenwürfel darin glasig dünsten
100 ml Instant-Fleischbrühe	
100 ml Weißwein	hinzugießen
300 ml Schlagsahne	unterrühren, die Flüssigkeit cremig einkochen lassen
	die Kresseblättchen von
1 Kästchen Kresse	unter fließendem kaltem Wasser abspülen, mit
2 Eßl. Crème fraîche	unter die Soße rühren, die Soße mit
Salz, Pfeffer	abschmecken, die Aalstücke kurz darin erhitzen
Garzeit für den Aal:	Etwa 15 Minuten.

Pro Portion: E: 29 g, F: 92 g, Kh: 4 g, kJ: 4284, kcal: 1024.

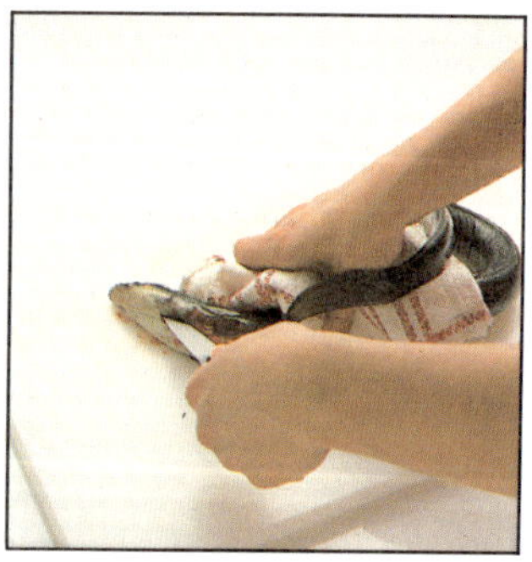

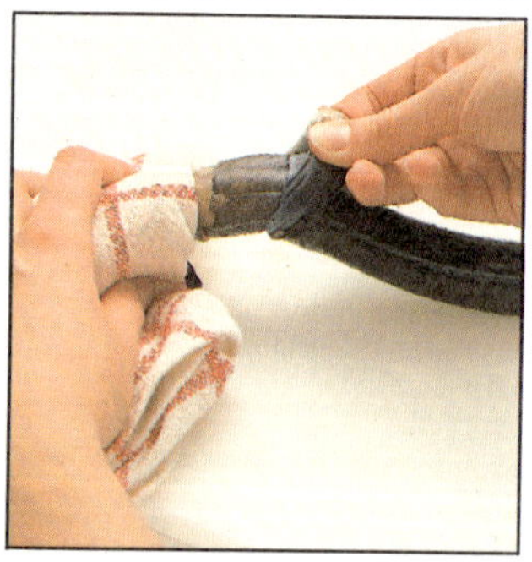

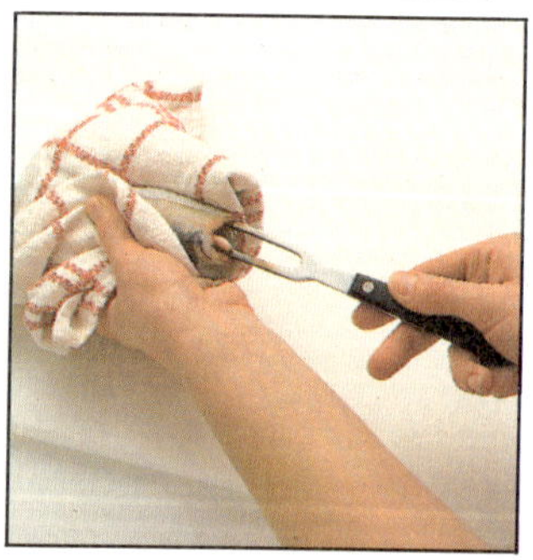

Fisch

Gefülltes Seelachsfilet

750 g Seelachsfilet	unter fließendem kaltem Wasser abspülen, trockentupfen, mit
2 Eßl. Zitronensaft	beträufeln, etwa 15 Minuten stehen lassen
	für die Füllung
1 Packung (300 g)	
tiefgekühlten Blatt-Spinat	nach der Vorschrift auf der Packung zubereiten
	den Fisch wieder trockentupfen, mit
Salz	
Pfeffer	bestreuen, die Hälfte des Filets in eine gefettete Auflaufform geben, die Füllung darauf verteilen, mit dem übrigen Fischfilet bedecken
	für den Belag
1 Becher (150 g)	
Crème fraîche (30% Fett)	mit
Salz	
10 g geriebenem Parmesan-Käse	verrühren, den Fisch damit bestreichen, die Auflaufform auf dem Rost in den vorgeheizten Backofen schieben
Strom:	200 – 225
Gas:	6 – 7
Backzeit:	35 – 40 Minuten.

Pro Portion: E: 38 g, F: 14 g, Kh: 3 g kJ: 1284, kcal: 307.

Kabeljau, gedünstet

1 ¼ kg küchenfertigen Kabeljau,	
(im Stück oder geteilt)	unter fließendem kaltem Wasser abspülen, trockentupfen, mit
2 Eßl. Zitronensaft	beträufeln, etwa 15 Minuten stehen lassen
250 ml (¼ l) Wasser	mit
1 Päckchen (75 g)	
tiefgekühltem Suppengrün	
1 Lorbeerblatt	
10 Pfefferkörnern	
3 Gewürznelken	
5 Pimentkörnern	
1 abgezogenen gewürfelten Zwiebel	
1 Teel. Salz	
1 Eßl. Essig	in einen Dämpftopf geben, den Fisch auf dem Einsatz hineingeben, zum Kochen bringen, gar dünsten lassen
	den garen Fisch auf einer vorgewärmten Platte anrichten

Dünstzeit: Etwa 20 Minuten.
Beilage: Zerlassene Butter, Salzkartoffeln.
Veränderung: Anstelle von Kabeljau folgende Fische verwenden:
1. Schellfisch - Dünstzeit: Etwa 20 Minuten
2. Seelachs - Dünstzeit: Etwa 20 Minuten
3. Rotbarsch - Dünstzeit: Etwa 20 Minuten
4. Blauleng - Dünstzeit: Etwa 30 Minuten
5. Zander (geschuppt, ausgenommen, ohne Flossen, mit Kopf) Dünstzeit: Etwa 30 Minuten
6. Hecht (geschuppt, ausgenommen, ohne Flossen, mit Kopf) Dünstzeit: Etwa 30 Minuten
7. Aal - ½ Rezept - (ausgenommen, enthäutet, ohne Kopf, in 5 cm große Stücke geschnitten) Dünstzeit: Etwa 20 Minuten.

Pro Portion: E: 42 g, F: 1 g, Kh: 2 g, kJ: 858, kcal: 205.

Kabeljau, gedünstet

(Im Backofen)

1 ¼ kg küchenfertigen Kabeljau
(im Stück oder geteilt) unter fließendem kaltem Wasser abspülen, trockentupfen, mit
2 Eßl. Zitronensaft beträufeln, etwa 15 Minuten stehenlassen, wieder trockentupfen, innen und außen mit
Salz
Pfeffer bestreuen
den Fisch in eine gefettete, feuerfeste Form (Platte) legen, mit
50 g fetten Speckscheiben bedecken, auf dem Rost in den vorgeheizten Backofen schieben
Strom: 175–200, Gas: 3–4
Dünstzeit: 40–45 Minuten.

Pro Portion: E: 42 g, F: 11 g, Kh: 0 g kJ: 1259, kcal: 301.

Veränderung: Anstelle von Kabeljau folgende Fische verwenden:
1. Schellfisch - Dünstzeit: 40–45 Minuten
2. Seelachs - Dünstzeit: 40–45 Minuten
3. Rotbarsch - Dünstzeit: 40–45 Minuten
4. Blauleng - Dünstzeit: 45–50 Minuten
5. Zander (geschuppt, ausgenommen, ohne Flossen, mit Kopf) Dünstzeit: 45–50 Minuten
6. Hecht (geschuppt, ausgenommen, ohne Flossen, mit Kopf) Dünstzeit: 45–50 Minuten
7. Aal (ausgenommen, enthäutet, ohne Kopf, in 5 cm große Stücke geschnitten) - Dünstzeit: 25–30 Minuten.

Fisch

Gegrillte Schollenfilets mit Mandelbutter

8 Schollenfilets (600 g)	unter fließendem kaltem Wasser abspülen, trockentupfen, mit
Salz	bestreuen, jeweils 4 Filets auf ein etwas größeres Stück
Alufolie	legen (Foto 1)
	für die Mandelbutter
50 g Butter	mit
40 g abgezogenen, gemahlenen Mandeln	
Salz	verrühren (Foto 2), die Filets damit bestreichen (Foto 3), auf der Folie auf dem Rost unter den vorgeheizten Grill schieben
Grillzeit	
Strom:	Etwa 15 Minuten
Gas:	Etwa 15 Minuten.
	Pro Portion: E: 28 g, F: 17 g, Kh: 2 g kJ: 1201, kcal: 287.
Beilage:	Kartoffelsalat.
Tip:	Eingekaufter frischer Fisch kann in Alu- oder Klarsichtfolie locker eingewickelt bis zur Zubereitung im Kühlschrank lagern.

Gebratene Grüne Heringe

1 ¼ kg küchenfertige Grüne Heringe	unter fließendem kaltem Wasser abspülen, trockentupfen
2 Eßl. Weizenmehl	mit
Salz	
Pfeffer	mischen, die Heringe darin wenden
5 Eßl. Speiseöl	erhitzen, die Heringe von beiden Seiten darin braten
Bratzeit:	6 – 8 Minuten.
	Pro Portion: E: 40 g, F: 50 g, Kh: 4 g, kJ: 2782, kcal: 665.
Beilage:	Bratkartoffeln oder Kartoffelsalat oder Pellkartoffeln.

Mandelforellen

4 küchenfertige Forellen (je 200 g)	unter fließendem kaltem Wasser abspülen, trockentupfen, mit
2 Eßl. Zitronensaft	beträufeln, etwa 15 Minuten stehenlassen, wieder trockentupfen die Forellen innen und außen mit
Salz	bestreuen, in
20 g Weizenmehl	wenden (Foto 1)
50 g Margarine	in einer Bratpfanne erhitzen, die Forellen von beiden Seiten darin braten (Foto 2)
100 g abgezogene, gehobelte Mandeln	etwa 5 Minuten vor Beendigung der Bratzeit zu den Forellen geben (Foto 3), mitbräunen lassen
Bratzeit:	Etwa 10 Minuten.
	Pro Portion: E: 25 g, F: 27 g, Kh: 8 g kJ: 1643, kcal: 393.
Beilage:	Petersilien-Kartoffeln, grüner Salat.

Fisch

Gebratenes Rotbarschfilet

750 g Rotbarschfilet	unter fließendem kaltem Wasser abspülen, trockentupfen, in Portionsstücke schneiden, mit
2 Eßl. Zitronensaft	beträufeln, etwa 30 Minuten stehen lassen, trockentupfen, mit
Salz	
Pfeffer	bestreuen
1 Ei	mit
2 Eßl. kaltem Wasser	verschlagen
	das Filet zunächst in
Weizenmehl	dann in dem verschlagenen Ei, zuletzt in
75 g Semmelmehl	wenden
80 g Margarine	erhitzen, die Filetstücke von beiden Seiten darin goldbraun braten
Bratzeit:	10 – 12 Minuten.

Pro Portion: E: 38 g, F: 24 g, Kh: 20 g, kJ: 2021, kcal: 483.

Veränderung:	Anstelle von Rotbarschfilet Seelachs - Blauleng -, Kabeljau - oder Seezungenfilet (Bratzeit: Etwa 15 Minuten) verwenden.

Heilbutt in Zitronen-Dillsoße

1 kg küchenfertigen Heilbutt	unter fließendem kaltem Wasser abspülen, trockentupfen, mit
2 Eßl. Zitronensaft	beträufeln, etwa 15 Minuten stehen lassen, wieder trockentupfen, innen und außen mit
Salz	bestreuen
1 Päckchen tiefgekühltes Suppengrün	mit
125 ml (1/8 l) Weißwein	in einen größeren Topf geben, den Fisch darauf legen, auf dem Rost in den vorgeheizten Backofen schieben (der Fisch ist gar, wenn sich die Rückenflossen leicht herausziehen lassen) den garen Heilbutt auf einer vorgewärmten Platte anrichten, mit
40 g zerlassener, heißer Butter	begießen, mit
Zitronenscheiben	
Tomatenachteln	
Petersilie	garnieren
	für die Zitronen-Dillsoße
1 Becher (150 g)	
Crème fraîche) (30% Fett)	mit
5 Eßl. Milch (3,5% Fett)	
2 Eßl. Zitronensaft	

1 Teel. gemahlener Zitronenschale (aus dem Glas)	
2 Eßl. gehacktem Dill	verrühren, mit
Salz, Zucker	abschmecken
Strom:	175–200
Gas:	3–4
Dünstzeit:	Etwa 30 Minuten.
	Pro Portion: E: 43 g, F: 66 g, Kh: 5 g kJ: 1908, kcal: 456.
Beilage:	Kräuterkartoffeln, Blattsalat.

Kabeljau in Knoblauchsoße

1 Packung (400 g) tiefgekühltes Kabeljaufilet	aus der Packung nehmen, 10 Minuten antauen lassen, mit
2 Eßl. Zitronensaft	beträufeln, etwa 15 Minuten stehen lassen, in eine gefettete Auflaufform geben
	für die Knoblauchsoße
3 Knoblauchzehen	
1 mittelgroße Zwiebel	
	beide Zutaten abziehen, fein würfeln
3 Eßl. Olivenöl	erhitzen, Knoblauch- und Zwiebelwürfeln darin andünsten
350 g feste Tomaten	kurze Zeit in kochendes Wasser legen (nicht kochen lassen), in kaltem Wasser abschrecken, enthäuten, die Stengelansätze herausschneiden, die Tomaten in Würfel schneiden, mit
2 Eßl. gehackter Petersilie	
1 Eßl. gerebeltem Oregano	zu den übrigen Zutaten geben
	die Soße mit
Salz, Zucker	abschmecken, über den Fisch verteilen die Auflaufform auf dem Rost in den vorgeheizten Backofen schieben
Strom:	200–225
Gas:	5–6
Backzeit:	25–30 Minuten.
	Pro Portion: E: 18 g, F: 11 g, Kh: 4 g kJ: 791, kcal: 189.
Beilage:	Salzkartoffeln

Gekochte Rinderzunge

(6 Portionen)

1 kg küchenfertige gepökelte Rinderzunge	unter fließendem kaltem Wasser abspülen
2 mittelgroße Zwiebeln	abziehen, mit
4 Gewürznelken	spicken, mit
1 Lorbeerblatt	in
1 l kochendes Salzwasser	geben, zum Kochen bringen
1 Päckchen tiefgekühltes Suppengrün	hinzufügen, die Zunge gar kochen lassen (die Zunge ist gar, wenn sich die Spitze weich ansticht) (Foto 1)
	die gare Zunge mit kaltem Wasser abspülen, die Haut abziehen (Foto 2), solange die Zunge heiß ist
	das obere knorpelige Ende ablösen
	die Zunge bis zum Anrichten wieder in die heiße Brühe geben, herausnehmen, in fingerdicke Scheiben schneiden (Foto 3), auf einer vorgewärmten Platte anrichten
Kochzeit:	Etwa 2 Stunden.

Pro Portion: E: 27 g, F: 27 g, Kh: 2 g kJ: 1598, kcal: 382.

In der Berechnung ist die Brühe enthalten.

Beilage: Möhren-Erbsen-Blumenkohl-Gemüse; Meerrettich-Soße, Salzkartoffeln.

Tip: Die Zunge kann auch kalt mit einer Meerrettich- oder Kräutersoße und Stangenweißbrot gereicht werden.

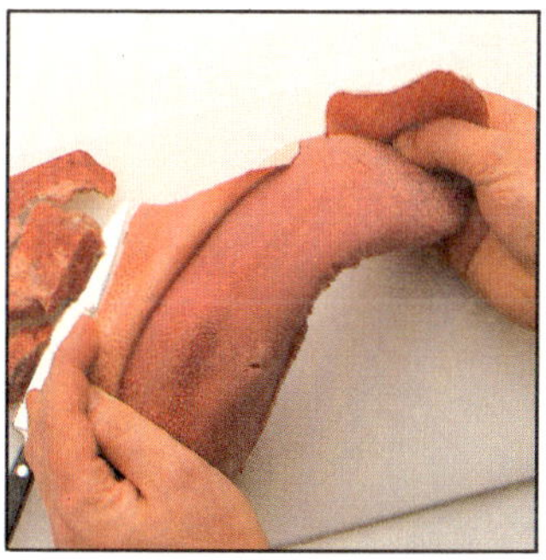

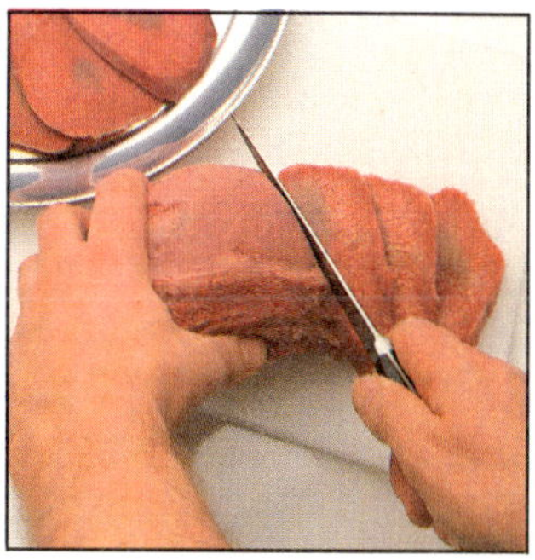

Fleisch

Vorbereitung / Lagerung

Fleisch sollte möglichst frisch verarbeitet werden.
Unzerkleinerte Fleischstücke unter fließendem kaltem Wasser abspülen, trockentupfen. In ein Porzellangefäß legen. Zugedeckt bis zur Weiterverarbeitung im Kühlschrank lagern.
Wird das Fleisch nicht sofort benötigt, es tiefgekühlt verpacken und schockgefrieren.

Tip:
Kleine vorbereitete Fleischstücke mit Öl bestreichen und kühl stellen. So trocknen sie nicht aus und werden zarter.

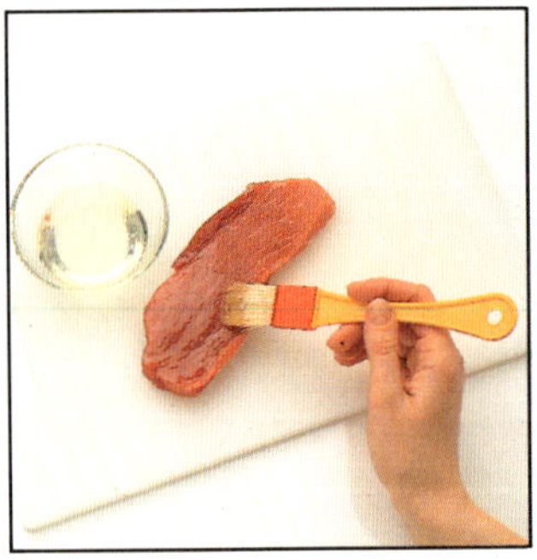

Garmethoden

Kochen = Garen in einer größeren Menge siedender Flüssigkeit.

1. Das Fleisch in die **siedende** Flüssigkeit legen. Es bleibt saftig und zart.
2. Das Fleisch soll von der Flüssigkeit (Wasser evtl. mit Essig oder Wein vermischt) **vollkommen** bedeckt sein.

3. Die Temperatur konstant auf dem Siedepunkt halten.

Hinweis:
Soll Fett aus der Brühe abgeschöft werden, diese erkalten lassen. Das Fett wird fest und läßt sich leicht abheben. Evtl. übrig gebliebene Brühe abgekühlt tiefgefrieren.

Schmoren = Garen durch Anbraten in heißem Fett und Weitergaren in siedender Flüssigkeit und Wasserdampf.

1. Das trockengetupfte Gargut in **heißem** Fett anbraten.
2. Danach die Zwiebeln beifügen und rösten.
3. Etwas heiße Flüssigkeit dazugießen.
4. Energie zurückschalten. Zugedeckt schmoren. Das Fleisch soll nicht mehr als ¼ seiner Höhe in Flüssigkeit liegen.
5. Eingeschmorte Flüssigkeit immer wieder ersetzen.

Hinweis:
Schmorgerichte können auch in einem gut schließenden Topf im Backofen zubereitet werden.

Fleisch aufschneiden

1. Fleisch vor dem Aufschneiden in Alufolie eingewickelt etwa 10 Minuten ruhen lassen. Der Fleischsaft verteilt sich und läuft beim Aufschneiden nicht heraus.
2. Fleisch immer **quer** zur Faser aufschneiden.

Braten in der Pfanne (Kurzbraten) = Garen und Bräunen in wenig Fett.

Das Bratgut kann unpaniert, mehliert oder paniert gebraten werden.

1. Das Fleisch trockengetupft in **heißes** Fett legen. Die Poren schließen sich schnell und es bleibt saftig.
2. Bei der Energiestufe 1 ½ – 2 (Automatikplatte 6 – 7) knusprig braten.
3. Erst wenden, wenn es sich vom Pfannenboden leicht lösen läßt. Zuerst haftet es fest, nach kurzer Zeit läßt es sich leicht lösen.

Hinweis:
Erst nach gewünschter Bräunung evtl. Zwiebeln beifügen, da sie Wasser ziehen.
Für die Soßenzubereitung Bratensatz mit etwas Flüssigkeit (Wasser, Brühe, Sahne usw.) loskochen.

Braten im Backofen = Garen unter Bräunung mit oder ohne Fettzugabe im offenen Gefäß.

1. Gewünschte Backofentemperatur einstellen.
2. Etwas Wasser in die Rost bratpfanne einfüllen.
3. Vorbereitetes, gewürztes Bratgut in die Rostbratpfanne oder auf den aufgesetzten Rost legen.
4. Flüssigkeit (am besten heiß) hinzugießen, wenn der Bratensatz zu bräunen beginnt und die vorhandene Flüssigkeit verdampft und eingeköchelt ist.

Hinweis:
Die Brattemperatur kann entweder konstant gehalten oder anfangs höher eingestellt und dann reduziert werden (z. B. von 200° C auf 175° C).
Auch die Tonform eignet sich zum Braten. Diese nur **gewässert** in den kalten Backofen einschieben.
Auch mit Bratfolie kann knuspriger Braten zubereitet werden.

Panieren = Bratgutumschließung mit einer Hülle (Panade), welche es vor Austrocknung schützt.

Trockengetupftes Paniergut
1. in Mehl,
2. in verschlagenem Ei und in Semmelmehl wenden.

Hinweis:
Paniertes Bratgut sofort weiter verarbeiten, damit die Panade nicht weich wird.
Semmelmehl z. B. durch geriebenen Hartkäse, Kokosraspeln, Zwiebackmehl, gehackte Nüsse oder Mandeln, Sesamsaat oder gemahlene Sonnenblumenkerne austauschen.

Garprobe

Das Fleisch kann mit einem Löffeldruck auf seinen Garzustand geprüft werden:

weich = Braten im Innern rot
federnd = Braten im Innern rosa (gibt nach)
fest = Braten durchgegart (gibt nicht nach)

Fleisch

Rindfleisch

Je nach Alter der Schlachttiere unterscheidet man:
Junges Rindfleisch (Tiere bis etwa 1 Jahr).
Jungbullenfleisch (Tiere bis etwa 2 Jahre).
Färsenfleisch, Ochsenfleisch, sehr junges Kuhfleisch (Tiere bis etwa 5 Jahre).
Junges Kuhfleisch (Tiere bis etwa 5 Jahre).
Kuhfleisch (Tiere über 5 Jahre).
Fleisch von **jungen Tieren** hat eine kräftige hell- bis ziegelrote Farbe, mit weiß bis hellgelben Fettäderchen. Die Schnittfläche ist glänzend und die Faserung ist fein bis mittelfein.
Fleisch von **älteren Tieren** hat eine dunkle rotbraune Farbe mit gelblichen Fettadern und grober Faserung.
Rindfleisch muß vor der Verarbeitung **gut abhängen,** damit es zart und mürbe wird. Diese Zeit ist die Fleischreifung.

Abhängezeit:

zum Kochen	3-5 Tage
zum Braten	5-8 Tage
zum Kurzbraten	ca. 8 Tage

Tip:
Einfrieren kann rohes Fleisch zarter machen.
Zum Braten eignen sich: Roastbeef, Lende (Filet), Hohe Rippe, Oberschale, Schwanzstück, Kugel, Hüfte, Hüftdeckel.
Zum Schmoren eignen sich Oberschale, Schwanzstück (mit Schwanzrolle), Querrippe, Kugel, Falsches Filet, Dicker Bug, Bugschaufelstück.
Zum Kurzbraten und Grillen eignen sich Scheiben vom Roastbeef (Entrecôte), von der Hüfte der Lende (Filet, Chateaubriand), von der Hüfte der Lende (Oberschale, Kluft, Kugel), Leber.
Zum Kochen eignen sich Zungenstück, Nacken (Hals), Brust, Hohe Rippe, Flach- oder Querrippe, Bugschaufelstück, Mittelbugstück , Lappen, Beinscheibe und Schwanz, Lunge, Herz, Zunge, Nieren.

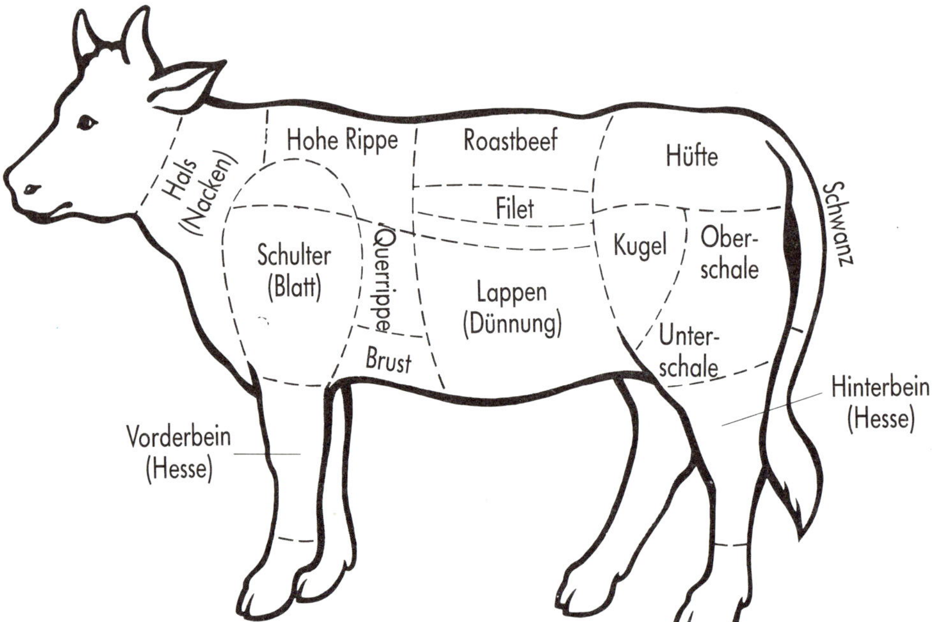

Teilstücke vom Rind

Nacken, Hals. Mit durchwachsenem Muskelfleisch und kräftiger Faser.

Kamm, Zungenstück, Siegelstück oder Halsgrat. Unterer Teil des Halses.

Hochrippe, Hohe Rippe. Aus dem Mittelteil dieses Stückes sind die zarten Steaks.

Roastbeef. Aus dem mittleren Rinderrücken. Aufgeteilt in: Rumpsteaks und Entrecôtes.

Rinderbrust, Brustspitze, Brustkern. Zwischen den Vorderbeinen gelegenes Stück.

Bauchlappen, Lappen, Dünnung, Spannrippe. Mit Sehnen und Fett durchwachsen.

Filet, Lende. Wertvollstes Stück. Sehr zart, für Steaks.

Hüfte. Mageres, zum Schwanz hin gelegenes Teilstück. Obere Preisklasse.

Schwanzrolle, Schwanzstück. Mageres, kleines Stück der hinteren Keule.

Fleisch

Teilstücke vom Rind

Kugel, Blume, Rose. Sehr zartes Stück aus der Keule. Obere Preisklasse.

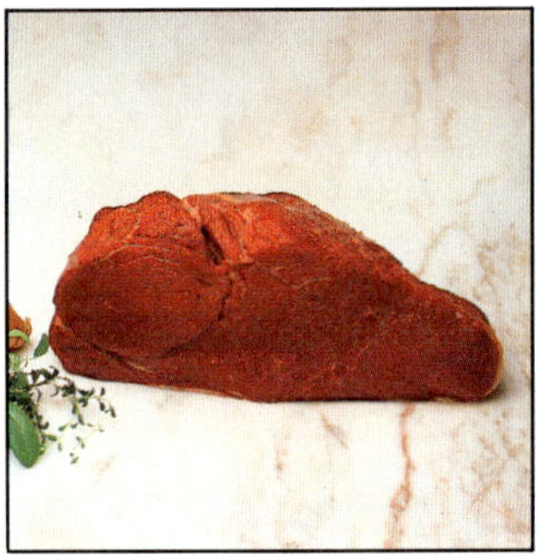

Kluft, Oberschale. Mageres Stück aus der Keule mit feinen Fettadern durchzogen.

Quer- oder Flachrippe. Hinter der Vorderkeule gelegenes Stück.

Beinscheiben aus dem Beinfleisch (Hesse). Mager, mit Sehnen durchwachsen. Mark im Knochen mit hohem Fettanteil.

Schulternaht, Bug., Blatt. Zartes Stück aus der Vorderkeule.

Falsche Lende, Schulterspitze. Zartes Stück aus der Vorderkeule. Etwas grobfaseriger.

Kalbfleisch

Kalbfleisch stammt von jungen Rindern zwischen 4 und 10 Wochen. Keinesfalls dürfen sie älter als 3 Monate sein. Kalbfleisch ist zartfaserig, hat eine hellrote Farbe (eisenhaltig) und ist mager bis fettarm.

Zum Braten eignen sich Ober- und Unterschale (Frikandeau), Kugel, Hüfte, Rücken, Lende (Filet), Brust, Haxe.

Zum Schmoren eignen sich Hals, Brust, Nacken, Schulter (Bug), Haxe.

Zum Kurzbraten und Grillen eignen sich Scheiben von Ober- und Unterschale (Frikandeau), Kugel, Hüfte, Haxe, Lende (Filet), Scheiben von Leber, Hirn, Bries, Niere.

Zum Kochen eignen sich Nacken, Brust, Haxe, Lappen, Leber, Herz, Bries, Hirn.

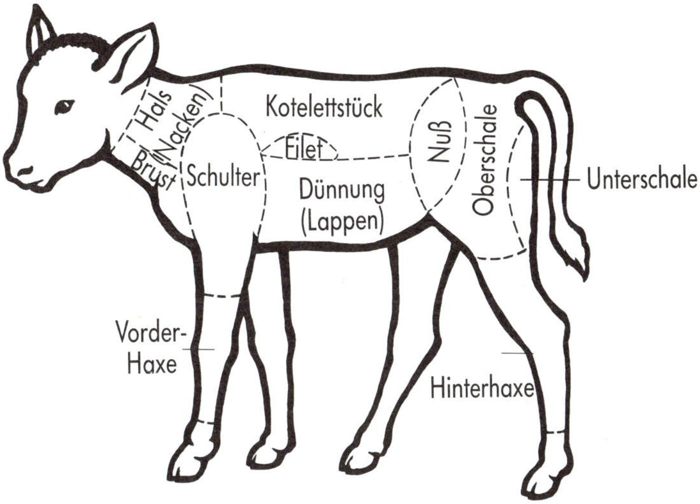

Teilstücke vom Kalb

Nacken, Hals. Zartes, kurzfaseriges Stück, wird überwiegend mit Knochen angeboten.

Kotelettstück, Mittelstück, Kamm. Das Filet wird ausgelöst und getrennt angeboten.

Kalbsbrust. Bei Mastkälbern ist sie gut mit Fleisch bewachsen.

Oberschale, mürbes Bratenstück. In Scheiben geschnitten als Schnitzelfleisch.

Kalbsnuß. Hochwertiges Bratenstück aus der Keule. Ideal für Schnitzel.

Haxen, Hesse. Mit mageren Muskeln und Sehnen durchzogen.

Fleisch

Schweinefleisch

Schweinefleisch wird überwiegend von Tieren **unter** einem Jahr angeboten. Am besten schmeckt es **frisch** geschlachtet. Farbe ist blaßrot bis rosarot. Es ist zartfaserig, mager bis leicht marmoriert (mit feinen Fettäderchen durchzogen). Fleisch von älteren Tieren ist dunkelrot und grobfaserig.

Zum Braten eignen sich Ober- und Unterschale, Hüfte, Kugel, Lende (Filet), Rücken, Nacken (Kamm).

Zum Schmoren eignen sich Schulter (Bug), Brust (Dicke Rippe), Bauch, Haxe, Leber, Nieren, Herz.

Zum Kurzbraten und Grillen eignen sich Ober- und Unterschale, Hüfte, Kugel, Lende (Filet), Rücken (Kotelett), Nacken (Kamm), Bauch, Leber, Nieren, Herz.

Zum Kochen eignen sich Nacken (Kamm), Bauch, Brust (Dicke Rippe), Eisbein, Leber, Zunge Herz, Nieren, Hirn.

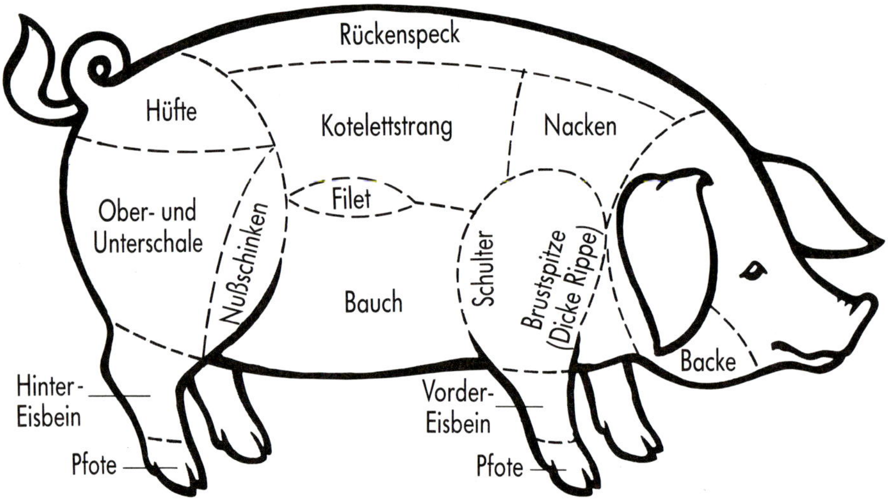

Teilstücke vom Schwein

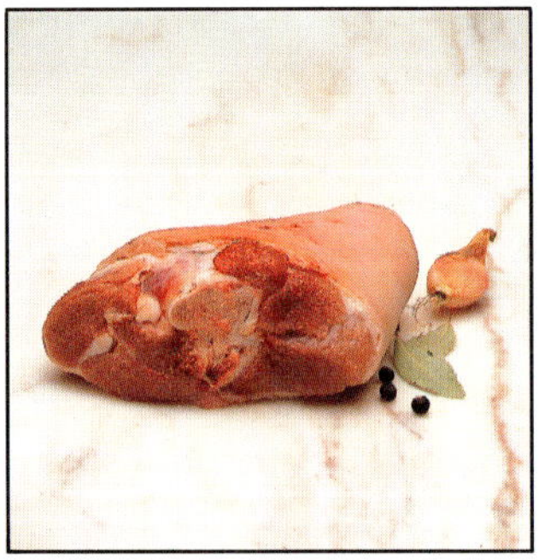

Eisbein, Hämmchen, Haxe. Kurzfaseriges Stück.

Oberschale. Mageres, etwas trockenes, grobfaseriges Stück aus der Keule.

Teilstücke vom Schwein

Nacken, Kamm, Hals. Mit Fett mormoriertes, saftiges Stück.

Schulter, Bug, Vorderschinken.

Kotelettstück, Karbonade, Karee, Rippenspeer. Relativ mager, gleichmäßige Faserung.

Dicke oder dünne Rippe. Fortsetzung der Kotelett-Rippenknochen.

Bauch, Lappen, Wammerl. Saftiges, etwas langfaseriges, mit Fett durchzogenes Stück.

Lende (Filet); sehr zart und fettarm. Obere Preisklasse.

Schinkenspeckstück. Hüfte, oberer Teil der Keule. Teilstück mit Fettschwarte.

Unterschale, Schinkenstück. Teil der Keule, mager und zart.

Nuß, Nußschinken. Besonders zartes Teil aus der Keule. Obere Preisklasse.

Fleisch

Lammfleisch

Milchlämmer sind mit Milch gemästet. Das Fleisch ist ziegelrot, zartfaserig und hat wenig weißes Fett. Sie sind höchstens 6 Monate alt.
Mastlämmer sind nicht älter als 1 Jahr. Das Fleisch ist ziegelrot, mit wenig weißem, leicht gelblichem Fett und zartfaserig.
Hammel, Schaf. Ihr Fleisch ist dunkelrot, grobfaserig und hat eine gelbe Fettschicht.
Zum Braten eignen sich Keule, Rücken.
Zum Schmoren eignen sich Hals, Brust, Bug (Blatt), Haxe.
Zum Kurzbraten und Grillen eignen sich Rücken (Kotelett), Keule.
Zum Kochen eignen sich Hals, Brust, Bug (Blatt), Lappen, Haxe, Leber, Herz, Nieren.

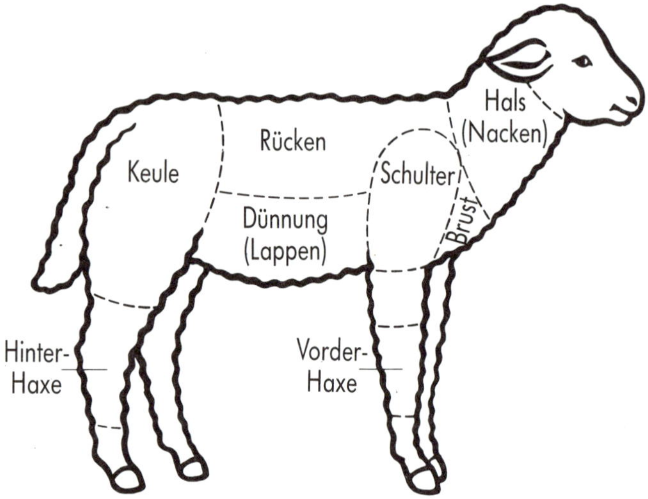

Teilstücke vom Lamm

Nacken, Hals, Kamm. Saftiges kurzfaseriges Stück mit Fett durchzogen.

Schulter, Bug, Blatt. Leicht mit Sehnen durchsetzt. Zart und saftig. Mittlere Preisklasse.

Keule, Schlegel. Relativ mageres, sehr zartes, saftiges Teil. Obere Preisklasse.

Doppelrücken, Sattel. Saftiges Stück. Wird häufig zu Koteletts verarbeitet.

Vorderhaxen. Untere Teile der Keule. Fettarm und mit Sehnen durchzogen.

Hackfleisch

Hackfleisch kann aus allen Fleischarten hergestellt werden. Es ist sehr empfindlich. Der Verkauf und die Lagerung unterliegen strengen Vorschriften. Hackfleisch kann schnell verderben. Deshalb: Sofort nach dem Einkauf weiter verarbeiten.
Der Fettanteil der einzelnen Hackfleischsorten ist genau festgelegt.

Schabefleisch (1) (Beefsteakhack oder Tatar). Der Fettgehalt darf 6% nicht übersteigen.

Rinderhackfleisch (2) darf höchstens 20% Fettanteil enthalten.

Schweinehackfleisch (3) darf höchstens 35% Fettanteil enthalten

Gemischtes Hackfleisch (4) darf nich mehr als 30% Fettanteil enthalten. Es besteht zu je 50% aus Schweine- und Rindfleisch.

Mett (5) darf nicht mehr als 35% Fettanteil enthalten. Es ist zubereitetes Schweinehackfleisch mit Gewürzen, Salz und Zwiebeln.
Lockerungsmittel für Hackfleisch
Anstelle eines Brötchens z. B.
1 große durchgepreßte Pellkartoffel;
1 – 2 Eßl. gegarten Reis oder Bulgur (Weizengrütze);
1 – 2 Eßl. Quark (ersetzt auch das Ei);
2 Eßl. eingeweichte, abgesiebte Hafer-, Weizen-, Gersten oder Roggenflocken.

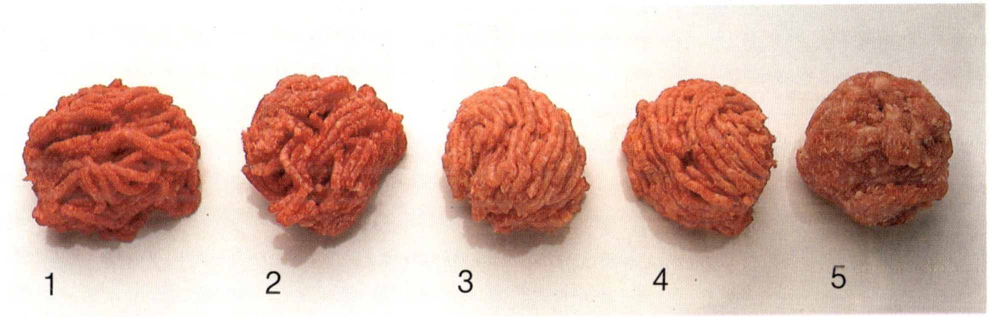

Hackfleisch läßt sich vielseitig formen, z. B.
Hackbraten, Hacksteaks, Brisolettes, Cevapcici, Bällchen s. nebenstehend.
Vor dem Formen sollten die Hände mit Wasser angefeuchtet werden.

Fleisch

Innereien

Außer den abgebildeten Innereien gehören zu dieser Gruppe noch: Kutteln, Lunge, Milz, Euter und Magen. Innereien sind überwiegend fettarm und reich an Eiweiß, Vitaminen und Mineralstoffen. Sie enthalten jedoch meist reichlich Cholesterin und Harnsäure. Leber und Nieren sind reich an Eisen und Vitaminen. Da sie jedoch auch mit Schadstoffen belastet sein können, sollten sie trotzdem nicht zu häufig verzehrt werden.

Herz
Festes, fettarmes Muskelfleisch mit äußerem Fettmantel. Es ist mager und vitaminreich (B-Gruppe). Rinderherz ist am größten, wiegt etwa 3 kg. Schweineherz ist viel kleiner und wiegt etwa 500 g.

Kalbsbries, Kalbsmilch. Thymusdrüse vom Kalb, die nur während des Wachstums junger Tiere entwickelt ist. Es ist weiß, zart und hat eine feste Konsistenz. Nur sehr geringe Zeit haltbar.

Kalbshirn. Nur geringe Zeit haltbar. Sehr empfindlich. Lockere Konsistenz.

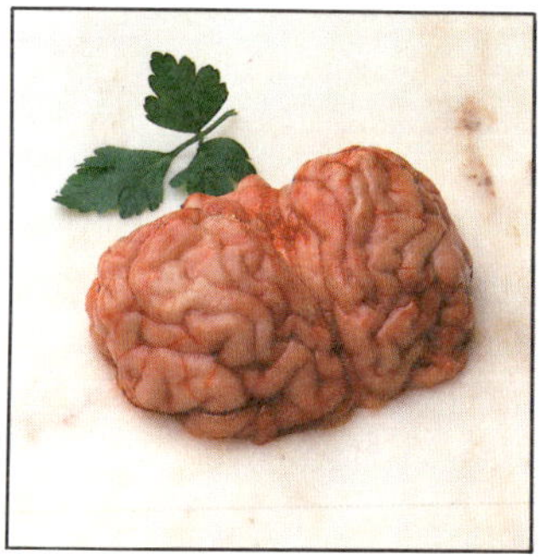

Leber
Leber von jungen Tieren ist zart und hat eine helle Farbe. Von älteren Tieren ist das Fleisch häufig auch zäh und etwas bitter. Das Einlegen in Milch verbessert ihre Qualität, sie wird zarter. Leber ist reich an Vitamin A, B1, B2 und Eisen.

Rinderleber (1) ist kräftig braun. Die Schnittfläche ist glatt.

Schweineleber (2) ist dunkelbraun-rot. Die Schnittfläche ist fein porig, etwas rauh.

Kalbsleber (3) ist eine Delikatesse, besonders fein und zart. Ihre Farbe ist hellrot bis braun.

Tip:
Leber erst nach dem Zubereiten salzen, damit sie zart bleibt.

Nieren

Charakteristisches Zeichen ist ihre längliche, bohnenähnliche Form.

Kalbs- und Rindernieren haben eine sichtbar gefurchte Oberfläche und sind dunkelbraun (1 + 2).

Schweine- und Lammnieren haben eine glatte Oberfläche und sind rötlich-graubraun. (3 + 4).

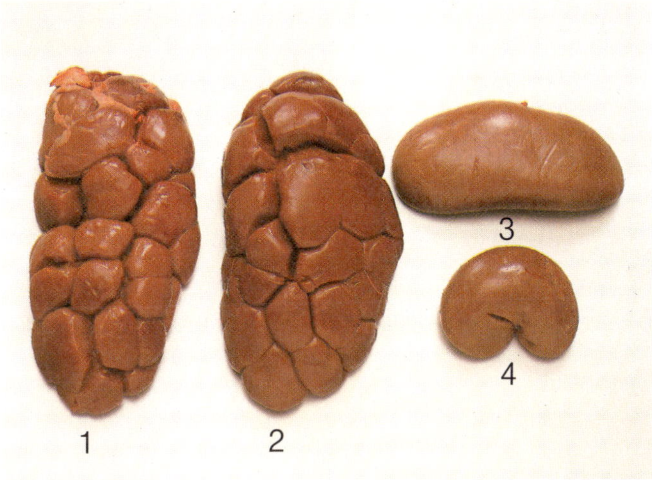

Zunge

Alle drei Zungenarten haben festes Muskelfleisch. Sie sind frisch, gepökelt und geräuchert im Angebot.

Schweinezunge ist braungrau, ihre Oberfläche ist fast glatt.

Kalbszunge ist grau-rot, ihre Oberfläche ist fest und glatt.

Rinderzunge ist grau-rotviolett, sie hat eine rauhe Oberfläche. Ihr Fettanteil ist relativ hoch; ihr Gewicht etwa 2 kg. Der Zungenwulst ist stark ausgeprägt.

Kasseler Rippenspeer
(6 Portionen)

1 ½ kg Rippenspeer (mit Knochen, herausgelöst und zerkleinert)	unter fließendem kaltem Wasser abspülen, trockentupfen, die Fettschicht gitterförmig einschneiden
1 mittelgroße Zwiebel	abziehen
1 mittelgroße Tomate	waschen
1 Bund Suppengrün	putzen, waschen die drei Zutaten kleinschneiden das Fleisch mit der Fettschicht nach oben in eine mit Wasser ausgespülte Rostbratpfanne legen, Gemüse und Knochen mit in die Pfanne geben, in den vorgeheizten Backofen schieben sobald der Bratensatz bräunt,
etwas heißes Wasser	hinzugießen, das Fleisch ab und zu mit dem Bratensatz begießen, verdampfte Flüssigkeit nach und nach durch heißes Wasser ersetzen
1 kleines Lorbeerblatt 4 Gewürznelken	30 Minuten vor Beendigung der Bratzeit in die Rostbratpfanne geben das gare Fleisch vor dem Schneiden 10 Minuten „ruhen" lassen, damit sich der Fleischsaft setzt das Fleisch in Scheiben schneiden, auf einer vorgewärmten Platte anrichten den Bratensatz mit etwas Wasser loskochen, durch ein Sieb gießen, mit Wasser auf 500 ml (½ l) auffüllen, auf der Kochstelle zum Kochen bringen
25 g Weizenmehl	mit
½ Becher (75 g) Crème fraîche (30% Fett)	verrühren, die Flüssigkeit damit binden, die Soße mit
Salz Pfeffer	abschmecken
Strom:	200 – 225
Gas:	3 – 4
Bratzeit:	50 – 60 Minuten.

Pro Portion: E: 40 g, F: 58 g, Kh: 7 g kJ: 3142, kcal: 751.

Beilage: Salzkartoffeln, Ananas-Sauerkraut.

Tip: Kasseler Rippenspeer kann auch in einem Bratentopf auf der Kochplatte zubereitet werden.

Sauerbraten

750 g Rindfleisch (aus der Keule, ohne Knochen)	unter fließendem kaltem Wasser abspülen, trockentupfen, in eine Schüssel legen für die Marinade
2 mittelgroße Zwiebeln	abziehen, in Scheiben schneiden
2 Bund Suppengrün	putzen, waschen, kleinschneiden die Zutaten mit
5 Wacholderbeeren	
15 Pfefferkörnern	
5 Pimentkörnern (Nelkenpfeffer)	
1 Lorbeerblatt	zu dem Fleisch geben
250 ml (¼ l) Weinessig	mit
375 ml (⅜ l) Wasser	verrühren, über das Fleisch gießen (Fleisch muß bedeckt sein), zugedeckt etwa 4 Tage an einem kühlen Ort stehen lassen, das Fleisch ab und zu wenden das genügend gesäuerte Fleisch abtrocknen
30 g Pflanzenfett	erhitzen, das Fleisch von allen Seiten gut darin anbraten, mit
Salz	
Pfeffer	bestreuen, das abgetropfte Suppengrün,
50 g verlesene Rosinen	hinzufügen, mitbraten lassen
375 ml (⅜ l) Marinade	abmessen
125 ml (⅛ l) Wasser	hinzufügen, etwas davon zu dem Fleisch gießen, das Fleisch schmoren lassen, von Zeit zu Zeit wenden, verdampfte Flüssigkeit nach und nach ersetzen
2 Tomaten	waschen, kleinschneiden
100 g Pumpernickel	zerbröckeln beide Zutaten nach 1 Stunde Schmorzeit hinzufügen, mitschmoren lassen das gare Fleisch vor dem Schneiden 10 Minuten „ruhen" lassen, damit sich der Fleischsaft setzt das Fleisch in Scheiben schneiden, auf einer vorgewärmten Platte anrichten den Bratensatz durch ein Sieb streichen, mit Wasser auf 375 ml (⅜ l) auffüllen, zum Kochen bringen, mit
dunklem Soßen-Helfer	binden, die Soße mit Salz, Pfeffer abschmecken
Schmorzeit:	Etwa 2 ½ Stunden.

Pro Portion: E: 43 g, F: 22 g, Kh: 56 g kJ: 2616, kcal: 623.

Beilage: Backobst, Makkaroni oder Salzkartoffeln, Rotkohl.

Fleisch

Kasselerrücken in Blätterteig

300 g (3 Platten) tiefgekühlten Blätterteig	bei Zimmertemperatur auftauen lassen
150 g tiefgekühlten Blattspinat	auftauen lassen
800 g Kasseler (ohne Knochen)	unter fließendem kaltem Wasser abspülen, trockentupfen
3 Eßl. Speiseöl	erhitzen, das Fleisch darin rundherum anbraten, abkühlen lassen
2 Schalotten 1 Knoblauchzehe	beide Zutaten abziehen, würfeln
50 g Butter	zerlassen, Schalotten- und Knoblauchwürfel darin andünsten, den gut ausgedrückten Spinat hinzufügen, etwa 10 Minuten darin dünsten lassen, mit
Salz, Pfeffer geriebener Muskatnuß	würzen, abkühlen lassen, auf das Fleisch geben (Foto 1) 2 Teigplatten nebeneinander auf eine mit
Weizenmehl	bestäubte Tischplatte legen, zu einer Platte ausrollen, das Fleisch mit der Spinatmasse darauf legen, sorgfältig mit dem Teig umwickeln (Foto 2), die Ränder gut andrücken
1 Eigelb	mit
2 Eßl. Milch	verschlagen, die Teigoberfläche damit bestreichen aus dem restlichen Teig Motive ausstechen, die Teigoberfläche damit garnieren (Foto 3) die Teigmotive ebenfalls mit verschlagenem Eigelb bestreichen das Fleischpaket auf ein mit kaltem Wasser abgespültes Backblech legen das Backblech in den vorgeheizten Backofen schieben
Strom:	175–200
Gas:	3–4
Backzeit:	Etwa 45 Minuten

Fortsetzung Seite 110

	für die Soße
1 Becher (150 g) Crème fraîche	mit
½ Becher (75 g) Magerjoghurt	verrühren
2–3 Eßl. gemischte, gehackte Kräuter	unterrühren, mit
Salz	
Pfeffer	
Zitronensaft	abschmecken, zu dem aufgeschnittenen Fleisch reichen.

Pro Portion: E: 49 g, F: 88 g, Kh: 28 g, kJ: 4826, kcal: 1160.

Gekochte Rinderbrust

500 g Fleischknochen	unter fließendem kaltem Wasser abspülen, in
1 ½ l kaltes Salzwasser	geben, zum Kochen bringen, etwa 1 Stunde kochen lassen
500 g Rinderbrust (ohne Knochen)	unter fließendem kaltem Wasser abspülen
1 mittelgroße Zwiebel	abziehen
1 Bund Suppengrün	putzen, waschen
2 Lorbeerblätter	
	die Zutaten mit dem Fleisch in die Brühe geben, gar ziehen lassen, aus der Brühe nehmen das Fleisch in Scheiben schneiden, auf einer vorgewärmten Platte anrichten, mit etwas heißer Brühe übergießen, mit dem geschnittenen Suppengrün garnieren
Kochzeit:	Etwa 2 ½ Stunden.

Pro Portion: E: 28 g, F: 33 g, Kh: 4 g kJ: 1895, kcal: 453.

	In der Berechnung ist die Brühe enthalten.
Beilage:	Gedünstetes Gemüse, Meerrettich-, Kräuter-Soße, Salzkartoffeln.

Rinderfilet

1 kg Filet (gut abgehangen)	unter fließendem kaltem Wasser abspülen, trockentupfen, enthäuten, mit
Salz	
Pfeffer	einreiben, mit
Speiseöl	bestreichen, auf den gefetteten Rost auf eine mit Wasser ausgespülte Rostbratpfanne legen, in den vorgeheizten Backofen schieben, braten lassen, ab und zu wenden das gare Fleisch vor dem Schneiden etwa 10 Minuten „ruhen"

	lassen, damit sich der Fleischsaft setzt, auf einer vorgewärmten Platte anrichten
Strom:	225 – 250
Gas:	6 – 7
Bratzeit:	Etwa 30 Minuten.
Beilage:	Broccoli, Herzogin-Kartoffeln.

Pro Portion: E: 32 g, F: 15 g, Kh: 0 g, kJ: 1172, kcal: 280.

Tip: Das Rinderfilet vor dem Braten in einer Öl-Weinbrand-Kräuter-Mischung über Nacht marinieren. Das Filet wird dann noch zarter.

Schweinshaxen

4 Schweinshaxen (je 500 g, mit Knochen)	unter fließendem kaltem Wasser abspülen, trockentupfen, mit
Salz Pfeffer	einreiben, in eine mit Wasser ausgespülte Rostbratpfanne legen, in den vorgeheizten Backofen schieben sobald der Bratensatz bräunt,
etwas heißes Wasser	hinzugießen, das Fleisch ab und zu mit dem Bratensatz begießen, verdampfte Flüssigkeit nach und nach durch heißes Wasser ersetzen
3 mittelgroße Zwiebeln	abziehen, vierteln, etwa 30 Minuten vor Beendigung der Bratzeit in die Rostbratpfanne geben, mitbraten lassen das gare Fleisch auf einer vorgewärmten Platte anrichten den Bratensatz mit etwas Wasser loskochen, evtl. durch ein Sieb streichen, etwas einkochen lassen, zu dem Fleisch reichen
Strom:	200 – 225
Gas:	3 – 4
Bratzeit:	Etwa 3 Stunden.

Pro Portion: E: 58 g, F; 72 g, Kh: 1 g, kJ: 3929, kcal: 939.

Beilage: Sauerkraut, Kartoffelbrei.

Tip: Pikanter schmeckt die Soße zur Schweinshaxe, wenn sie mit Senf abgeschmeckt wird; sie wird dadurch auch bekömmlicher.

Kalbshirn

600 g Kalbshirn	so lange wässern, bis das Blut ausgezogen ist (Foto 1)
	das Hirn von Haut und Adern befreien (Foto 2), mit
1 Eßl. Essig	in
500 ml (½ l) kochendes Salzwasser	geben, zum Kochen bringen, abschäumen
1 Bund Petersilie	waschen, hinzufügen, das Kalbshirn gar ziehen lassen
	das gut abgetropfte Kalbshirn in Scheiben schneiden (Foto 3),
	auf einer vorgewärmten Platte anrichten, mit
gebräunter Butter	übergießen
Kochzeit:	5 – 6 Minuten

Pro Portion: E: 15 g, F: 18 g, Kh: 1 g, kJ: 992, kcal: 237.

Veränderung: Kalbshirn auch zur Verfeinerung von Ragout fin verwenden; soll das Kalbshirn gebraten werden, es in der Brühe erkalten lassen, herausnehmen, abtropfen lassen, in Scheiben schneiden, zusammen mit 3 – 4 verschlagenen Eiern braten, mit Tomatenwürfeln anrichten.

Beigabe: Tomatensalat, Toastbrot.

Tip: Kalbshirn ist nicht immer erhältlich, deshalb sollte es rechtzeitig beim Schlachter bestellt werden.

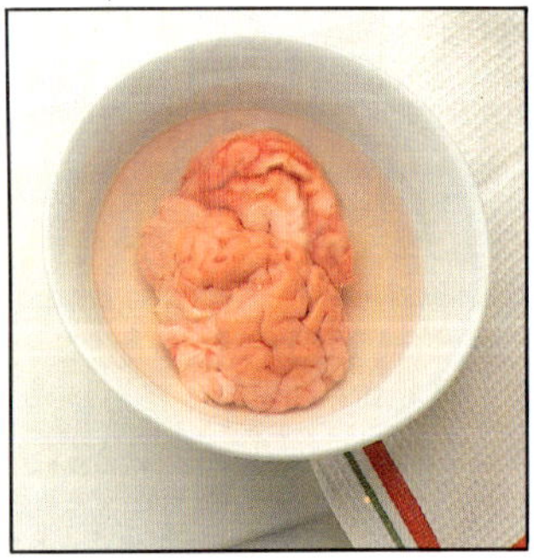

Fleisch

Schweine-Schmorbraten

750 g Schweinefleisch	
(aus der Keule, ohne Knochen)	unter fließendem kaltem Wasser abspülen, trockentupfen
2 Bund Suppengrün	putzen, waschen
6 mittelgroße Zwiebeln	abziehen
	beide Zutaten kleinschneiden
30 g Pflanzenfett	erhitzen, das Fleisch von allen Seiten gut darin anbraten, mit
Salz	
Pfeffer	
gerebeltem Majoran	bestreuen,
etwas heißes Wasser	hinzugießen, das Fleisch schmoren lassen, von Zeit zu Zeit wenden, verdampfte Flüssigkeit nach und nach durch heißes Wasser ersetzen
	30 Minuten vor Beendigung der Schmorzeit, das geschnittene Gemüse hinzufügen
	das gare Fleisch vor dem Schneiden 10 Minuten „ruhen" lassen, damit sich der Fleischsaft setzt
	das Fleisch in Scheiben schneiden, auf einer vorgewärmten Platte anrichten
	den Bratensatz mit dem Gemüse durch ein Sieb streichen (etwa 500 ml = ½ l), zum Kochen bringen, evtl. etwas einkochen lassen die Soße mit Salz, Pfeffer, Majoran abschmecken
Schmorzeit:	Etwa 1 ½ Stunden.
	Pro Portion: E: 34 g, F: 51 g, Kh: 12 g kJ: 2837, kcal: 678.
Beigabe:	Tomaten-Salat, Petersilienkartoffeln.

Rinder-Schmorbraten

750 g Rindfleisch	
(aus der Keule, ohne Knochen)	unter fließendem kaltem Wasser abspülen, trockentupfen
1 Bund Suppengrün	putzen, waschen
2 mittelgroße Zwiebeln	abziehen
2 mittelgroße Tomaten	waschen
	die drei Zutaten kleinschneiden
30 g Pflanzenfett	erhitzen, das Fleisch von allen Seiten gut darin anbraten, mit
Salz	
Pfeffer	bestreuen, die geschnittenen Zutaten hinzufügen, kurz miterhitzen, etwas von
125 ml (⅛ l) heißem Wasser	

375 ml (3/8 l) Rotwein	hinzugießen, das Fleisch schmoren lassen, von Zeit zu Zeit wenden, verdampfte Flüssigkeit nach und nach ersetzen, das gare Fleisch vor dem Schneiden 10 Minuten „ruhen" lassen, damit sich der Fleischsaft setzt
	das Fleisch in Scheiben schneiden, auf einer vorgewärmten Platte anrichten
	den Bratensatz mit dem Gemüse durch ein Sieb streichen, zum Kochen bringen, auf 150 ml einkochen lassen, von der Kochstelle nehmen
100 g weiche Butter	unterrühren
	die Soße erhitzen (nicht kochen), mit Salz, Pfeffer,
Zucker	abschmecken
Schmorzeit:	Etwa 2 ½ Stunden.

Pro Portion: E: 41 g, F: 42 g, Kh: 9 g kJ: 2745, kcal: 656.

Beilage: Wirsing- oder Rotkohlgemüse, Kartoffelklöße oder Salzkartoffeln.

Tip: Das Gemüse in dem Bratensatz pürieren. Dadurch wird die Soße sämiger und der Gemüsegeschmack intensiver.

Saure Nieren

600 g Schweinenieren	aufschneiden, von den Röhren befreien, in Scheiben schneiden, waschen, etwa 2 Stunden in Milch legen, die Nieren zum Abtropfen auf ein Sieb geben, trockentupfen
50 g Butter	erhitzen, die Nieren von allen Seiten gut darin anbraten, mit
Salz Pfeffer Paprika edelsüß gerebeltem Thymian gerebeltem Rosmarin	würzen
2 mittelgroße Zwiebeln	abziehen, fein würfeln, mitbräunen lassen, mit
25 g Weizenmehl	bestreuen, mitbräunen lassen
375 ml (3/8 l) Instant-Fleischbrühe	hinzugießen die Nieren gar schmoren lassen
2 Eßl. Essig	hinzufügen, mit Salz
Zucker	abschmecken
Schmorzeit:	10–15 Minuten.

Pro Portion: E: 23 g, F: 18 g, Kh: 7 g kJ: 1247, kcal: 298.

Beilage: Reis, Makkaroni oder Semmelknödel.

Cordon bleu

8 Kalbsschnitzel (je etwa 75 g)	leicht klopfen, mit
Salz	
Pfeffer	bestreuen
4 Scheiben Käse (in der Größe der Fleischscheiben, je etwa 40 g)	
4 Scheiben gekochter Schinken (in der Größe der Fleischscheiben, je etwa 50 g)	
	4 Fleischscheiben mit je 1 Käse- und Schinkenscheibe belegen (Foto 1), mit den übrigen Fleischscheiben bedecken
2 Eier	verschlagen, die Fleischportionen zunächst in den Eiern, dann in
etwa 60 g Semmelmehl	wenden (Foto 2)
60 g Margarine	erhitzen, das Fleisch von beiden Seiten darin braten (Foto 3)
Bratzeit:	Etwa 10 Minuten.
	Pro Portion: E: 56 g, F: 38 g, Kh: 13 g, kJ: 2787, kcal: 666.
Beilage:	Gebackene Kartoffeln in Alufolie mit Sahnesoße, Erbsengemüse.
Tip:	Damit die in Semmelmehl gewendeten Fleischscheiben für das Cordon bleu nicht zu rasch bräunen und leicht bitter schmecken, sollte das nicht festhaftende Semmelmehl vor dem Braten leicht abgeschüttelt werden.

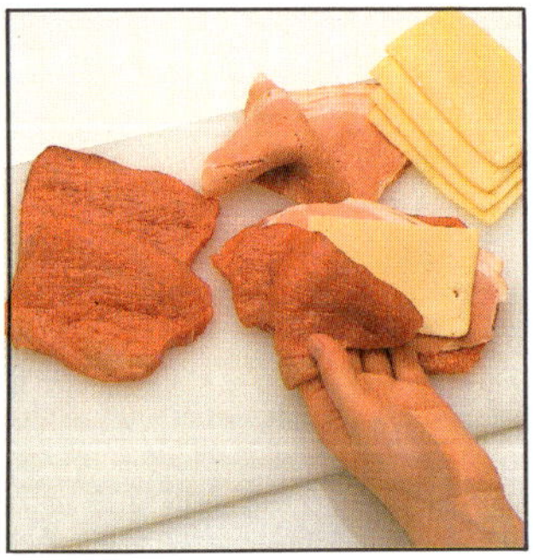

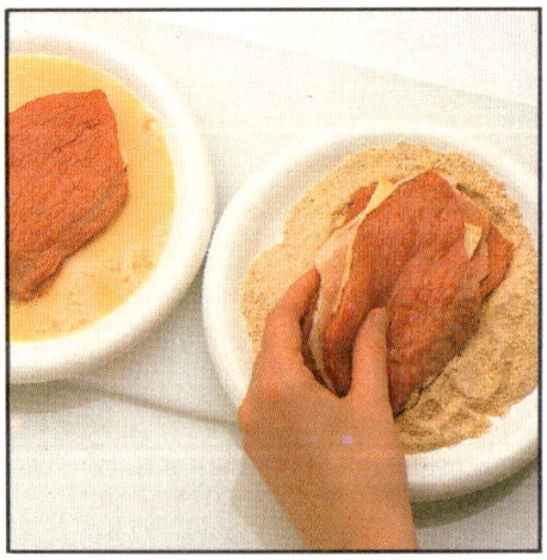

Fleisch

Kalbsschnitzel, mehliert

4 Scheiben Kalbfleisch	
(je 150 g, aus der Keule)	in
10 g Weizenmehl	wenden, mit
Steak-Pfeffer	
Paprika edelsüß	bestreuen
40 g Pflanzenfett	erhitzen, das Fleisch von beiden Seiten etwa 10 Minuten darin braten, mit
Salz	bestreuen, auf einer vorgewärmten Platte anrichten, warm stellen
250 g gedünstete	
Champignonscheiben	in das Bratfett geben, etwa 5 Minuten braten lassen
5 Eßl. Weißwein	
5 Eßl. Schlagsahne (30% Fett)	
1 Becher (150 g)	
Crème fraîche (30% Fett)	hinzufügen, die Soße mit Salz,
Worcestersoße	
Senf, Pfeffer	abschmecken, etwas einkochen lassen, über die Schnitzel geben
Bratzeit:	Etwa 15 Minuten.

Pro Portion: E: 34 g, F: 30 g, Kh: 6 g kJ: 1946, kcal: 465.

Beilage: Kräuter-Kartoffeln, Erbsen-Gemüse.

Rumpsteaks mit Zwiebeln

4 große Zwiebeln	abziehen, halbieren, in Scheiben schneiden bei
4 Rumpsteaks (je 200 g)	die Sehnen (Fett) an den Rändern etwas einschneiden
50 g Pflanzenfett	erhitzen, das Fleisch hineinlegen, nachdem die untere Seite gebräunt ist, das Fleisch wenden, mit
Salz, Pfeffer, Steak-Gewürz	bestreuen die Fleischscheiben öfter mit Bratfett begießen, damit sie saftig bleiben die Steaks auf einer vorgewärmten Platte anrichten, warm stellen die Zwiebelscheiben in das Bratfett geben, mit Salz, Pfeffer würzen, unter Wenden bräunen lassen, auf die Steaks geben
Bratzeit für das Fleisch:	6 – 8 Minuten
für die Zwiebeln:	8 – 10 Minuten.

Pro Portion: E: 42 g, F: 33 g, Kh: 6 g kJ: 2188, kcal 523.

Pfeffersteaks

4 Rinderfiletsteaks (je 150 g)	etwas zusammendrücken
50 g Pflanzenfett	erhitzen, die Filetscheiben hineinlegen, nachdem die untere Seite gebräunt ist, das Fleisch wenden, mit
Salz	bestreuen
2 Teel. schwarze Pfefferkörner	etwas zerdrücken, über die Steaks verteilen, etwas festdrücken die Filetscheiben öfter mit Bratfett begießen, damit sie saftig bleiben Pfeffersteaks sollen nicht ganz durchgebraten sein das Fleisch auf einer vorgewärmten Platte anrichten, das Bratfett über die Steaks geben
Bratzeit:	6 – 8 Minuten.
	Pro Portion: E: 29 g, F: 19 g, Kh: 0 g kJ: 1276, kcal: 305.
Beilage:	Folienkartoffeln, Kräuter-Sahne-Soße

Schweinekoteletts, paniert

4 Schweinekoteletts (je etwa 200 g)	unter fließendem kaltem Wasser abspülen, trockentupfen, leicht klopfen, mit
Salz	
frisch gemahlenem	
weißem Pfeffer	bestreuen die Koteletts zunächst in
2 Eßl. Weizenmehl	dann in
1 verschlagenen Ei	zuletzt in
40 g Semmelmehl	wenden
50 g Pflanzenfett	erhitzen, die Koteletts darin braten, auf einer vorgewärmten Platte anrichten
Bratzeit:	Von jeder Seite etwa 8 Minuten.
	Pro Portion: E: 23 g, F: 44 g, Kh: 12 g, kJ: 2360, kcal: 564.
Beilage:	Gemüseplatte, Petersilienkartoffeln.
Veränderung:	Anstelle von Schweinekoteletts Kalbskoteletts verwenden. Die Bratzeit dafür: 5 – 6 Minuten je Seite.

Tip: Damit sich die Schweine-Koteletts beim Braten nicht nach oben wölben, sollte vor dem Panieren der Fettrand ringsherum leicht eingeschnitten werden.

Schweinefilet, überbacken

	Von
500 g Schweinefilet	evtl. Fett und Sehnen entfernen (Foto 1), das Fleisch enthäuten, unter fließendem kaltem Wasser abspülen, trockentupfen, in Streifen schneiden
50 g Pflanzenfett	portionsweise erhitzen, das Fleisch portionsweise darin anbraten (Foto 2), mit
Salz	
Pfeffer	bestreuen, in eine gefettete Auflaufform geben
200 g Champignons	putzen, waschen, in Scheiben schneiden, in dem Bratfett anbraten, mit Salz, Pfeffer würzen, mit
10 g Weizenmehl	bestäuben, etwas bräunen lassen
125 ml (⅛ l) Wasser	
125 ml (⅛ l) Weißwein	hinzufügen, unter Rühren erhitzen, mit
150 g Crème fraîche (30% Fett)	verrühren, mit
Senf	
Worcestersoße	abschmecken, über das Fleisch geben
20 g Emmentaler Käse	reiben, darüber streuen (Foto 3) die Auflaufform auf dem Rost in den vorgeheizten Backofen schieben
Strom:	200 – 225
Gas:	4 – 5
Backzeit:	Etwa 15 Minuten.

Pro Portion: E: 27 g, F: 38 g, Kh: 6 g kJ: 2155, kcal: 515.

Tip: Schweinefilet, überbacken kann einige Stunden vor dem Verzehr so weit zubereitet werden, daß es kurz vor dem Servieren nur noch überbacken werden muß. Dann erhöht sich die Backzeit allerdings um 5 Minuten.

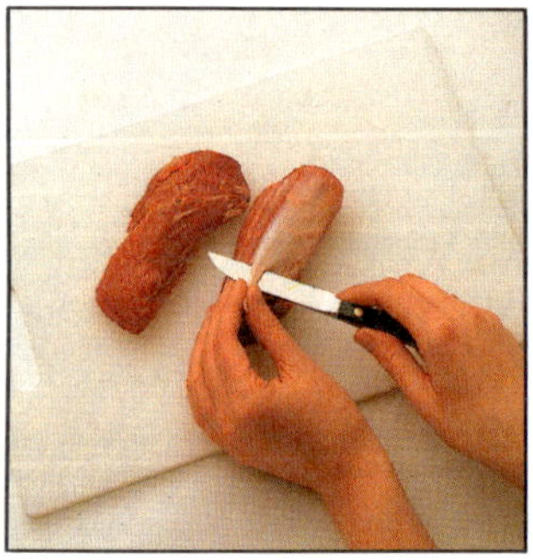

Frikadellen

1 Brötchen (Semmel)	in kaltem Wasser einweichen
2 mittelgroße Zwiebeln	abziehen, fein würfeln
600 g Gehacktes	
(halb Rind-, halb Schweinefleisch)	mit dem gut ausgedrückten Brötchen, den Zwiebeln,
1 Ei	vermengen, mit
Salz	
Pfeffer	
Paprika edelsüß	abschmecken aus der Masse mit nassen Händen ovale Frikadellen formen
50 g Pflanzenfett	erhitzen, die Frikadellen von beiden Seiten darin braten
Bratzeit:	Etwa 10 Minuten.
	Pro Portion: E: 27 g, F: 40 g, Kh: 8 g, kJ: 2222, kcal: 531.
Beilage:	Kartoffelbrei, Möhrengemüse

Rinderrouladen

4 Scheiben Rindfleisch	
(je 150 g aus der Keule)	mit
Salz	
Pfeffer	bestreuen, mit
Senf	bestreichen
60 g durchwachsenen Speck	in Streifen schneiden
100 g Zwiebeln	abziehen, halbieren, in Scheiben schneiden
2 mittelgroße Gewürzgurken	in Streifen schneiden
	die Zutaten auf die Fleischscheiben geben, von der schmalen Seite her aufrollen, mit Holzstäbchen oder Fäden zusammenhalten
40 g Pflanzenfett	erhitzen, die Rouladen von allen Seiten gut darin anbraten
2 mittelgroße Zwiebeln	abziehen, vierteln
1 Bund Suppengrün	putzen, waschen, kleinschneiden, beide Zutaten kurz mitbraten lassen
etwas heißes Wasser	hinzugießen, die Rouladen schmoren lassen, von Zeit zu Zeit wenden, verdampfte Flüssigkeit nach und nach durch heißes Wasser ersetzen
	die garen Rouladen (Holzstäbchen oder Fäden entfernen), auf einer vorgewärmten Platte anrichten, warm stellen
	den Bratensatz mit Wasser auf 375 ml (3/8 l) auffüllen, zum Kochen bringen
20 g Weizenmehl	mit

3 Eßl. kaltem Wasser	anrühren, die Flüssigkeit damit binden, die Soße mit Salz, Pfeffer abschmecken
Schmorzeit:	Etwa 1 ½ Stunden.
	Pro Portion: E: 34 g, F: 31 g, Kh: 8 g kJ: 1971, kcal: 471.
Beilage:	Blumenkohl, Rotkohl, Salzkartoffeln.
Tip:	Die Rinder-Rouladen können auch gut im Schnellkochtopf gegart werden. Die Garzeit verkürzt sich dann auf etwa 15 Minuten.

Kalbfleischfrikassee

600 g Kalbfleisch (ohne Knochen)	unter fließendem kaltem Wasser abspülen, in Würfel schneiden, in
750 ml (¾ l) kochendes Salzwasser	geben, zum Kochen bringen, abschäumen
1 mittelgroße Zwiebel abziehen, mit	
1 Lorbeerblatt	
3 Gewürznelken	spicken, hinzufügen das Fleisch gar kochen lassen die Brühe durch ein Sieb gießen, 500 ml (½ l) davon abmessen für die Soße
30 g Butter oder Margarine	zerlassen
35 g Weizenmehl	unter Rühren so lange darin erhitzen, bis es hellgelb ist
500 ml (½ l) Kalbfleischbrühe	hinzugießen, mit einem Schneebesen durchschlagen, darauf achten, daß keine Klumpen entstehen, die Soße zum Kochen bringen, etwa 5 Minuten kochen lassen das Fleisch in die Soße geben, kurz aufkochen lassen
1 Eigelb	mit
2 Eßl. kalter Milch	verschlagen, das Frikassee damit abziehen (nicht mehr kochen lassen), mit
Zitronensaft	
Salz	
Pfeffer	
Zucker	abschmecken
Kochzeit:	45 – 60 Minuten.
Veränderung:	Das Frikassee nach Belieben durch Fleischklößchen, Blumenkohlröschen, Spargelstücke, Champignons, gehackte Sardellen verfeinern.
	Pro Portion: E: 25 g, F: 17 g, Kh: 7 g, kJ: 1230, kcal: 294.
Beilage:	Reis (Reisrand), Spargel.

Schweineleber

500 g Schweineleber (in Scheiben)	unter fließendem kaltem Wasser abspülen, etwa 30 Minuten in
kalte Milch	legen (Foto 1)
5 mittelgroße Zwiebeln	abziehen, in Scheiben schneiden
	die Leber trockentupfen, in
20 g Weizenmehl	wenden (Foto 2)
40 g Pflanzenfett	erhitzen, die Leber hineinlegen, braten lassen (Foto 3)
	nachdem die untere Seite gebräunt ist, die Leber wenden, mit
Salz	
Pfeffer	
gerebeltem Majoran	bestreuen, gar braten
	die Leber auf einer vorgewärmten Platte anrichten
	die Zwiebelscheiben in das Bratfett geben, mit Salz, Pfeffer würzen, unter Wenden bräunen lassen, mit auf der Platte anrichten
Bratzeit für die Leber:	6 – 8 Minuten
für die Zwiebeln:	8 – 10 Minuten.

Pro Portion: E: 26 g, F: 17 g, Kh: 9 g kJ: 1322, kcal: 316.

Beilage:	Gebratene Apfelringe, Kartoffelbrei.
Veränderung:	Anstelle der Schweineleber Kalbs- oder Rinderleber verwenden.
Tip:	Von der in Mehl gewendeten Leber überflüssiges Mehl abschütteln, damit sich beim Braten keine unregelmäßige Kruste bildet.

Fleisch

Königsberger Klopse

1 Brötchen (Semmel)	in kaltem Wasser einweichen
1 mittelgroße Zwiebel	abziehen, fein würfeln
500 g Gehacktes	
(halb Rind-, halb Schweinefleisch)	mit dem gut ausgedrückten Brötchen, den Zwiebelwürfeln,
1 Eiweiß	
2 gestrichenen Teel. Senf	vermengen (Foto 1), mit
Salz	
Pfeffer	abschmecken, aus der Masse mit nassen Händen Klopse formen (Foto 2), in
750 ml (¾ l) kochendes Salzwasser	geben, zum Kochen bringen, abschäumen, gar ziehen lassen (Wasser muß sich leicht bewegen), die Brühe durch ein Sieb gießen, 500 ml (½ l) davon abmessen für die Soße
30 g Butter oder Margarine	zerlassen
35 g Weizenmehl	unter Rühren so lange darin erhitzen, bis es hellgelb ist
500 ml (½ l) Brühe	hinzugießen, mit einem Schneebesen durchschlagen, darauf achten, daß keine Klumpen entstehen, die Soße zum Kochen bringen, etwa 5 Minuten kochen lassen
1 Eigelb	mit
2 Eßl. kalter Milch	verschlagen, die Soße damit abziehen (nicht mehr kochen lassen)
1 Eßl. Kapern	hinzufügen, mit
Salz	
Pfeffer	
Speisewürze	
Zitronensaft	abschmecken, die Klopse in die Soße geben (Foto 3), 5 Minuten darin ziehen lassen
Garzeit:	Etwa 15 Minuten.

Pro Portion: E: 28 g, F: 39 g, Kh: 15 g, kJ: 2301, kcal: 550.

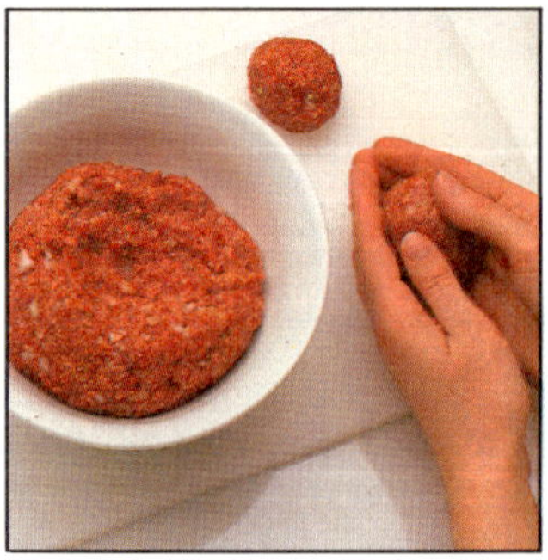

Ragout fin

750 g Kalbfleisch	unter fließendem kaltem Wasser abspülen
1 Bund Suppengrün	putzen, waschen, mit dem Fleisch in
750 ml (¾ l) kochendes Salzwasser	geben, zum Kochen bringen, gar kochen lassen das Fleisch in sehr kleine Würfel schneiden die Brühe durch ein Sieb gießen, 375 ml (⅜ l) davon abmessen für die Soße
40 g Butter oder Margarine	zerlassen
50 g Weizenmehl	unter Rühren so lange darin erhitzen, bis es hellgelb ist
375 ml (⅜ l) Kalbfleischbrühe	
125 ml (⅛ l) Schlagsahne (30% Fett)	hinzugießen, mit einem Schneebesen durchschlagen, darauf achten, daß keine Klumpen entstehen, zum Kochen bringen, etwa 5 Minuten kochen lassen
100 g gedünstete Champignons	in kleine Stücke schneiden, mit dem Fleisch in die Soße geben, kurz aufkochen lassen
1 Teel. Zitronensaft	
6 Eßl. Weißwein	hinzufügen, mit
Salz	
Pfeffer	
Worcestersoße	abschmecken die Masse in 10 Ragout-fin-Förmchen füllen, mit
15 g Semmelmehl	
30 g geriebenem Käse	bestreuen
20 g Butter	in Flöckchen darauf setzen, die Förmchen auf dem Rost in den vorgeheizten Backofen schieben
Strom:	225 – 250
Gas:	6 – 8
Backzeit:	Etwa 15 Minuten.

Pro Portion: E: 39 g, F: 28 g, Kh: 18 g kJ: 2222, kcal: 531.

Tip: Ragout fin ist eine beliebte Füllung für Blätterteig-Pastchen und für einen Reisrand.

Lammkoteletts mit Ananas

	Von
12 Lamm-Koteletts (je 60 g)	das Fett entfernen, die Koteletts evtl. unter fließendem kaltem Wasser abspülen, trockentupfen
3 Eßl. Olivenöl	mit

2 Teel. Kräuter-Essig	
½ Teel. gerebeltem Rosmarin	
1 – 2 Teel. gerebeltem Bakilikum	verrühren, die Koteletts damit bestreichen, etwa 2 Stunden stehen lassen, mit
Salz	bestreuen
2 Eßl. Olivenöl	erhitzen, das Fleisch von beiden Seiten darin braten, auf einer vorgewärmten Platte anrichten, warm stellen
20 g Butter	erhitzen
4 kleine Scheiben Ananas (130 g, aus der Dose)	halbieren, in der Butter leicht anbraten
3 Eßl. Sherry	hinzufügen, etwas einkochen lassen
	die Lammkoteletts mit den Ananasscheiben anrichten, den Bratensatz darüber verteilen die Lamm-Koteletts mit
Basilikumblättchen	garnieren
Bratzeit:	Etwa 10 Minuten.
	Pro Portion: E: 22 g, F: 68 g, Kh: 8 g kJ: 3824, kcal: 914.
Beilage:	Kartoffel-Kroketten.

Gulasch

500 g schieres Rindfleisch (ohne Knochen)	unter fließendem kaltem Wasser abspülen, trockentupfen, in Würfel schneiden
30 g Pflanzenfett	erhitzen, das Fleisch von allen Seiten gut darin anbraten
500 g Zwiebeln	abziehen, halbieren, in Scheiben schneiden, mitbräunen lassen, das Fleisch mit
Salz	
Pfeffer	
Paprika edelsüß	
Gulasch-Gewürz	würzen
2 schwach gehäufte Eßl. Tomatenmark	hinzufügen
500 ml (½ l) heißes Wasser	hinzugießen, das Fleisch gar schmoren lassen
120 g gedünstete Champignons	hinzufügen, miterhitzen
	das Gulasch mit Salz, Pfeffer, Paprika edelsüß
1 – 2 Spritzern Tabasco	abschmecken
Schmorzeit:	1 – 1 ½ Stunden.
	Pro Portion: E: 25 g, F: 11 g, Kh: 12 g kJ: 1092, kcal: 261.
Beilage:	Kartoffelbrei, Kochreis oder Makkaroni, Tomaten-, Gurken- oder Blatt-Salate.

Kaninchenbraten

	Von
1 küchenfertigen Kaninchen (1 ¾ kg)	das Fett entfernen, Keulen, Läufe und Bauchlappen vom Rücken trennen (Foto 1), den Kaninchenrücken enthäuten (Foto 2) alle Stücke unter fließendem kaltem Wasser abspülen, trockentupfen, mit
Salz	
Pfeffer	einreiben
125 g durchwachsene Speckscheiben	in einen Brattopf legen
1 Bund Suppengrün	putzen, waschen, kleinschneiden, hinzufügen, Keulen, Läufe und Bauchlappen darauf legen (Foto 3), mit einem Teil von
30 g zerlassener Butter	bestreichen, den Brattopf auf dem Rost in den vorgeheizten Backofen schieben nach etwa 30 Minuten Bratzeit
125 ml (⅛ l) heißes Wasser	hinzugießen, den Kaninchenrücken mit der restlichen Butter bestreichen, hinzufügen, mitbraten lassen das gare Fleisch vor dem Schneiden 10 Minuten „ruhen" lassen, damit sich der Fleischsaft setzt, das Fleisch in Scheiben schneiden, auf einer vorgewärmten Platte anrichten, warm stellen den Bratensatz mit dem Suppengrün auf der Kochstelle erhitzen
1 Becher (150 g) Crème fraîche (30% Fett)	unterrühren, kurz aufkochen lassen, die Soße mit Salz abschmecken
Strom:	Etwa 225
Gas:	3 – 4
Bratzeit:	Etwa 55 Minuten.

Pro Portion: E: 76 g, F: 64 g, Kh: 5 g kJ: 4079, kcal: 975.

Beilage: Salzkartoffeln, Broccoli.

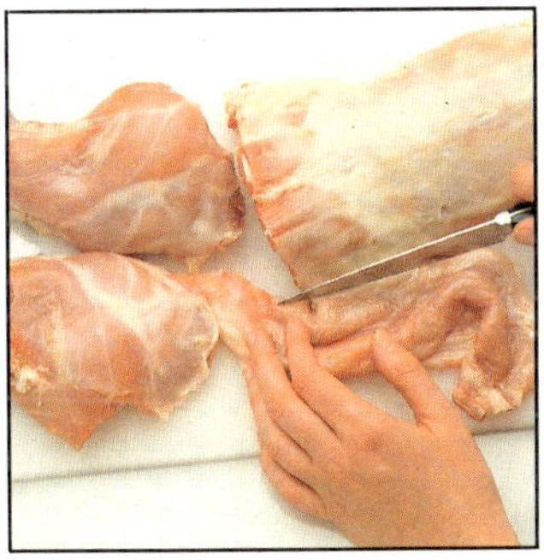

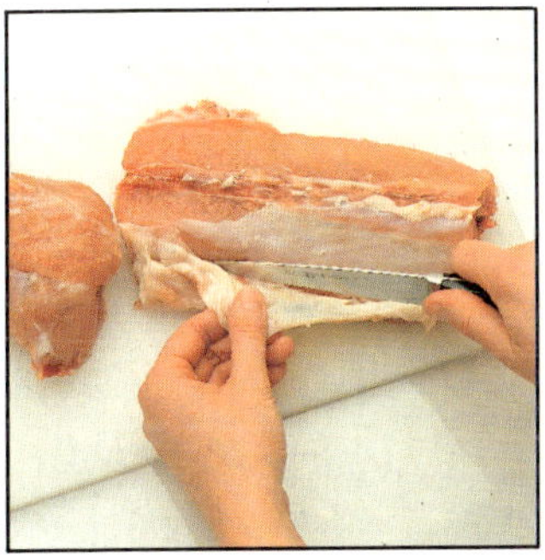

Wild

Wildfleisch ist leicht bekömmlich, feinfaserig, fettarm und eiweißreich.
Nach dem Bundesjagdgesetz darf Wild nur zu bestimmten Jagdzeiten erlegt werden. Diese sind für die einzelnen Wildarten unterschiedlich (auch regional gesehen) festgelegt.
Wild wird eingeteilt in:
Rehwild. Sehr wohlschmeckendes Fleisch mit rotbrauner Farbe. Jagdzeit: Mai bis Februar. Rehrücken: Oberste Preisklasse.
Rotwild. Hirsche. Das Fleisch junger Tiere bis zu 3 Jahren ist sehr zart, schmackhaft, feinfaserig und hat eine dunkle, schwarzbraune Farbe. Jagdzeit: Juni bis Februar. Während der Brunftzeit hat Hirschfleisch häufig einen strengen, ausgeprägten Geschmack.
Damwild. Damhirsche. Ihr Fleisch ist zarter und mit Fettadern mehr durchzogen als Rotwildfleisch. Im Geschmack ist es Rehfleisch sehr ähnlich. Jagdzeit: Juli bis Februar.
Schwarzwild. Wildschweine. Junge Tiere sind sehr wohlschmeckend. Fleisch von älteren Tieren ist zäher, fettreich und schwerer verdaulich. Jungtiere im 1. Lebensjahr sind Überläufer. Jagdzeit: Frischlinge und Überläufer ganzjährig.
Hasen. Feldhasen. Junge Tiere bis zu etwa 8 Wochen haben ein sehr zartes Fleisch mit rotbrauner Farbe. Die Fleischqualität ist abhängig von Alter und Lebensraum der Tiere. Jagdzeit: Oktober bis Januar.

Vorbereitung

Wild kommt überwiegend mit abgezogenem Fell und zerlegt in den Handel.

Wildteile:

1. Rücken, Keulen (Schlegel), Vorderläufe. Geeignet zum Schmoren und Braten.
2. Hals, Bauch, Brust. Geeignet zum Kochen und Dünsten.

Häuten

Rücken, Keulen und Vorderläufe müssen vor der Verarbeitung gehäutet werden.

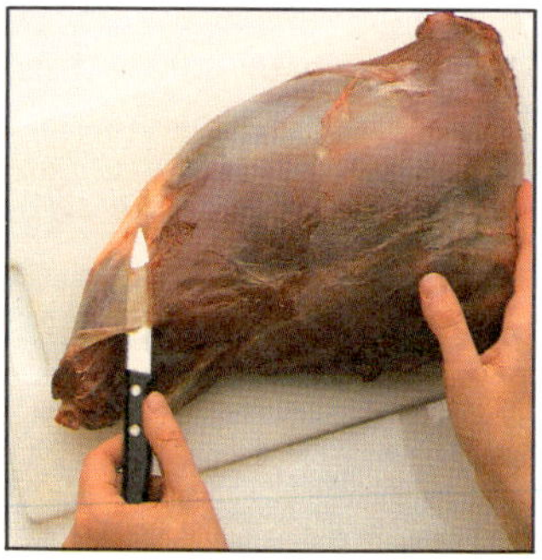

1. Mit einem spitzen, sehr scharfen Messer vorsichtig unter die sehnige Haut fahren und einschneiden.

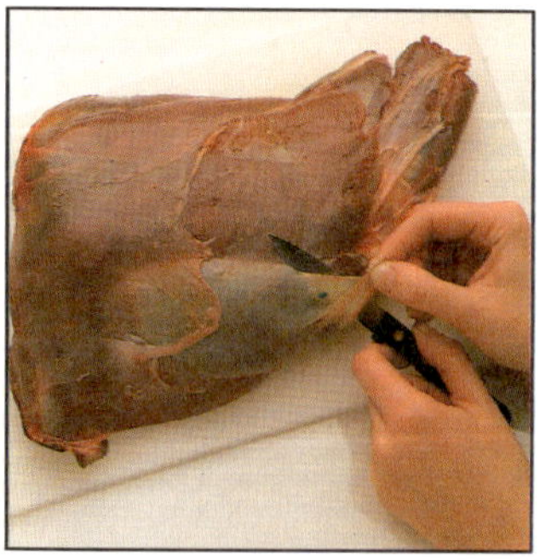

2. Abgeschnittenes Sehnenende mit der Hand flach über dem Fleischstück festhalten.

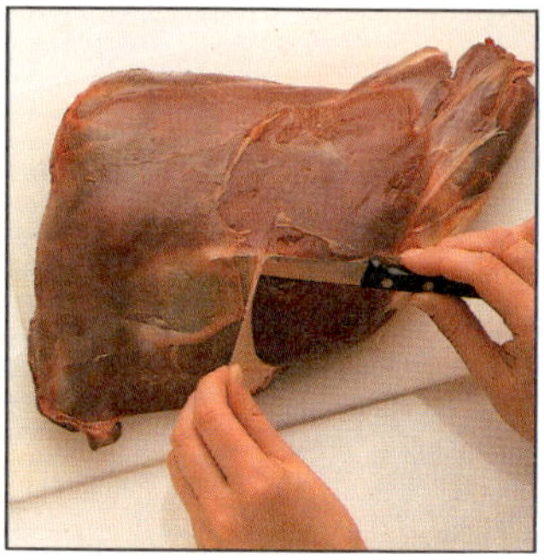

3. Messer mit der Klinge etwas nach oben richten und die Sehne in einem breiten Streifen ablösen.

Beizen/Marinieren

Wildfleisch wird durch Einlegen in eine Beize zarter und mürber. Dabei nimmt es die Geschmacksstoffe der Beize auf sund erhält so einen angenehm würzigen Geschmack.
Die Marinade muß Säure enthalten (z. B. Wein, Weinessig oder Buttermilch).
Der Beizvorgang dauert üblicherweise etwa 12-24 Stunden. Das Fleisch kann jedoch auch einige Tage (2 bis maximal 4) eingelegt werden. Dabei ist darauf zu achten, daß die Gewürze nicht so stark dosiert sind, um ein Überwürzen zu vermeiden.

Hinweise:
1. Nur Fleisch von **älteren** Tieren beizen. Junges Wildfleisch ist genügend saftig.

2. So viel Beize verwenden, daß das Fleisch ganz bedeckt ist.
3. Die Beize nicht salzen, da ansonsten Saft aus dem Fleisch gezogen und dieses nach dem Garen trocken wird.
4. Fleisch nicht tiefgekühlt marinieren. Erst auftauen!
5. Beizgut in der Marinade kühl stellen (am besten in einem zugedeckten Gefäß).

Zerlegen von Hasen / Kaninchen

1. Küchenfertig vorbereiteten Hasen auf den Rücken legen.
2. Vorderläufe und Hinterläufe (Keulen) mit einem scharfen Messer einschneiden und abtrennen. Dabei die Gelenke mit kräftigem Druck nach unten durchtrennen.

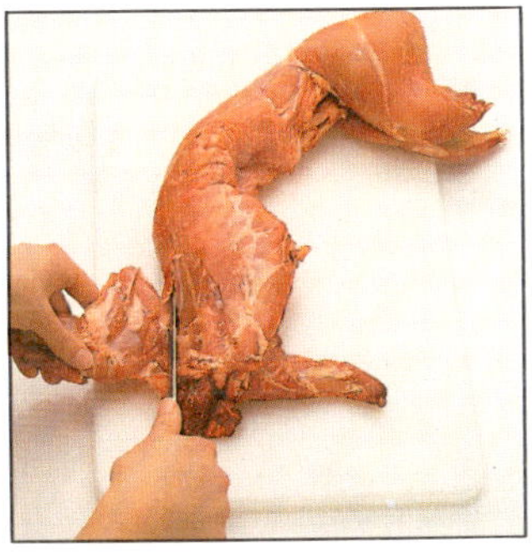

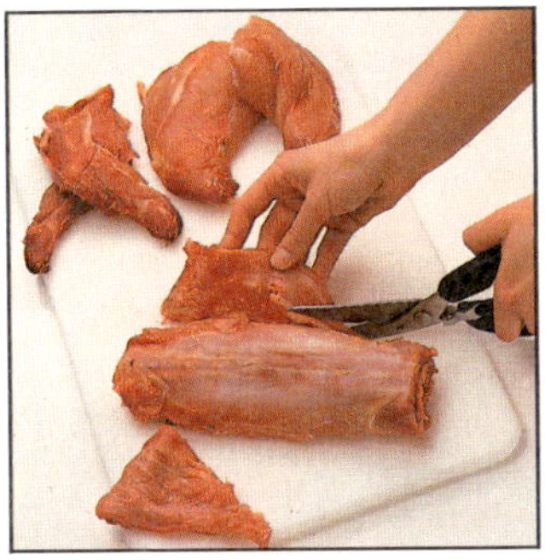

3. Bauchlappen den Rücken entlang abtrennen (scharfes Messer oder Küchenschere).

Bardieren, nicht spicken

Bardieren und Spicken sollen dazu beitragen, mageres Gargut saftig zu erhalten.

Spicken. Mageres Fleisch, Wild oder Geflügel mit Speckstreifen durchziehen (Spicknadel). Beim Spicken werden die Fleischfasern verletzt, der Fleischsaft kann heraustreten und das Fleisch wird trocken. Deshalb ist es empfehlenswerter, Fleisch zu bardieren.

Bardieren. Mageres Fleisch, Wild oder Geflügel mit Speckscheiben umwickeln oder belegen und mit Küchengarn festbinden oder verknoten. Die Speckhülle kann nach dem Garvorgang wieder entfernt werden (sie muß nicht verzehrt werden).

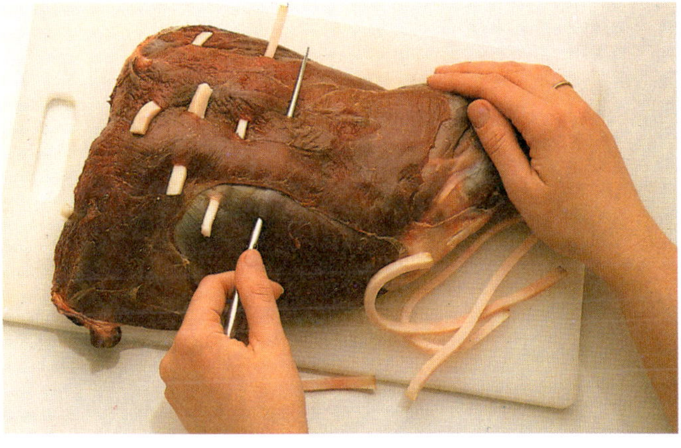

Hasen- oder Rehrücken tranchieren

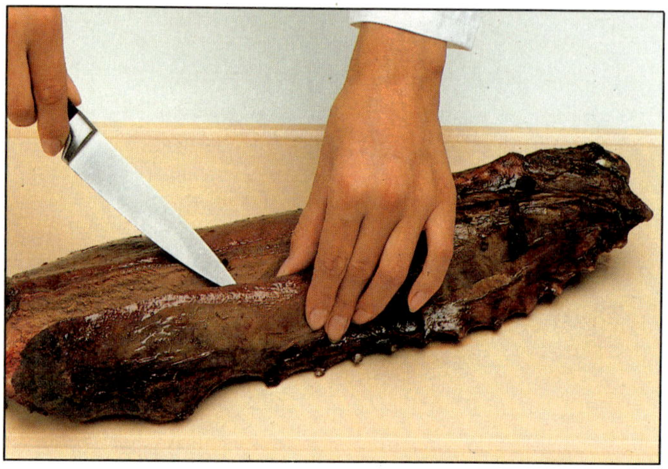

1. Rücken mit dem Knochen nach unten auf ein Brett legen.
2. Am Mittelknochen entlang einschneiden, danach an dem unteren Knochen entlang auslösen
3. An der Knochenrückseite befindliche, kleine Filetrücken auslösen.

4. Ausgelöste Filets in Scheiben schneiden.

Hinweis:
Für die schnelle Küche Rückenfilets roh auslösen und garen. Dadurch ist die Garzeit kürzer.

Hasenkeulen

1 ¼ kg Hasenkeulen	enthäuten, unter fließendem kaltem Wasser abspülen, trockentupfen, mit
Salz, Pfeffer	
10 zerdrückten Wacholderbeeren	einreiben
30 g Pflanzenfett	erhitzen, die Keulen von allen Seiten gut darin anbraten
3 mittelgroße Zwiebeln	abziehen, kleinschneiden, mit
1 Lorbeerblatt	
6 Pimentkörnern (Nelkenpfeffer)	hinzufügen, kurz miterhitzen,
etwas heißes Wasser	hinzufügen, die Keulen schmoren lassen, von Zeit zu Zeit wenden, verdampfte Flüssigkeit nach und nach durch heißes Wasser ersetzen die garen Keulen auf einer vorgewärmten Platte anrichten den Bratensatz durch ein Sieb gießen, mit Wasser auf 375 ml (⅜ l) auffüllen, zum Kochen bringen
15 g Weizenmehl	mit
125 ml (⅛ l) Schlagsahne (30% Fett)	anrühren, die Flüssigkeit damit binden
3 Eßl. Rotwein	hinzufügen, die Soße mit Salz, Pfeffer abschmecken
Schmorzeit:	1 – 1 ½ Stunden (je nach Alter des Tieres).
	Pro Portion: E: 56 g, F: 25 g, Kh: 7 g kJ: 2142, kcal: 512.
Beilage:	Rotkohl, Apfelmus.

Rehsteaks in gehobelten Mandeln

4 Scheiben Rehfleisch	
(je 150 g, aus der Keule)	leicht flachklopfen, etwas zusammendrücken, mit
Salz, geriebener Muskatnuß	bestreuen, das Fleisch zunächst in
2 Eßl. Weizenmehl	
1 verschlagenen Ei	zuletzt in
80 g gehobelten Mandeln	wenden (gut festklopfen)
50 g Margarine	erhitzen, das Fleisch von beiden Seiten darin braten (darauf achten, daß die Mandeln nicht zu dunkel werden), auf einer Platte anrichten den Bratensatz mit etwas Wasser loskochen, über die Steaks verteilen
Bratzeit:	6 – 8 Minuten.
	Pro Portion: E: 38 g, F: 24 g, Kh: 7 g, kJ: 1774, kcal: 424.
Beilage:	Kartoffelkroketten, Ananasscheiben mit Preiselbeeren.

Wild

Rehkeule mit Rosinensoße
(6 Portionen)

1½ kg Rehkeule (ohne Knochen)	enthäuten (Foto 1), unter fließendem kaltem Wasser abspülen, trockentupfen
3 Eßl. Speiseöl	mit
gerebeltem Rosmarin gerebeltem Majoran gerebeltem Thymian	verrühren, die Keule damit bestreichen, zugedeckt über Nacht stehenlassen, mit
Salz	bestreuen die Hälfte von
100 g fetten Speckscheiben	in eine mit Wasser ausgespülte Rostbratpfanne legen, die Rehkeule darauf legen, mit den restlichen Speckscheiben bedecken, in den vorgeheizten Backofen schieben sobald der Bratensatz bräunt,
etwas heißes Wasser	hinzugießen, das Fleisch ab und zu mit dem Bratensatz begießen, verdampfte Flüssigkeit nach und nach durch heißes Wasser ersetzen
1 mittelgroße Zwiebel	abziehen
1 mittelgroße Möhre	putzen, schrappen
1 Stange Porree (150 g)	putzen beide Zutaten waschen, das Gemüse grob zerkleinern, nach etwa 1 Stunde Bratzeit in die Rostbratpfanne geben, mitbraten lassen das Fleisch in Scheiben schneiden (Foto 2), auf einer vorgewärmten Platte anrichten den Bratensatz mit Wasser loskochen, mit Wasser auf 375 ml (3/8 l) auffüllen, zum Kochen bringen (Foto 3)

(Fortsetzung Seite 138)

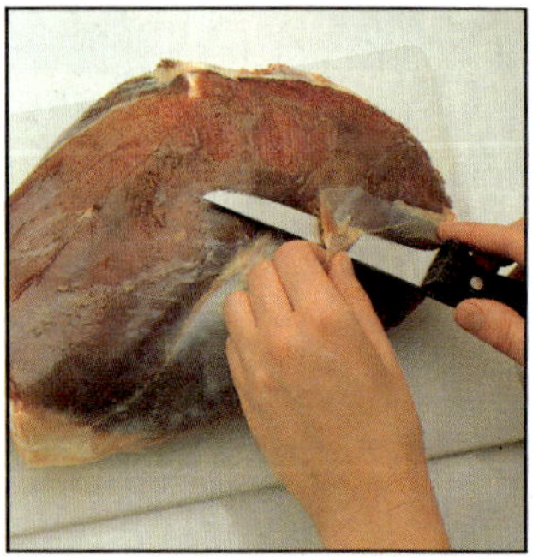

125 ml (⅛ l) Schlagsahne (30% Fett)	
50 g verlesene Rosinen	hinzufügen
20 g Weizenmehl	mit
4 Eßl. Rotwein	anrühren, die Flüssigkeit damit binden
Strom:	200–225
Gas:	3–4
Bratzeit:	2–2 ½ Stunden.
	Pro Portion: E: 56 g, F: 32 g, Kh: 12 g kJ: 2494, kcal: 596
Beilage:	Kartoffelplätzchen.

Wildschweinkeule

1 ¼ kg Wildschweinkeule (ohne Knochen)	unter fließendem kaltem Wasser abspülen, trockentupfen, mit
Salz, Pfeffer	einreiben, das Fett (falls vorhanden) gitterförmig einschneiden, das Fleisch mit der Fettschicht nach oben auf den Rost in eine mit
10 g Pflanzenfett	gefettete Rostbratpfanne legen, mit
100 g Speckscheiben	belegen, in den Backofen schieben sobald der Bratensatz bräunt, etwas von
250 ml (¼ l) Rotwein	hinzugießen, das Fleisch ab und zu mit dem Bratensatz begießen, verdampfte Flüssigkeit nach und nach ersetzen
1 mittelgroße Zwiebel	abziehen
1 Bund Suppengrün	putzen, waschen beide Zutaten kleinschneiden, mit
1 Lorbeerblatt	
10 zerdrückten Wacholderbeeren	
20 Pfefferkörnern	
5 Pimentkörnern (Nelkenpfeffer)	30 Minuten vor Beendigung der Bratzeit in die Rostbratpfanne geben, mitbraten lassen, das sich evtl. sammelnde Fett abschöpfen, das gare Fleisch in Scheiben schneiden, auf einer vorgewärmten Platte anrichten, warm stellen den Bratensatz mit Wasser loskochen, durch ein Sieb gießen
2 Eßl. Johannisbeergelee (60 g)	
3 schwach gehäufte Eßl. saure Sahne (10% Fett)	hinzufügen, nach Belieben
30 g Weizenmehl	mit
kaltem Wasser	
2 schwach gehäuften Eßl. saurer Sahne (10% Fett)	anrühren, den aufgefüllten Bratensatz damit binden, die Soße

	mit Salz, Pfeffer abschmecken
Strom:	200–225
Gas:	3–4
Bratzeit:	2–2 ½ Stunden (je nach Alter des Tieres).
Beilage:	Kartoffelklöße, Rosenkohl.

Pro Portion: E: 56 g, F: 11 g, Kh: 14 g kJ: 1749, kcal: 418.

Hirsch-Ragout

800 g Hirschfleisch (aus der Schulter, ohne Knochen)	unter fließendem kaltem Wasser abspülen, trockentupfen, in Würfel schneiden, mit
2 Eßl. Portwein	begießen, einige Stunden stehenlassen
75 g durchwachsenen Speck	in kleine Würfel schneiden
30 g Pflanzenfett	zerlassen, die Speckwürfel darin auslassen, das Fleisch hinzufügen, von allen Seiten gut darin anbraten
1 mittelgroße Zwiebel	abziehen, würfeln, hinzufügen, mitbräunen lassen
Salz, Pfeffer	
4 Wacholderbeeren	
3 Gewürznelken	
2 Messerspitzen gerebelten Thymian	
250 ml (¼ l) heißes Wasser	hinzufügen, das Fleisch gar schmoren lassen, verdampfte Flüssigkeit nach und nach durch heißes Wasser ersetzen
250 g Pfifferlinge	putzen, waschen, etwa 10 Minuten vor Beendigung der Schmorzeit mit
250 ml (¼ l) heißem Wasser	zu dem Ragout geben
2 schwach gehäufte Eßl. Johannisbeergelee (50 g)	unterrühren, das Ragout mit
dunklem SoßenHelfer	binden, mit Salz abschmecken
Schmorzeit:	Etwa 2 Stunden (je nach Alter des Tieres).

Pro Portion: E: 44g, F: 27 g, Kh: 12 g kJ: 2079, kcal: 497.

Beilage: Kartoffelklöße, Salzkartoffeln, Spätzle, Rotkohl, Apfelmus, Preiselbeerkompott.

Tip: Damit das Fleisch zarter und der Wildgeschmack gemildert wird, sollte das Wildfleisch über Nacht in eine Marinade (Beize) aus Rotwein und Gewürzen oder einige Tage in Buttermilch gelegt werden.

Wild

Rehrücken mit Orangenscheiben
(6 Portionen)

1 ½ kg Rehrücken	enthäuten (Foto 1), unter fließendem kaltem Wasser abspülen, trockentupfen, mit
Salz	
Pfeffer	einreiben, in eine mit Wasser ausgespülte Rostbratpfanne legen
1 Orange (unbehandelt)	abspülen, abtrocknen, halbieren, in Scheiben schneiden
75 g durchwachsene Speckscheiben	
	beide Zutaten auf den Rehrücken legen (Foto 2)
1 mittelgroße Zwiebel	abziehen, würfeln
1 mittelgroße Möhre	putzen, schrappen
1 Stange Porree (150 g)	putzen beide Zutaten waschen, in Scheiben schneiden die drei Zutaten mit evtl. abgeschnittenen Fleischresten in die Rostbratpfanne geben, in den vorgeheizten Backofen schieben sobald der Bratensatz bräunt,
etwas heißes Wasser	hinzugießen, das Fleisch ab und zu vorsichtig mit dem Bratensatz begießen, verdampfte Flüssigkeit nach und nach durch heißes Wasser ersetzen das gare Fleisch vor dem Schneiden 10 Minuten „ruhen" lassen, damit sich der Fleischsaft setzt das Fleisch vom Knochengerüst lösen (Speck- und Orangenscheiben entfernen), in Scheiben schneiden (Foto 3), wieder auf das Knochengerüst legen, auf einer vorgewärmten Platte anrichten den Bratensatz mit etwas Wasser loskochen, durch ein Sieb gießen, mit Wasser auf 500 ml (½ l) auffüllen, auf der Kochstelle zum Kochen bringen
30 g Weizenmehl	mit
4 Eßl. Rotwein	anrühren, die Flüssigkeit damit binden
3 Eßl. Orangensaft	hinzufügen, den Rehrücken mit

Fortsetzung Seite 142

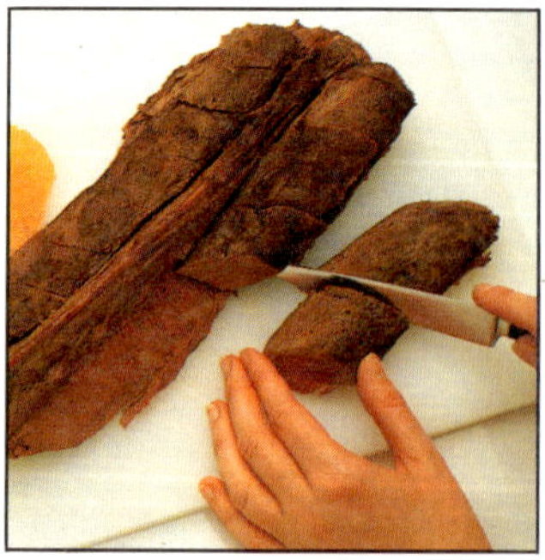

Orangenscheiben	garnieren
Strom:	200–225
Gas:	3–4
Bratzeit:	35–50 Minuten (je nach Alter des Tieres).

Pro Portion: E: 41 g, F: 12 g, Kh: 9 g kJ: 1406, kcal: 336.

Beilage:	Spätzle, Kartoffel-Kroketten (Tiefkühlkost), Semmelknödel, Apfelmus mit Preiselbeerkompott.

Hasenrücken

2 gespickte Hasenrücken (1 ¼ kg tiefgekühlt)	bei Zimmertemperatur auftauen lassen, das Fleisch vom Knochengerüst lösen, das Knochengerüst zerkleinern
20 g Pflanzenfett	erhitzen, die Knochen darin anbraten
1 mittelgroße Möhre	putzen, schrappen
1 Stange Porree (150 g)	putzen beide Zutaten waschen
1 mittelgroße Zwiebel	abziehen die drei Zutaten grob zerkleinern, zu den Knochen geben, kurz mitbraten lassen, mit
Salz	würzen
250 ml (¼ l) Wasser	hinzugießen, etwa 20 Minuten kochen lassen
40 g Pflanzenfett	erhitzen, das Fleisch in etwa 15 Minuten darin gar braten lassen das gare Fleisch vor dem Schneiden 10 Minuten „ruhen" lassen, damit sich der Fleischsaft setzt das Fleisch in Scheiben schneiden, auf einer vorgewärmten Platte anrichten die Knochen mit dem Gemüse zum Abtropfen auf ein Sieb geben die aufgefangene Flüssigkeit zu dem Bratfett geben
1 Becher (150 g) Crème fraîche (30% Fett)	
4 Eßl. Rotwein	unterrühren, einkochen lassen, bis die Soße dicklich ist, mit Salz abschmecken
Garzeit:	Etwa 35 Minuten.

Pro Portion: E: 56 g, F: 34 g, Kh: 6 g kJ: 2485, kcal: 594.

Beilage:	Kartoffelbrei, Spätzle, Kartoffel-Kroketten (Tiefkühlkost), Apfelmus mit Preiselbeerkompott.

Geflügelfleisch wird je nach Qualität in 3 Handelsklassen eingeteilt, in A, B und C. Es ist frisch, tiefgekühlt und tiefgekühlt aufgetaut im Angebot und kann in folgende Gruppen eingeteilt werden:

Hühner

1. **Brathähnchen**, Poulet. Etwa 5 – 7 Wochen alte Masttiere. Ihr Brustbeinfortsatz ist biegsam. Gewicht 700 – 1200 g.
2. **Poularden**, Junghühner. Etwa 8 – 9 Wochen alte, vor der Geschlechtsreife geschlachtete Masttiere. Ihr Brustbeinfortsatz ist biegsam. Gewicht 1200 – 1500 g.
3. **Jungmasthähne / Suppenhühner.** Etwa 2 Jahre alte Tiere. Höherer Fettanteil. Ihr Brustbeinfortsatz ist verknorpelt. Suppenhühner werden nicht gemästet, sondern zum Eierlegen gehalten. Gewicht 1500 – 1800 g.

Enten

1. **Frühmastenten**
   Vor der ersten Federreife geschlachtete 7 ½ – 8 Wochen alte Masttiere. Ihr Brustbeinfortsatz ist biegsam; die Knorpelteile nicht verknöchert. Gewicht 1600 – 1800 g.
2. **Junge Enten**
   Etwa 6 Monate alte, nach der ersten Federreife geschlachtete Tiere. Ihr Brustbeinfortsatz muß noch biegsam sein. Gewicht 1800-2200 g.
3. **Enten**
   Über 1 Jahr alte, nach der Geschlechtsreife geschlachtete Tiere Brustbeinfortsatz und Knorpelteile sind verknöchert. Gewicht 2000 – 2200 g.

Gänse

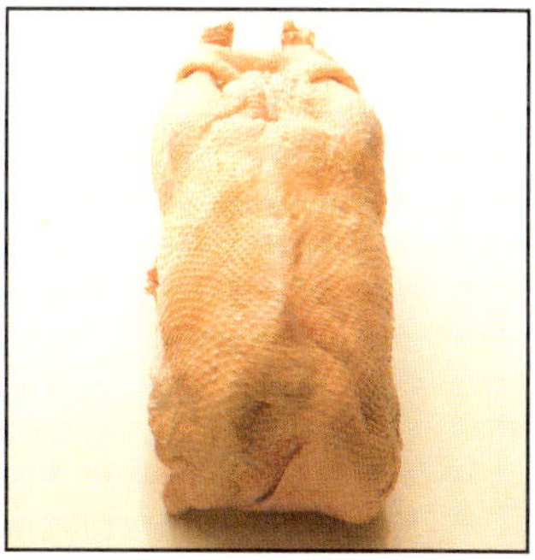

1. **Frühmastgänse**
   Junge, 11 – 12 Wochen alte, vor der ersten Federreife geschlachtete Tiere. Mit biegsamem Brustbeinfortsatz und weichen Knorpelteilen. Gewicht 4-5 kg.

2. **Junge Gänse**
   Etwa 6–7 Monate alte, nach der ersten Federreife geschlachtete Tiere. Der Brustbeinfortsatz ist biegsam, die Knorpelteile sind weich.
3. **Gänse**
   Über 1 Jahr alte, nach der ersten Geschlechtsreife geschlachtete Tiere. Brustbeinfortsatz und Knorpelteile sind verknöchert.

Hinweis:
Enten und Gänse gehören zu den fettreichen Geflügelarten.

Puten (Truthühner)

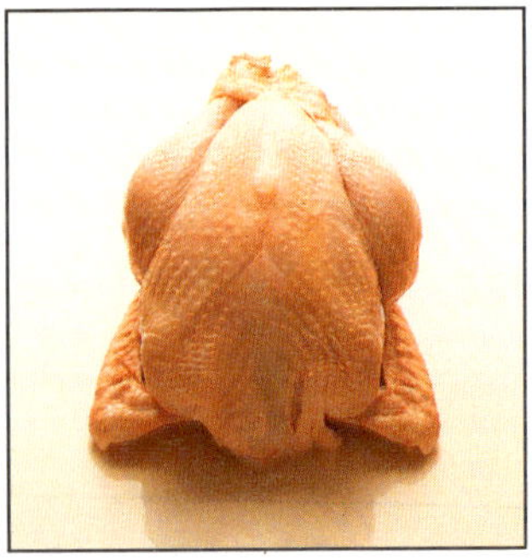

Überwiegend als junge Puten im Angebot. Sie sind nicht älter als 1 Jahr. Ihr Brustbeinfortsatz ist noch biegsam, ihre Knorpelteile sind nicht verknöchert. Das Fleisch ist mager und eiweißreich. Die **Kurzmast** dauert 9–13 Wochen. Gewicht 2–6 kg (Babyputer). Nach der **Langmast** (22–24 Wochen) wiegen die Tiere bratfertig 5–11 kg. Sie kommen nur zerlegt in den Handel.

Geflügel rupfen

1. Sauber rupfen. Dabei mit der linken Hand die Haut spannen und mit der rechten Hand vorsichtig einige Federn herausziehen ohne die Haut zu verletzen.
2. Alle Federkiele herausziehen (z. B. mit einer Pinzette).

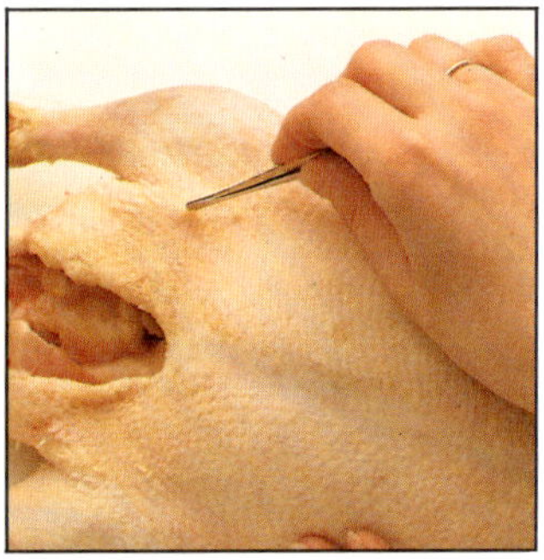

3. Restliche Flaumhaare über einer Flamme absengen.

Geflügel ausnehmen

1. Kopf und Hals 2 cm über dem Rumpf abschneiden.
2. Kropf und Speiseröhre herausziehen.
3. Darmöffnung vorsichtig herausschneiden.
4. Öffnung etwas dehnen, evtl. etwas größer schneiden. Eingeweide und Fettpolster vorsichtig herausziehen. Die Gallenblase darf nicht verletzt werden Gallensaft macht das Fleisch bitter.
5. Därme, Galle und Lunge in in den Abfall werfen.
6. Das Tier unter fließendem, kaltem Wasser sorgfältig abspülen
7. Abgetropft mit Haushaltspapier trockentupfen.
8. Magen aufschneiden und die derbe Innenhaut abziehen.
9. Magen, Herz, Leber, Hals und Flügelteile für Suppen, Füllungen und Spezialrezepte weiter verarbeiten.

Geflügel roh zerlegen

Am Beispiel eines Hähnchens

1. Vorbereitetes Geflügel auf den Rücken legen.
   Keule mit einem scharfen Messer vorsichtig ab trennen.

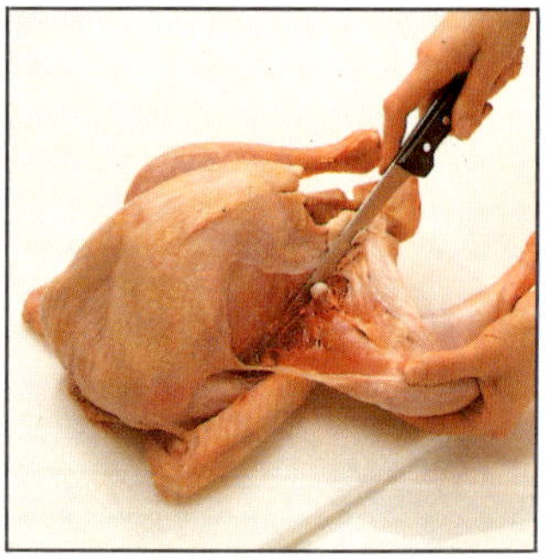

2. Brustfleisch am Brustbein entlang bis zum Knochen einschneiden. Mit der Geflügelschere durchtrennen.

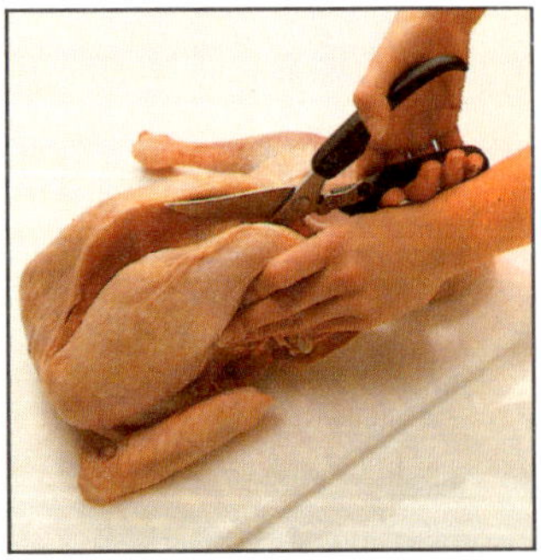

3. Rücken an dem Rückgrat entlang durchtrennen. Rückgrat herausschneiden. Brustfleisch halbieren.

4. Keule im Gelenk durch trennen (mit Messer oder Schere).

Geflügel füllen

1. Vorbereitetes Geflügel auf den Rücken legen.

2. Füllung in das Innere geben.

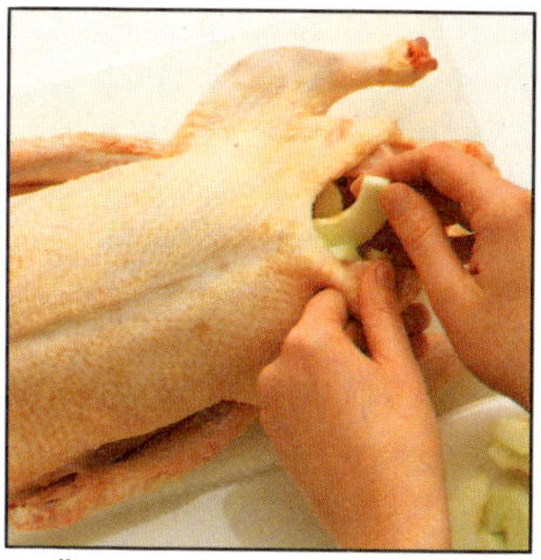

3. Öffnung schließen und mit Küchengarn zunähen oder mit Zahnstochern zustecken.

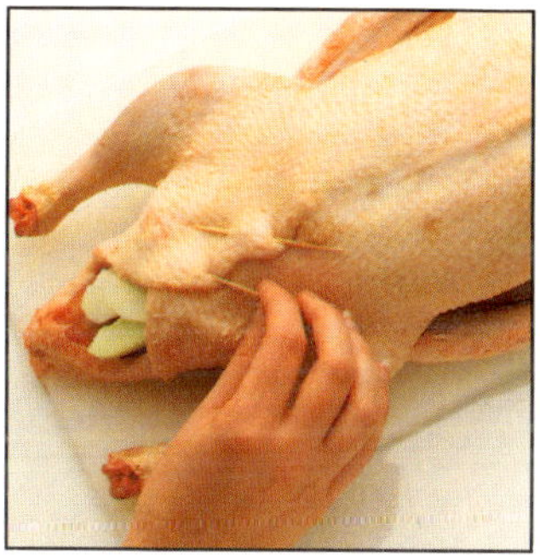

Geflügel dressieren

Das heißt, es bratgerecht in Form bringen, damit es bei der fachgerechten Zubereitung nicht austrocknen kann.

1. Vorbereitetses Geflügel auf den Rücken legen. Flügelspit-

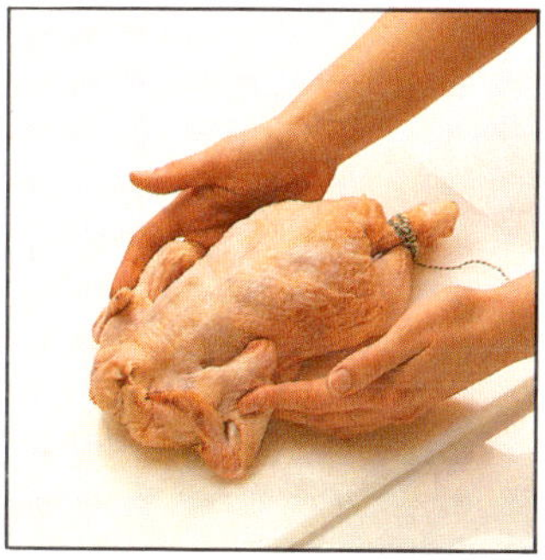

zen nach hinten biegen und so unter den Rumpf schieben, daß sie halten und fest anliegen. Sind die Flügelspitzen abgeschnitten, Flügel mit Küchengarn unter dem Rumpf auf der Rückenseite zusammenbinden.
2. Keulen mit Küchengarn zusammenbinden, kreuzweise oder rundherum.

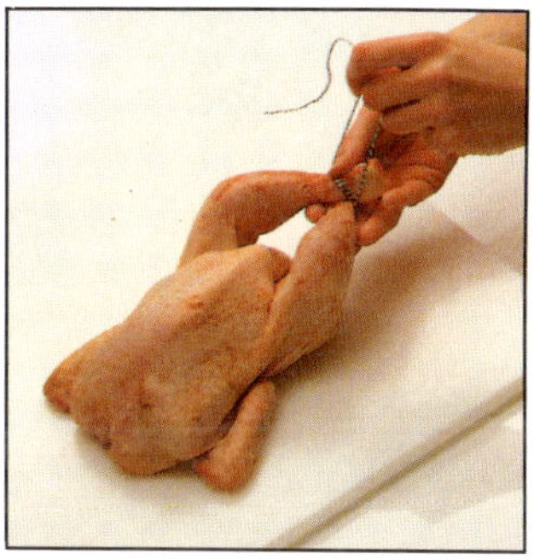

Ente oder Gans tranchieren

1. Keulen mit einem scharfen Messer auslösen. Fleisch bis zum Gelenk einschneiden, Gelenk etwas drehen und durchschneiden.

2. Flügel mit dem Messer ebenfalls an den Gelenken durchtrennen.

3. Brustfleisch mit dem Tranchiermesser an beiden Seiten von den Knochen lösen.

4. Ausgelöstes Brustfleisch in Portionsstücke schneiden und das Fleisch auf der Fleischplatte anrichten.

Geflügel auftauen

1. Verpackung vollkommen entfernen.
2. Geflügel in ein Gefäß mit Siebeinsatz (möglichst kein Kunststoff) oder mit einem umgedrehten Suppenteller legen.
3. Zugedeckt auftauen. Das Geflügel darf **nicht** in dem Auftauwasser liegen.
4. Auftauwasser vollständig wegschütten.
5. Geschirr gründlich unter heißem Wasser mit Spülmittelzusatz reinigen.

Auftauzeiten

	Kühlschrank (Stunden)	Zimmertemperatur (Stunden)
Hähnchen (etwa 800 g)	12–16	5– 7
Poularde (bis 1,5 kg)	16–23	10–15
Ente (2 kg)	25–30	14–16
Gänse/Puten (4-5 kg)	35–38	16–20

Wildgeflügel bardieren

Damit das Fleisch bei der Zubereitung nicht austrocknen kann (z. B. Fasan), wird mageres Geflügel mit etwas Fett bestrichen oder mit Speckscheiben belegt; mit Küchengarn wie ein Paket verschnürt (einmal längs und zweimal quer verknoten). Der Speck wird nach der Zubereitung entfernt und muß nicht mitverzehrt werden.

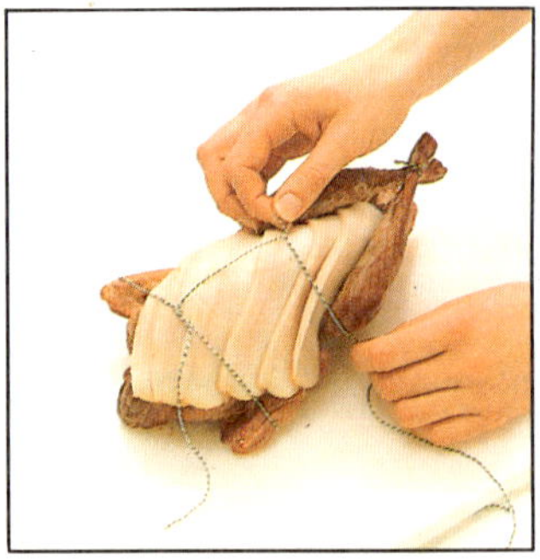

Geflügel-Geschnetzeltes in Sahnesoße

500 g Hähnchenbrustfilet	unter fließendem kaltem Wasser abspülen, trockentupfen, in dünne Scheiben schneiden
30 g Pflanzenfett	erhitzen, das Fleisch portionsweise darin anbraten, mit
Salz, Pfeffer	
Paprika edelsüß	bestreuen
150 g gedünstete Champignons	zum Abtropfen auf ein Sieb geben, von der Flüssigkeit 125 ml (⅛ l) abmessen, die Champignons in Scheiben schneiden, zu dem Fleisch geben
1 Becher (150 g) Crème fraîche (30% Fett)	
125 ml (⅛ l) Weißwein	
125 ml (⅛ l) Champignonflüssigkeit	hinzufügen, gut verrühren, etwas einkochen lassen, so daß eine dickliche Soße entsteht, mit Salz, Pfeffer, abschmecken
Garzeit:	Etwa 10 Minuten.

Pro Portion: E: 30 g, F: 20 g, Kh: 3 g kJ: 1477, kcal: 353.

Gänseschenkel in Schmorkraut

2 Gänseschenkel (900 g)	unter fließendem kaltem Wasser abspülen, trockentupfen, mit
Salz	
Pfeffer	einreiben
	einen Brattopf mit Wasser ausspülen, die Gänseschenkel von allen Seiten darin anbraten, herausnehmen
1 kg Weißkohl	von den schlechten äußeren Blättern befreien, den Kohl vierteln, den Strunk herausschneiden, den Kohl waschen, abtropfen lassen, in feine Streifen schneiden
2 mittelgroße Zwiebeln	abziehen, würfeln, Kohl und Zwiebelwürfel zu dem Bratfett geben, gut durchdünsten lassen, mit Salz,
Zucker, Essig	
Kümmel	würzen, Gänseschenkel,
125 ml (⅛ l) Wasser	hinzufügen, gar schmoren lassen, die Gänseschenkel herausnehmen, evtl. 1 – 2 Minuten unter den vorgeheizten Grill schieben das Schmorkraut mit Salz, Zucker, Essig abschmecken, mit den Gänseschenkeln auf einer vorgewärmten Platte anrichten.
Schmorzeit:	Etwa 1 ½ Stunden.

Pro Portion: E: 25 g, F: 44 g, Kh: 10 g kJ: 2389, kcal: 571.

Geflügel

Hühnerfrikassee

1 küchenfertige Poularde (1 kg)	unter fließendem kaltem Wasser abspülen, in
1 ½ l kochendes Salzwasser	geben, zum Kochen bringen, abschäumen
1 Bund Suppengrün	putzen, waschen
1 mittelgroße Zwiebel	abziehen, mit
1 Lorbeerblatt, 1 Gewürznelke	spicken, die Zutaten hinzufügen (Foto 1), die Poularde gar kochen lassen, aus der Brühe nehmen, die Brühe durch ein Sieb gießen, 500 ml (½ l) davon abmessen, das Fleisch von den Knochen lösen, die Haut entfernen, das Fleisch in große Würfel schneiden (Foto 2)
	für die Soße
25 g Butter	zerlassen
30 g Weizenmehl	unter Rühren so lange darin erhitzen, bis es hellgelb ist
500 ml (½ l) Hühnerbrühe	hinzugießen, mit einem Schneebesen durchschlagen, darauf achten, daß keine Klumpen entstehen, die Soße zum Kochen bringen, etwa 5 Minuten kochen lassen
175 g gekochte Spargelstücke	
150 g gedünstete Champignons	
	beide Zutaten mit dem Fleisch in die Soße geben, kurz aufkochen lassen
4 Eßl. Weißwein	
1 Eßl. Zitronensaft	
1 Teel. Zucker	hinzufügen
2 Eigelb	mit
4 Eßl. Schlagsahne (30% Fett)	verschlagen, das Frikassee damit abziehen (nicht mehr kochen lassen) (Foto 3), mit
Salz, Pfeffer, Worcestersoße, Zitronensaft	abschmecken
Kochzeit:	Etwa 1 Stunde.

Pro Portion: E: 43 g, F: 24 g, Kh: 14 g kJ: 2021, kcal: 483.

Geflügel

Pute, gefüllt
(8 Portionen)

1 küchenfertige Pute (3 kg)	unter fließendem kaltem Wasser abspülen, trockentupfen, innen und außen mit
Salz	
Pfeffer	einreiben (Foto 1)
	für die Füllung
250 g Thüringer Mett	mit
Salz	
Pfeffer	
gerebeltem Thymian	
gerebeltem Beifuß	würzen, mit
1 Ei	vermengen
Putenleber (30 g)	unter fließendem kaltem Wasser abspülen, trockentupfen, kleinschneiden
1 mittelgroße Zwiebel	abziehen, fein würfeln
20 g Margarine	erhitzen, Leber und Zwiebelwürfel darin anbraten
125 g grüne Weintrauben	waschen, gut abtropfen lassen, halbieren, entkernen
1 Eßl. gehackte Kräuter (Schnittlauch Petersilie)	
	die Zutaten mit dem Mett vermengen
	die Füllung in das Innere der Pute geben (Foto 2), die Öffnung zunähen (Foto 3)
	die Pute mit den Rücken nach unten auf den Rost auf eine mit Wasser ausgespülte Rostbratpfanne legen, mit
125 g durchwachsenen Speckscheiben	belegen, auf der unteren Schiene in den vorgeheizten Backofen schieben
	sobald der Bratensatz bräunt,
etwas heißes Wasser	hinzugießen, die Pute ab und zu mit dem Bratensatz begießen, verdampfte Flüssigkeit nach und nach durch heißes Wasser ersetzen

Fortsetzung Seite 152

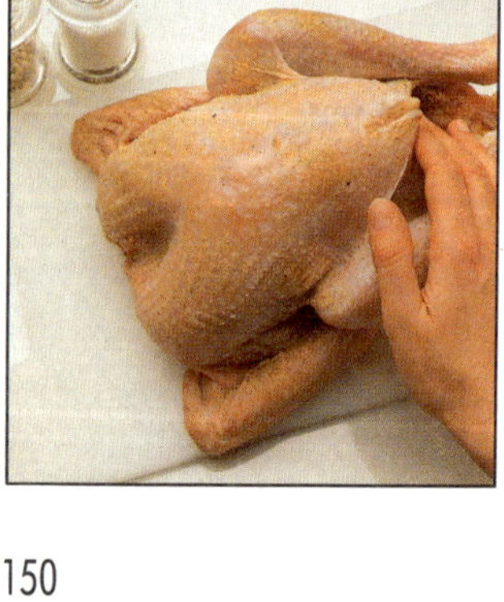

	nach etwa 2 Stunden Bratzeit die Speckscheiben entfernen 10 Minuten vor Beendigung der Bratzeit die Pute mit
kaltem Salzwasser	bestreichen, die Hitze auf stark stellen, damit die Haut schön kroß wird die gare Pute in Portionsstücke teilen, mit der Füllung auf einer vorgewärmten Platte anrichten, warm stellen den Bratensatz mit etwas Wasser loskochen, durch ein Sieb gießen, mit Wasser auf 500 ml (½ l) auffüllen, auf der Kochstelle zum Kochen bringen, gut einkochen lassen
30 g Weizenmehl	mit
3 Eßl. kaltem Wasser	anrühren, die Flüssigkeit damit binden, die Soße mit Salz, Pfeffer abschmecken
2 Eßl. Madeira	unterrühren
Strom:	200–225
Gas:	3–4
Bratzeit:	Etwa 2 ½ Stunden.

Pro Portion: E: 65 g, F: 62 g, Kh: 6 g kJ: 4156, kcal: 994.

Beilage: Semmelknödel, Apfelmus mit Preiselbeeren.

Gebratene Ente

1 küchenfertige Ente (etwa 1 ½ kg)	unter fließendem kaltem Wasser abspülen, trockentupfen, innen mit
Salz	einreiben, mit dem Rücken nach unten auf den Rost auf eine mit Wasser ausgespülte Rostbratpfanne legen, auf die untere Schiene in den Backofen schieben während des Bratens ab und zu unterhalb der Flügel und Keulen in die Ente stechen, damit das Fett besser ausbraten kann nach 30 Minuten Bratzeit das angesammelte Fett abschöpfen sobald der Bratensatz bräunt,
etwas heißes Wasser	hinzugießen, die Ente ab und zu mit dem Bratensatz begießen, verdampfte Flüssigkeit nach und nach ersetzen 10 Minuten vor Beendigung der Bratzeit die Ente mit
kaltem Salzwasser	bestreichen, die Hitze auf stark stellen, damit die Haut schön kroß wird die gare Ente in Portionsstücke schneiden, auf einer vorgewärmten Platte anrichten, warm stellen den Bratensatz mit Wasser loskochen durch ein Sieb gießen, mit Flüssigkeit auffüllen, auf der Kochstelle zum Kochen bringen
1–2 gestrichene Eßl. Weizenmehl	mit

2 Eßl. kaltem Wasser	anrühren, den aufgefüllten Bratensatz damit binden, die Soße mit Salz,
Pfeffer	abschmecken
Strom:	200 – 225
Gas:	3 – 4
Bratzeit:	Etwa 1 ¾ Stunden.
	Pro Portion: E: 54, F: 52, Kh: 1 kJ: 3050, kcal: 730.
Beilage:	Rotkohl, Apfelscheiben mit Preiselbeerkompott.

Hähnchenkeulen in Currysoße

4 Hähnchenkeulen (je 250 g)	unter fließendem kaltem Wasser abspülen, trockentupfen, mit
Salz	
Pfeffer	einreiben
20 g Pflanzenfett	erhitzen, die Keulen von allen Seiten gut darin anbraten, herausnehmen
2 mittelgroße Zwiebeln	
4 mittelgroße Äpfel	
2 Scheiben Ananas	
(je 150 g, aus der Dose)	zum Abtropfen auf ein Sieb geben, von dem Saft 200 ml (⅕ l) abmessen die Zutaten in kleine Würfel schneiden, in dem Bratfett dünsten, mit
1 gestr. Eßl. Currypulver	
125 ml (⅛ l) heißes Wasser	
250 ml (¼ l) Ananassaft	hinzugießen, mit
1 Teel. Salz	würzen die Hähnchenkeulen wieder hinzufügen, gar schmoren lassen die garen Keulen herausnehmen, evtl. kurz unter den vorgeheizten Grill schieben, auf einer vorgewärmten Platte anrichten, warm stellen die Soße mit
hellem Soßen-Helfer	binden, mit Salz,
Currypulver	
Ingwerpulver	abschmecken
Schmorzeit:	25 – 30 Minuten.
	Pro Portion: E: 39 g, F: 12 g, Kh: 40 g kJ: 1856, kcal: 443.
Beilage:	Reis, Salate.

Putenschnitzel mit Pfirsichen

4 Putenschnitzel (je 125 g)	evtl. unter fließendem kaltem Wasser abspülen, trockentupfen, in
40 g Weizenmehl	wenden (Foto 1)
1 Ei	mit
Salz	
Pfeffer	
Paprika edelsüß	verschlagen, die Schnitzel zunächst in dem verschlagenen Ei, dann in
50 g Semmelmehl	wenden (gut festklopfen) (Foto 2)
40 g Margarine	erhitzen, die Schnitzel von beiden Seiten darin braten (Foto 3) auf einer vorgewärmten Platte anrichten, warm stellen
2 Pfirsiche (je 150 g)	kurze Zeit in kochendes Wasser geben (nicht kochen lassen), in kaltem Wasser abschrecken, halbieren, enthäuten, entsteinen, in Scheiben schneiden
20 g Butter	zerlassen, die Pfirsichscheiben darin gar schmoren lassen, auf den Putenschnitzeln anrichten
Bratzeit:	Etwa 10 Minuten.

Pro Portion: E: 30 g, F: 18 g, Kh: 26 g kJ: 1724, kcal: 412.

Beilage: Kartoffelkroketten oder Rösti.

Tip: Die frischen Pfirsiche können auch durch Pfirsiche aus der Dose ersetzt werden.

Fasan in Weintraubensoße

1 küchenfertigen Fasan (1 ¼ kg)	in 4 Portionsstücke schneiden, unter fließendem kaltem Wasser abspülen, trockentupfen, mit
Salz	einreiben
20 g Pflanzenfett	in einer Bratpfanne erhitzen, die Fleischstücke von allen Seiten gut darin anbraten, in der geschlossenen Pfanne etwa 40 Minuten garen lassen
250 g grüne Weintrauben	waschen, halbieren, entkernen, pürieren, mit zu den Fleischstücken geben, gar schmoren lassen
250 g grüne Weintrauben	waschen, halbieren, entkernen, 10 Minuten vor Beendigung der Schmorzeit zu dem Fleisch geben, die garen Fleischstücke herausnehmen, auf eine vorgewärmte Platte geben, die Soße abschmecken
3 Eßl. Rotwein	unterrühren, über die Fleischstücke geben
Garzeit:	Etwa 50 Minuten.

Pro Portion: E: 56 g, F: 10 g, Kh: 20 g kJ: 1736, kcal: 415.

Poularde, gebraten
(In der Bratfolie)

1 küchenfertige Poularde (1 ¼ kg)	unter fließendem kaltem Wasser abspülen, trockentupfen
2 Eßl. Speiseöl Salz, Zwiebelpfeffer	mit
½ Teel. Paprika edelsüß	verrühren, die Poularde innen und außen damit einreiben, auf
Bratfolie	legen
1 Bund Suppengrün	putzen, waschen, kleinschneiden, dazulegen die Folie fest verschließen, auf dem Rost in den vorgeheizten Backofen schieben die gare Poularde kurze Zeit „ruhen" lassen, erst dann die Folie vorsichtig öffnen, die Poularde in Portionsstücke teilen, auf einer vorgewärmten Platte anrichten den Bratensatz in einen Topf geben
125 ml (⅛ l) Schlagsahne (30% Fett)	hinzugießen, etwas einkochen lassen die Soße mit Salz, Pfeffer abschmecken
Strom:	Etwa 200
Gas:	Etwa 3
Bratzeit:	Etwa 50 Minuten.

Pro Portion: E: 49 g, F: 30 g, Kh: 5 g kJ: 2159, kcal: 516.

Beilage:	Pommes frites oder Bratkartoffeln.

Gebratene Gans
(8 Portionen)

1 küchenfertige Gans	
(3 ¼ kg)	unter fließendem kaltem Wasser abspülen, trockentupfen, innen mit
Salz, Pfeffer	einreiben, mit dem Rücken nach unten auf den Rost auf eine mit Wasser ausgespülte Rostbratpfanne legen, auf der unteren Schiene in den vorgeheizten Backofen schieben während des Bratens ab und zu unterhalb der Flügel und Keulen in die Gans stechen, damit das Fett besser ausbraten kann nach 45 Minuten Bratzeit das sich angesammelte Fett abschöpfen, evtl. diesen Vorgang wiederholen sobald der Bratensatz bräunt,
etwas heißes Wasser	hinzugießen, die Gans ab und zu mit dem Bratensatz begießen, verdampfte Flüssigkeit nach und nach durch heißes Wasser ersetzen 10 Minuten vor Beendigung der Bratzeit die Gans mit
kaltem Wasser	bestreichen, die Hitze auf stark stellen, damit die Haut schön kroß wird die gare Gans in Portionsstücke schneiden, auf einer vorgewärmten Platte anrichten, warm stellen den Bratensatz mit etwas Wasser loskochen, durch ein Sieb gießen, mit Wasser auf 500 ml (½ l) auffüllen, auf der Kochstelle zum Kochen bringen
1 gestrichenen Eßl. Speisestärke	mit
2 Eßl. kaltem Wasser	anrühren, die Flüssigkeit damit binden, die Soße mit Salz, Pfeffer abschmecken
Strom:	200–225
Gas:	3–4
Bratzeit:	Etwa 3 Stunden.
	Pro Portion: E: 40 g, F: 79 g, Kh: 1 g kJ: 3908, kcal: 934.
	Das abgeschöpfte Fett ist in der Berechnung enthalten.
Beilage:	Kartoffelklöße, Rotkohl.
Veränderung:	Die Gans mit der nachstehenden Füllung braten: **Apfelfüllung:** 1 kg Äpfel gewaschen, nicht geschält, aber entkernt oder 500 g geschälte, entkernte, in Scheiben geschnittene Äpfel, 500 g eingeweichte entsteinte Backpflaumen, etwas Zucker und Semmelmehl.

Gefüllte Zwiebeln

2 Gemüsezwiebeln (750 g)	abziehen, in
Salzwasser	zum Kochen bringen, halbgar kochen lassen die Zwiebeln waagerecht halbieren, bis auf 3 – 4 Schichten aushöhlen (Foto 1), die Zwiebelstücke kleinschneiden (Foto 2)
15 g Margarine	in einer feuerfesten Form zerlassen, die Zwiebelstücke darin andünsten
3 Eßl. Schlagsahne (30% Fett)	unterrühren, mit
Salz	würzen
	die ausgehöhlten Zwiebelhälften darauf legen
375 g Thüringer Mett	mit
1 Eßl. gehackter Petersilie	vermengen, die Zwiebeln damit füllen (Foto 3)
	die Form auf dem Rost in den vorgeheizten Backofen schieben
	das gare Gericht mit
1 Eßl. gehackter Petersilie	bestreuen
Strom:	200 – 225
Gas:	3 – 4
Backzeit:	Etwa 30 Minuten.

Pro Portion: E: 17 g, F: 36 g, Kh: 15 g kJ: 2021, kcal: 483.

Gefüllte Zwiebeln zu Kartoffelbrei oder Bouillonkartoffeln reichen.

Variation: Zusammen mit der Schlagsahne 3 – 4 Eßl. trockenen Weißwein in die Auflaufform geben.

Gemüse

Steigender Verzehr von Gemüse kommt der Forderung der Ernährungswissenschaftler nach einem höheren Anteil von Kohlenhydraten und Ballaststoffen entgegen. In unserer täglichen Ernährung sind sie außerdem Träger wichtiger Mineralstoffe, Spurenelemente und Vitamine. Aber nicht nur ihr ernährungsphysiologischer Wert, sondern v.a. auch ihre geschmacklichen Vorzüge haben dazu beigetragen, daß der Konsum von Gemüse stetig gestiegen ist. Das sortierte, vielseitige Angebot in- und ausländischer Gemüsesorten über das ganze Jahr hinweg macht es uns leicht, zu jeder Jahreszeit abwechslungsreiche Gemüsegerichte zuzubereiten.

Gemüse kann wie folgt eingeteilt werden:

Wurzelgemüse (z. B. Möhren, Sellerie, Schwarzwurzeln).
Blütengemüse (z. B. Artischocken, Blumenkohl).
Blattgemüse (z. B. Spinat, Mangold).
Stengelgemüse (z. B. Staudensellerie, Kohlrabi).
Kohlgemüse (z. B. Rosen-, Rot-, Weiß- oder Chinakohl).
Zwiebelgemüse (z. B. Lauch, Zwiebeln).
Hülsenfruchtgemüse (z. B. Linsen, Bohnen, Erbsen).
Fruchtgemüse (z. B. Tomaten, Gurken, Kürbisse).

Einkauf/Lagerung

1. Möglichst immer frisches, knackiges Gemüse einkaufen. Gemüse mit welken Blättern und gelben Stengeln ist nicht mehr frisch.
2. Freilandgemüse ist dem Treibhaus-Gemüse vorzuziehen. Es ist aromatischer und kräftiger.
3. Muß Gemüse gelagert werden, sollte die Lagerzeit so kurz wie möglich gehalten werden, um Nährstoff- und Aromaverluste einzuschränken.
4. Gemüse im Gemüsefach des Kühlschranks oder im kühlen Keller oder Vorratsraum lagern.
5. Wurzelgemüse hält sich im trockenem Sand aufbewahrt etwa 5 Monate frisch.

Vorbereitung.

Aroma- und Nährstoffverluste können stark reduziert werden, wenn

1. Gemüse erst kurz vor dem Zubereiten geputzt wird;
2. stets **vor** dem Zerkleinern gewaschen wird;
3. **nie** im Wasser liegen bleibt. Gemüse wird unter fließendem kaltem Wasser sorgfältig abgespült.

Gemüse garen

1. Möglichst schonende Zubereitungsarten auswählen, z. B. **Dünsten** (im eigenen Saft garen), **Dämpfen** oder in **Folie** eingewickelt garen.
2. **Bißfest** garen. Durch eine knapp gehaltene Garzeit behält Gemüse seine Mineralsalze und deshalb auch seine leuchtend frische Farbe.
3. Tiefkühlgemüse sollte **unaufgetaut** auf einige gedünstete Zwiebelwürfel gegeben oder mit etwas Flüssigkeit aufgetaut und gegart werden.

Dünsten = Garen in wenig Flüssigkeit und Wasserdampf bei Temperaturen unter 100° Grad C.

Gemüse dünsten

1. Tropfnasses Gemüse, Gewürze und Kräuter in einen Topf geben.
2. Gut schließenden Topfdeckel auflegen.
3. Auf Stufe 1½–2 (Automatikplatte 5-6) bei geringer Energiezufuhr je nach Größe und Art des Gemüses bißfest garen.
4. Nur bei Bedarf etwas Wasser beifügen.

Durch das Erwärmen der Flüssigkeit entsteht Dampf. Dieser bildet am Topfdeckel Kondenswasser und tropft auf das Gargut. In diesem Kreislauf gart das Gemüse unter 100 Grad C. Die Geschmacks- und Aromastoffe sowie die Vitamine bleiben überwiegend erhalten. Die Zugabe von Salz kann stark reduziert werden. Meist reicht die im Gemüse enthaltene bzw. vom Waschen haften gebliebene Flüssigkeit aus, um im eigenen Saft zu garen.

Kleine Warenkunde

Auberginen, Eierfrüchte.
Länglich-ovale Früchte mit glatter Schale und violettglänzender Farbe. Wenig Eigengeschmack. Die Schale kann mitverzehrt werden. Stengelansatz und evtl. vorhandene braune Stellen werden abgeschnitten.

Artischocken
Grüne, feste Blütenköpfe mit anliegenden Blättern. Ihr leichter Bitterstoff (Cynarin) hilft bei Leber- und Gallenleiden. Sie bestehen aus Blättern, die sich zum unteren Ende hin verdicken und einem fleischigen Boden. Von den gegarten Köpfen werden die Blätter abgezupft und nur das untere Ende wird verzehrt (z. B. mit einer Soße). Vor dem Verzehren des Bodens wird der nicht eßbare Flaum mit Hilfe eines Messer entfernt.

Blumenkohl
Fester weiß- bis hellgelber Kopf mit vielen kleinen Röschen. Blätter und schlechte Stellen werden entfernt, der Strunk abgeschnitten, der Kopf in Röschen geteilt und gewaschen. Wird der Blumenkohl unzerkleinert gegart, legt man ihn etwa 2 Minuten

mit dem Strunk nach oben in Salzwasser, damit evtl. vorhandenes Ungeziefer zurück bleibt.

Broccoli
Grün-violette Köpfe mit kleinen Röschen, nicht ganz so fest wie Blumenkohl. Gelbe Köpfe sind welk. Die Schale des Broccolis wird vom Strunkende vorsichtig bis zu den zarten Köpfen abgezogen und abgeschnitten.

Bohnen
Es gibt verschiedene Arten (z. B. Prinzess-, Brech- und Schneidebohnen). Bohnen sollten niemals roh gegessen werden; ihre Kerne enthalten Phasin, einen Eiweißstoff, der Magen- und Darmentzündungen hervorrufen kann. Beim Garen wird er zerstört. Am oberen und unteren Ende der Bohnen werden die Fäden abgezogen und die Bohnen evtl. zerkleinert.

Champignons, Egerlinge.
Sie sind fast ausschließlich als Zuchtpilze auf dem Markt. Der Pilz hat eine feste Kappe, deren Außenhaut mit dem Stiel verbunden ist. Bei schwül-warmem Wetter oder bei nicht mehr ganz frischen Pilzen öffnet sich die Kappe. Champignons haben eine weiße oder braune (Stein-Champignons) Farbe. Stein-Champignons haben einen intensiveren Pilzgeschmack. Torfreste an der Unterseite werden abgeschnitten und die Pilze unter fließendem kaltem Wasser gewaschen, geschnitten und sofort weiterverarbeitet.

Chicorée
Sein Bitterstoff wirkt appetitanregend. Welke Blätter werden entfernt. Der den Bitterstoff enthaltende Strunk wird nur bei großen Knollen keilförmig herausgeschnitten und entfernt.

Chinakohl
Welke Blätter werden abgelöst. Der Kopf wird der Länge nach halbiert, unter fließendem kaltem Wasser abgspült. Leichter Kohlgeschmak.

Erbsen
Es gibt Zucker-, Pal- und Markerbsen, Hülsenfrüchte. **Zuckererbsen** sind sehr zarte, flache hellgrüne Hülsen mit sehr kleinen Erbschen. Ihre Schoten werden verzehrt. **Markerbsen** sind geschmacklich besser als Palerbsen. Vor dem Zubereiten werden sie aus den Schoten gelöst (ausgepalt).

Gemüse

Gemüsefenchel
Weiße, fleischige Blattstiele. An der Unterseite zu einer festen Knolle zusammengewachsen. Leichter Anisgeschmack. Hellgrüne Stielansätze, evtl. braune Stellen und Fenchelkraut werden abgeschnitten. Das Fenchelkraut kann mitverwendet werden. Große Knollen werden der Länge nach halbiert und unter fließendem kaltem Wasser abgespült.

Grünkohl
Braun-, Pflück- oder Winterkohl. Die Blätter haben einen leicht gekräuselten Rand und eine starke Mittelrippe. Erst nach dem ersten Frost ist er richtig schmackhaft. Hoher Anteil an Provitamin A (Carotin). Starke Rippen und welke Blätter werden entfernt.

Gurken
Freilandgurken haben am Stielansatz häufig Bitterstoffe. Deshalb werden sie von oben nach unten zum Stengelansatz hin geschält. Nicht zusammen mit Tomaten aufbewahren! Tomaten scheiden Äthylen aus, ein Gas, das Gurken schnell gelb werden läßt.

Kohlrabi
Glatte hellgrüne und bläulichviolett gefärbte, feste Knollen. Beide Sorten sind im Geschmack sehr ähnlich. Junge Früchte sind zart, ältere häufig leicht holzig. Kohlrabi enthalten Provitamin A und Vitamin C. Ihre hellgrünen Blättchen können mitverwendet werden. Stiel und Blätter sind zu entfernen.

Kürbis
Es gibt verschiedene Sorten von unterschiedlicher Größe. Hellgelb bis orangefarbige Früchte mit fester Schale und vielen Kernen und Fasern im Innern. Der gewaschene Kürbis wird halbiert und die Kerne und die faserige Innenmasse entfernt.

Lauch, Porree.
Feste, hell- bis dunkelgrüne Blattstengel mit kleinem Wurzelansatz. Lauch enthält schwefelhaltige Aromastoffe, ist mineralstoffreich und intensiv würzig. Die Wurzeln werden nur soweit abgeschnitten, daß die Blattstangen nicht auseinanderfallen. Sie werden der Länge nach halbiert und gewaschen.

Möhren, Karotten, gelbe Rüben.
Spitz zulaufende, kräftige Wurzeln. Besonders reich an Provitamin A, welches bei etwas Fettzugabe vom Körper besonders gut genutzt werden kann. Möhren sind reich an Mineral- und Ballaststoffen. Der Grünansatz wird abgeschnitten. Sie werden geschrappt, bzw. mit dem Sparschäler dünn geschält.

Meerrettich, Kren.
Dicke Pfahlwurzel mit kleinen Seitenwurzeln. Meerrettich ist sehr scharf im Geschmack. Er enthält sehr viele ätherische Öle und Mineralstoffe. Es wird nur so viel von der Wurzel abgeschält, wie unmittelbar verbraucht wird. Nach dem Reiben mit etwas Zitronensaft, Essig oder Milch vermischen, um eine Braunfärbung zu vermeiden.

Mangold
Knackige, schmale grüne Blattstiele mit einer dickeren Mittelrippe. Vitamin- und mineralstoffreich. Mangold hat einen milden, etwas nußigen Geschmack. Braune Stellen werden entfernt und der Mangold gründlich gewaschen.

Paprikaschoten
Es gibt viele Arten in roter, grüner und gelber Farbe. Reich an Vitamin C und Kalium. Die Früchte werden der Länge nach halbiert, von Samenstand und Kernen befreit und gewaschen.

Radieschen
Kugelige bis langovale kleine, feste Knollen. Rot bis rotweiß gefärbt. Scharf schmeckend. Die Blätter und kleinen Wurzeln werden abgeschnitten.

Rettiche
Runde oder zapfenförmige Wurzeln. Rettiche gibt es mit weißer, schwarzer oder roter Außenhaut. Pfeffrigscharf im Geschmack.

Rosenkohl
Dicke, kräftige Stengel mit walnußgroßen Röschen. Typisches Wintergemüse mit hohem Anteil an Vitamin C. Die gefleckten Außenblättchen werden entfernt. Der Strunk kreuzweise eingeschnitten und die Röschen vom Stiel getrennt.

Rote Bete, rote Rüben.
Nährstoff- und mineralstoff-, vitaminreiche Wurzelrübe. Rote Bete enthalten den Farbstoff Glucosid Betanin, ein wichter Bestandteil für Lebensmittelfarben. Die gut gewaschenen Rüben werden in der Schale gegart, mit kaltem Wasser übergossen und die Schale abgezogen.

Rotkohl, Blaukraut.
Kräftige, pralle Köpfe mit glatten, am Rand leicht gekräuselten Blättern. Ihr blau-roter Farbstoff (Anthocyan) wird bei der Zugabe von Säure rot. Die äußeren welken Blätter werden entfernt, der Kohlkopf gewaschen, halbiert oder geviertelt, der Strunk entfernt und der Kohl fein gehobelt.

Spargel
Beliebtes, Frühlingsgemüse. Weiße, kräftige, saftige Stangen mit weißen, grünen oder leicht violetten Köpfen. Weißer Spargel wächst vollkommen unter der Erde. Bei grünem Spargel färben sich die Triebe durch das Tageslicht. Unteres, evtl. holziges Ende abschneiden. Spargel wird vom Kopf zu den Stangenenden hin dünn geschält.

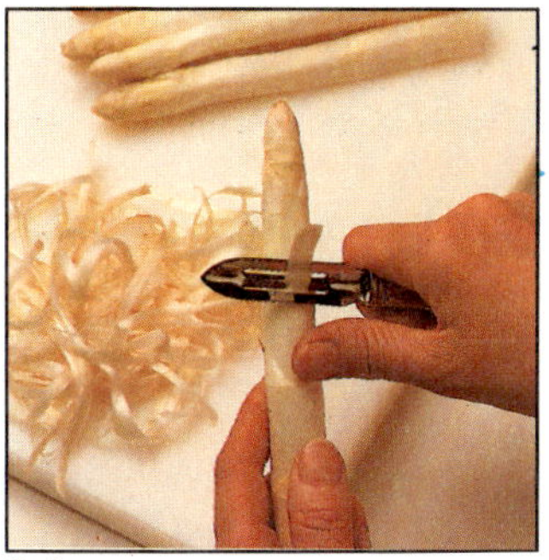

Spinat
Vitamin- und mineralstoffreiches Blattgemüse. Frühlingsspinat hat zarte, feine Blättchen im Gegensatz zum Herbstspinat. Die Blätter werden oberhalb des Wurzelendes abgeschnitten und sehr gründlich gewaschen.

Staudensellerie, Bleichsellerie.
Lichtempfindliche, weißgrüne knackige Blattstiele, am unteren Ende knollenähnlich verwachsen. Zartgrüne Blätter. Die Rippenstiele werden einzeln gelöst, von evtl. vorhandenen Flecken befreit und gewaschen.

Steckrüben, Kohlrüben, Wruken.
Weiß- bis gelbfleischige, pralle Wurzelrüben. Vitamin- und Mineralstoffreich. Steckrüben werden gewaschen, geschält und zerkleinert.

Tomaten
Rote, feste Früchte von unterschiedlicher Form, Größe und Geschmack. Überwiegend saftiges Kerngehäuse. Für warme Gerichte sollten sie gehäutet werden.

Spitzkohl
Zur Weißkohlfamilie gehörig. Spitzzulaufender, kegelförmiger fester Kohlkopf mit etwas zarteren Blättern als Weißkohl.

Sellerie
Feste, würzige weiß-gelbliche Knolle. Mineralstoff- und vitaminreich. Die Knolle darf nicht hohl klingen, wenn man darauf klopft, sonst ist sie im Inneren pelzig und weich. Sellerie wird gewaschen, geschält oder mit der Schale gegart, mit kaltem Wasser übergossen und dann geschält.

Weißkohl, Weißkraut.
Pralle, feste gelbgrüne Kohlköpfe mit etwas lockeren Außenblättern. Etwa die Hälfte der Ernte wird zu Sauerkraut verarbeitet. Verarbeitung wie Rotkohl.

Wirsing
Kopf mit locker angelegten, leicht gekräuselten Blättern. Verarbeitung wie Rotkohl.

Zucchini, Courgettes, Zucchetti.
Dunkelgrüne, gurkenähnlich geformte Früchte mit festem Fleisch. Kleine Früchte sind im Geschmack zarter als große. Stiel- und Blütenansatz werden abgeschnitten.

Zwiebeln
Große Familie. Sie sind unterschiedlich in Form, Größe, Farbe und Schärfe. Bei Lauchzwiebeln werden die grünen Stangen mitverwendet. Braune oder rote Außenschale der Zwiebeln abziehen.

Gemüse

Sauerkraut mit Eisbein

1 ½ kg Eisbein	unter fließendem kaltem Wasser abspülen, in
250 ml (¼ l) Salzwasser	geben, zum Kochen bringen, etwa 1 ½ Stunden kochen lassen
750 g Sauerkraut	locker zupfen
1 mittelgroße Zwiebel	abziehen
	beide Zutaten mit
1 Lorbeerblatt	
3 Gewürznelken	in die Kochbrühe zu dem Eisbein geben, zum Kochen bringen, noch etwa 1 Stunde kochen lassen
1 mittelgroße Kartoffel	schälen, waschen, reiben, zu dem Sauerkraut geben, kurz aufkochen lassen, damit es sämig wird
	das Sauerkraut mit
Salz	
frisch gemahlenem weißem Pfeffer	
Zucker	abschmecken
Kochzeit:	Etwa 2 ½ Stunden.
	Pro Portion: E: 50 g, F: 85 g, Kh: 12 g kJ: 4485, kcal: 1072.
Beilage:	Kartoffelbrei, Erbsen-Püree.

Gefüllte Paprikaschoten

4 große Paprikaschoten (1 kg)	entstielen, von den Schoten einen Deckel abschneiden, Kerne und weiße Scheidewände entfernen, die Schoten waschen, abtrocknen, mit einer Nadel einige Male in den Boden jeder Paprikaschote stechen
	für die Füllung
50 g Langkornreis (parboiled)	in
250 ml (¼ l) kochendes Salzwasser	geben, zum Kochen bringen, ausquellen lassen (er muß noch körnig sein)
	den garen Reis zum Abtropfen auf ein Sieb geben, mit kaltem Wasser übergießen
1 kleine Zwiebel	abziehen, würfeln
1 Ei	
	die Zutaten mit
375 g Hackfleisch (halb Rind-, halb Schweinefleisch)	vermengen, mit
Salz	
Pfeffer	abschmecken

	die Füllung in die Schoten geben, die Deckel wieder darauf legen
1 kleine Zwiebel	abziehen, würfeln
4 Eßl. Olivenöl	erhitzen, die Zwiebelwürfel darin andünsten
	die Paprikaschoten nebeneinander hineinstellen
200 g Tomaten	waschen, die Stengelansätze herausschneiden, die Tomaten in Stücke schneiden, dazugeben
375 ml (3/8 l) heißes Wasser	hinzugießen, das Gemüse gar dünsten lassen
	die Paprikaschoten auf einer vorgewärmten Platte anrichten, warm stellen
	die Tomatensoße durch ein Sieb streichen,
	375 ml (3/8 l) davon abmessen, zum Kochen bringen, mit
hellem Soßen-Helfer	binden
2 Eßl. Schlagsahne (30% Fett)	hinzufügen, die Soße mit Salz,
Zitronensaft	abschmecken
Garzeit für den Reis:	12 – 15 Minuten
Dünstzeit für das Gemüse:	Etwa 50 Minuten.

Pro Portion: E: 23 g, F: 42 g, Kh: 29 g kJ: 2580, kcal: 616.

Beigabe: Stangenweißbrot, Kopfsalat.

Ratatouille

Auberginengemüse

600 g Auberginen	waschen, entstielen, vierteln, in etwa ½ cm dicke Scheiben schneiden
1 grüne und 1 rote Paprikaschote	halbieren, entstielen, entkernen, die weißen Scheidewände entfernen, die Schoten waschen, in breite Streifen schneiden
4 enthäutete Tomaten	vierteln
5 Eßl. Olivenöl	im offenen Schnellkochtopf erhitzen
2 Zwiebeln	abziehen, in Scheiben schneiden, darin andünsten, die übrigen Zutaten hinzufügen, mit
Salz, Pfeffer	würzen, den Schnellkochtopf schließen, garen lassen
	unter das gare Gemüse
1 abgezogene, zerdrückte Knoblauchzehe	
1 Eßl. gehackte Petersilie	rühren
Garzeit:	etwa 3 Minuten.

Pro Portion E: 3 g, F: 18 g, Kh: 13 g, kJ: 975, kcal: 233.

Tip: Ratatouille eignet sich gut als Beilage zu kurzgebratenem Fleisch

Kohlrouladen

	Von
1 ½ kg Weißkohl	den Keil herausschneiden, den Kohl kurze Zeit in
kochendes Salzwasser	legen, bis sich die äußeren Blätter lösen, diesen Vorgang wiederholen, bis alle Blätter gelöst sind, abtropfen lassen die dicken Rippen flachschneiden (Foto 1) für die Füllung
1 Brötchen (Semmel)	in kaltem Wasser einweichen, gut ausdrücken
1 mittelgroße Zwiebel	abziehen, würfeln
1 Ei	
	die Zutaten mit
250 g Hackfleisch (halb Rind-, halb Schweinefleisch)	vermengen, mit
Salz, Pfeffer	abschmecken 2–3 große Kohlblätter übereinanderlegen, einen Teil der Füllung darauf geben (Foto 2), die Blätter aufrollen die Rouladen mit einem Faden umwickeln oder mit Rouladennadeln zusammenhalten
75 g Margarine	erhitzen, die Rouladen von allen Seiten gut darin bräunen (Foto 3),
etwas heißes Wasser	hinzugießen, die Rouladen schmoren lassen, von Zeit zu Zeit wenden, verdampfte Flüssigkeit nach und nach durch heißes Wasser ersetzen wenn die Rouladen gar sind, die Fäden (Rouladennadeln) entfernen, die Rouladen auf einer vorgewärmten Platte anrichten
1 gestrichenen Eßl. Speisestärke	mit
2 Eßl. kaltem Wasser	anrühren, die Flüssigkeit damit binden, die Soße mit Salz abschmecken
Schmorzeit:	Etwa 2 Stunden.

Pro Portion: E: 19 g, F: 33 g, Kh: 22 g kJ: 2000, kcal: 478.

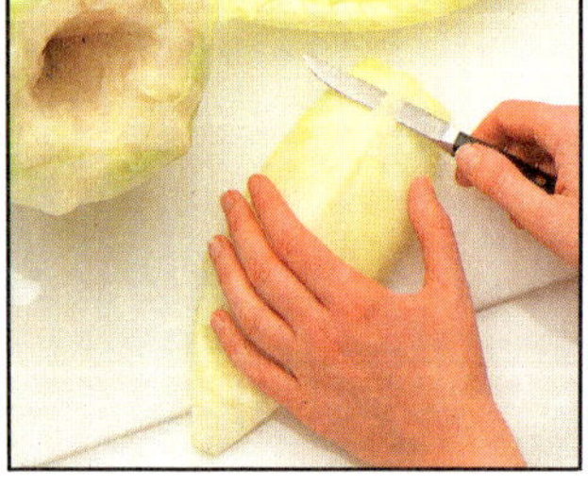

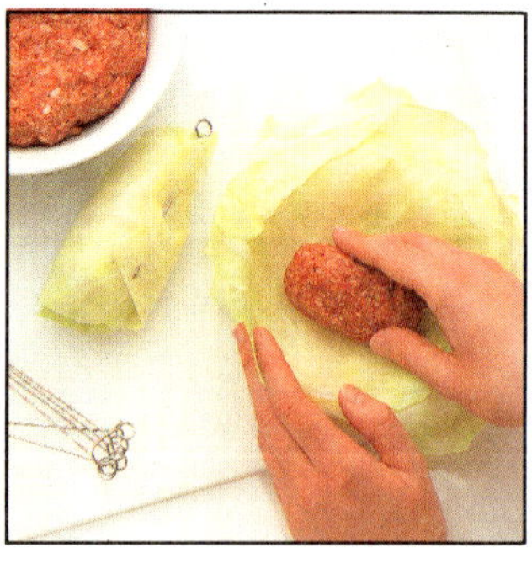

Spinat

1 kg Spinat	verlesen, 5–6 mal gründlich waschen, ihn ohne Wasser zum Kochen bringen, dann grob oder fein schneiden
1 kleine Zwiebel	abziehen, fein würfeln
25 g Butter oder Margarine	zerlassen, die Zwiebelwürfel darin hellgelb werden lassen Spinat,
Salz, Pfeffer	
geriebene Muskatnuß	hinzufügen, gar dünsten lassen
1 schwach gehäuften Eßl.	
Crème fraîche (30% Fett)	unterrühren, den Spinat mit Salz abschmecken
Dünstzeit:	Etwa 10 Minuten.
	Pro Portion: E: 6 g, F: 8 g, Kh: 8 g, kJ: 536, kcal: 128.
Veränderung:	Falls der Spinat etwas bitter ist, den entstandenen Saft weggießen, so viel Milch dazugeben, wie der Spinat aufnimmt.

Blumenkohl mit heller Soße

1 mittelgroßen Kopf	
Blumenkohl (750 g)	von Blättern, schlechten Stellen und dem Strunk befreien, unter fließendem kaltem Wasser waschen, einige Zeit in
kaltes Salzwasser	legen, um Raupen und Insekten zu entfernen
250 ml (¼ l) Salzwasser	
250 ml (¼ l) Milch (3,5% Fett)	zum Kochen bringen, den Blumenkohl mit dem Strunk nach unten hineingeben, zum Kochen bringen, gar kochen lassen den Blumenkohl in eine vorgewärmte Schüssel geben, warm stellen von der Kochflüssigkeit 375 ml (⅜ l) abmessen (evtl. mit Milch ergänzen) für die helle Soße
25 g Butter	zerlassen
20 g Weizenmehl	unter Rühren so lange darin erhitzen, bis es hellgelb ist
375 ml (⅜ l) Flüssigkeit	hinzugießen, mit einem Schneebesen durchschlagen, darauf achten, daß keine Klumpen entstehen, die Soße zum Kochen bringen, etwa 5 Minuten kochen lassen
1 Eigelb	mit
2 Eßl. Schlagsahne (30% Fett)	verschlagen, die Soße damit abziehen (nicht mehr kochen lassen), mit
Salz, Zitronensaft	abschmecken, die Soße über den Blumenkohl geben, mit

1 Eßl. gehackter Petersilie	bestreuen
Kochzeit für den Blumenkohl:	25 – 30 Minuten
für die Soße:	Etwa 5 Minuten.
	Pro Portion: E: 17 g, F: 12 g, Kh: 11 g kJ: 761, kcal: 182.
Veränderung:	Anstelle der hellen Soße 60 g Butter zerlassen, nach Belieben bräunen, zu dem Blumenkohl reichen.
Tip:	Einen pikanteren Geschmack bekommt die helle Soße, wenn 1 Ecke Schmelzkäse oder 100 g geriebener Gouda-Käse zugefügt werden.

Fenchel mit gebräunter Butter

	Von
1 kg Fenchelknollen	die Stiele dicht oberhalb der Knollen abschneiden, braune Stellen und Blätter entfernen, die Wurzelenden gerade schneiden, die Knollen waschen, in
250 ml (1/4 l) kochendes Salzwasser	geben, zum Kochen bringen, gar kochen lassen die Knollen in Viertel schneiden, auf eine vorgewärmte Platte legen, warm stellen
75 g Butter	zerlassen, bräunen lassen, mit Salz würzen, über die Fenchelviertel gießen
Kochzeit:	Etwa 40 Minuten.
	Pro Portion: E: 6 g, F: 16 g, Kh: 21 g kJ: 1092, kcal: 261.

Rosenkohl

	Von
750 g Rosenkohl	die beschädigten und fleckigen äußeren Blättchen entfernen, etwas vom Strunk abschneiden, die Rosenkohlröschen am Strunk kreuzförmig einschneiden, in
Salzwasser	geben, zum Kochen bringen, gar kochen, zum Abtropfen auf ein Sieb geben
50 g Butter	zerlassen, den Rosenkohl darin schwenken, mit
Salz	
geriebener Muskatnuß	abschmecken
Kochzeit:	Etwa 20 Minuten.
	Pro Portion: E: 7 g, F: 11 g, Kh: 11 g kJ: 736, kcal: 176.

Zwiebeln in Weißwein

750 g Gemüsezwiebeln (vorbereitet gewogen)	abziehen, halbieren, in Scheiben schneiden
25 g Butter oder Margarine	zerlassen, die Zwiebeln darin hellgelb werden lassen
100 ml (1/10 l) Weißwein	hinzugießen, gar dünsten lassen
2 schwach gehäufte Eßl. Crème fraîche (30% Fett)	unterrühren, das Gemüse mit
Salz, Pfeffer	abschmecken, mit
1 Eßl. gehackter Petersilie	bestreuen
Dünstzeit:	Etwa 30 Minuten.

Pro Portion: E: 3 g, F: 10 g, Kh: 18 g kJ: 824, kcal: 197.

Broccoli

	Von
1 kg Broccoli	die Blätter entfernen, die Stengel am Strunk schälen (Foto 1), bis kurz vor den Röschen kreuzförmig einschneiden (Foto 2), waschen
500 ml (1/2 l) Salzwasser geriebene Muskatnuß	zum Kochen bringen, den Broccoli hineingeben, zum Kochen bringen, gar kochen lassen den garen Broccoli mit einem Schaumlöffel vorsichtig herausnehmen, in eine vorgewärmte Schüssel geben, warm stellen
75 g Butter	zerlassen
2 hartgekochte Eier	pellen, kleinhacken die Zutaten über den Broccoli verteilen (Foto 3)
Kochzeit:	15–20 Minuten.

Pro Portion: E: 9 g, F: 19 g, Kh: 7 g kJ: 1044, kcal: 240.

Grüne Bohnen

(Schnitt- oder Brechbohnen)

	Für Schnittbohnen eine flache, breite Sort, am besten Stangenbohnen, nehmen, für Brechbohnen die runden, fleischigen, sogenannten Speckbohnen
750 g Grüne Bohnen	evtl. abfädeln, waschen, schneiden oder brechen
1 mittelgroße Zwiebel	abziehen, würfeln
25 g Butter oder Margarine	zerlassen, die Zwiebelwürfel darin hellgelb werden lassen, die Bohnen dazugeben, andünsten
125 ml (⅛ l) Wasser	
Salz	
Pfeffer	hinzufügen, gar dünsten lassen
10 g Butter	hinzufügen, kurz miterhitzen die Bohnen mit
Salz	
Pfeffer	abschmecken, mit
1 Eßl. gehackter Petersilie	bestreuen
Dünstzeit:	Etwa 15 Minuten.
	Pro Portion: E: 5 g, F: 8 g, Kh: 10 g kJ: 556, kcal: 133.
Veränderung:	250 g in Stücke geschnittene Tomaten 10 Minuten mitdünsten.

Deftiger Grünkohl

	Von
1 ½ kg Grünkohl	die welken und fleckigen Blätter und die Rippen entfernen, den Grünkohl gründlich waschen, in
kochendes Salzwasser	geben, zum Kochen bringen, 1–2 Minuten kochen, abtropfen lassen, grob hacken
2 mittelgroße Zwiebeln	abziehen, würfeln
30 g Schweineschmalz	erhitzen, die Zwiebelwürfel darin glasig dünsten lassen, den Grünkohl hinzufügen
20 g Haferflocken	unterrühren, erhitzen
500 g Kasseler Rippenspeer (mit Knochen)	unter fließendem kaltem Wasser abspülen, den Knochen auslösen, das Fleisch mit dem Knochen zu dem Grünkohl geben
375 ml (⅜ l) Wasser	hinzufügen, mit
Salz	würzen, zum Kochen bringen, etwa 1 Stunde kochen lassen
200 g durchwachsenen Speck	mit
2 Kohlwürsten (je 150 g)	zu dem Grünkohl geben, etwa 20 Minuten mitkochen lassen den Grünkohl mit
Salz, Pfeffer	

geriebener Muskatnuß	
Zucker	abschmecken
	Fleisch und Speck in Scheiben schneiden, mit den Würsten und dem Grünkohl auf einer großen Platte anrichten
Kochzeit:	Etwa 80 Minuten.

Pro Portion: E: 50 g, F: 94 g, Kh: 15 g kJ: 5201, kcal: 1243.

Beilage: Röstkartoffeln.

Tip: Grünkohl kann sehr gut in größeren Mengen zubereitet und portionsweise eingefroren werden. Er kann auch - nur abgekocht - zur späteren, weiteren Verwendung eingefroren werden. Grünkohl schmeckt aufgewärmt besonders gut.

Rotkohl

	Von
1 kg Rotkohl	die groben äußeren Blätter ablösen, den Kohl vierteln, den Strunk herausschneiden, den Kohl waschen, sehr fein schneiden oder hobeln
3 mittelgroße saure Äpfel	schälen, vierteln, entkernen, kleinschneiden
60 g Schweineschmalz	zerlassen, Kohl und Apfelstücke dazugeben, andünsten
1 mittelgroße Zwiebel	abziehen, mit
1 Lorbeerblatt	
einigen Gewürznelken	spicken, mit
Salz	
Zucker	
1 – 2 Eßl. Essig	
125 ml (⅛ l) Wasser	hinzufügen, den Rotkohl gar dünsten lassen, mit Salz, Zucker,
Essig	abschmecken
Garzeit:	Etwa 2 Stunden.

Pro Portion: E: 3 g, F: 16 g, Kh: 21 g kJ: 1029, kcal: 246.

Veränderung: Anstelle von Wasser, Weiß- oder Rotwein nehmen; evtl. auch 1 Eßl. Johannisbeergelee mitkochen oder 2 Eßl. Preiselbeerkompott unterrühren. Nach Belieben den Rotkohl mit Soßen-Helfer binden.

Tip: Es ist empfehlenswert, Rotkohl in größeren Mengen zuzubereiten und ihn dann portionsweise einzufrieren. Einzufrierender Rotkohl sollte noch „Biß" haben, also nicht zu gar sein.

Gemüse

Gedünsteter Spargel

1 kg weißen und grünen Spargel	waschen den weißen Spargel vorsichtig von oben nach unten schälen, dabei die Köpfe nicht verletzen, die Spargelenden abschneiden
	den grünen Spargel nur am unteren Ende der Stangen (Foto 1) schälen und die Enden abschneiden
etwa 750 ml (¾ l) Wasser	in einen ovalen Topf geben
Salz, Zucker	
1 Eßl. Butter	
1 Teel. Zitronensaft	hinzufügen, zum Kochen bringen
	den Spargel auf einen Dämpfeinsatz legen (Foto 2), in den Topf setzen, den Topf schließen, den Spargel garen lassen
	den garen Spargel auf einer vorgewärmten Platte anrichten, warm stellen
	für die Soße
	125 ml (⅛ l) von dem Spargelkochwasser abmessen
30 g Butter	
20 g Weizenmehl	verkneten, kleine Kugeln daraus formen
1 Blutorange	auspressen, den Saft durch ein Sieb gießen
	die Hälfte des Saftes mit dem abgemessenen Spargelwasser,
100 ml Schlagsahne	in einen Topf geben, zum Kochen bringen (Foto 3), die Butter-Mehl-Kugeln hinzufügen, unter ständigem Rühren schwach kochen (köcheln) lassen
	unter die fertige Soße den restlichen Orangensaft,
1 Teel. Orangenlikör	rühren, die Soße mit Salz,
weißem Pfeffer	abschmecken, mit dem Spargel servieren
Garzeit für den Spargel:	15 – 20 Minuten
Kochzeit für die Soße:	5 – 7 Minuten.

Pro Portion: E: 5 g, F: 18 g, Kh: 14 g, kJ: 1000, kcal: 239.

Beilage: Seezungenröllchen, Petersilienkartoffeln.

Große Bohnen mit Speck

20 g Butter oder Margarine	zerlassen
500 g durchwachsenen Speck	in Stücke schneiden, etwa 15 Minuten darin andünsten
750 g ausgepalte Große Bohnen (2 ½ – 3 kg mit Hülsen)	
1 Stengel Bohnenkraut	
	beide Zutaten waschen, mit
100 ml (1/10 l) Wasser	zu dem Speck geben, in etwa 20 Minuten gar dünsten lassen den Speck herausnehmen, in Scheiben schneiden die Bohnen mit
Salz	abschmecken, mit
1 Eßl. gehackter Petersilie	bestreuen die Bohnen mit dem Speck anrichten
Dünstzeit:	Etwa 35 Minuten.

Pro Portion: E: 16 g, F: 85 g, Kh: 10 g kJ: 3874, kcal: 926.

Porree (Lauch)

750 g Porree (vorbereitet gewogen)	putzen, in etwa 6 cm lange Stücke schneiden, waschen
25 g Butter	zerlassen, den Porree darin andünsten
100 ml (1/10 l) Wasser	
Salz	
geriebene Muskatnuß	hinzufügen, gar dünsten lassen
10 g Butter	hinzufügen, kurz miterhitzen den Porree mit Salz, Muskatnuß abschmecken, mit
1 Eßl. gehackter Petersilie	bestreuen
Dünstzeit:	Etwa 15 Minuten.

Pro Portion: E: 4 g, F: 8 g, Kh: 12 g kJ: 586, kcal: 140.

Zucchini-Zwiebel-Tomaten-Gemüse

250 g Gemüsezwiebeln	abziehen, halbieren
250 g Zucchini	waschen, halbieren beide Zutaten in Scheiben schneiden
250 g Tomaten	waschen, die Stengelansätze herausschneiden

	die Tomaten in Achtel schneiden
3 Eßl. Speiseöl	erhitzen, die Zwiebelscheiben darin andünsten, die Zucchinischeiben hinzufügen, etwa 5 Minuten mitdünsten lassen die Tomatenachtel hinzufügen, mit
Salz, Pfeffer Zucker	würzen, gar dünsten lassen das Gemüse mit Salz, Pfeffer, Zucker abschmecken, mit
gehackten Oreganoblättchen gehackten Basilikumblättchen	bestreuen
Dünstzeit:	Etwa 15 Minuten.

Pro Portion: E: 2 g, F: 11 g, Kh: 11 g kJ: 640, kcal: 153.

Tip: Zucchini-Zwiebel-Tomaten-Gemüse schmeckt besonders gut zu gegrilltem Fleisch, evtl. auch kalt mit Stangenweißbrot.

Dillgurken

750 g Salatgurken	schälen, halbieren, in 2 cm breite Stücke schneiden
2 mittelgroße Tomaten	kurze Zeit in kochendes Wasser legen (nicht kochen lassen), in kaltem Wasser abschrecken, enthäuten, die Stengelansätze herausschneiden, die Tomaten in kleine Stücke schneiden
2 mittelgroße Zwiebeln	abziehen, würfeln
25 g Margarine	zerlassen, die Zwiebelwürfel darin andünsten, Gurkenstücke,
2 Eßl. Wasser Salz Pfeffer	hinzufügen, dünsten lassen 10 Minuten vor Beendigung der Dünstzeit die Tomatenstücke hinzufügen, das Gemüse gar dünsten lassen
1 schwach gehäuften Eßl. Crème fraîche (30% Fett)	unterrühren das Gemüse mit Salz, Pfeffer abschmecken, mit
1 Eßl. gehacktem Dill	bestreuen
Dünstzeit:	Etwa 30 Minuten.

Pro Portion: E: 2 g, F: 8 g, Kh: 5 g kJ: 410, kcal: 98.

Tip: Dillgurken sind eine vorzügliche Beilage für kurzgebratenes Fleisch wie Koteletts, Schnitzel, aber auch Frikadellen.

Gemüse

Kohlrabi

1 kg Kohlrabi	schälen, waschen, in Streifen schneiden
25 g Butter	zerlassen, die Kohlrabistreifen darin andünsten
100 ml (1/10 l) Wasser	
Salz	
geriebene Muskatnuß	hinzufügen, gar dünsten lassen
10 g Butter	hinzufügen, kurz miterhitzen
	die Kohlrabi mit Salz, Muskatnuß abschmecken, mit
1 Eßl. gehackter Petersilie	bestreuen
Dünstzeit:	Etwa 15 Minuten.

Pro Portion: E: 3 g, F: 8 g, Kh: 7 g kJ: 477, kcal: 114.

Veränderung: Die Kohlrabistreifen in 500 ml (½ l) Wasser weich kochen, in einer hellen Grundsoße anrichten.

Junge Erbsen

750 g ausgepalte Erbsen (2 kg mit Hülsen)	waschen
25 g Butter	zerlassen, die Erbsen darin andünsten
100 ml (1/10 l) Wasser	
Salz, Zucker	hinzufügen, gar dünsten lassen
10 g Butter	hinzufügen, kurz miterhitzen, die Erbsen mit Salz, Zucker abschmecken, mit
1 Eßl. gehackter Petersilie	bestreuen
Dünstzeit:	Etwa 15 Minuten.

Pro Portion: E: 13 g, F: 8 g, Kh: 24 g kJ: 971, kcal: 232.

Chicorée, überbacken

750 g Chicorèe	von schlechten Blättern befreien, die Strünke keilförmig herausschneiden, die Chicorèe waschen, in
Salzwasser	zum Kochen bringen, 5 – 10 Minuten (je nach Größe) kochen, gut abtropfen lassen
	die Chicorèe einzeln in jeweils eine von
300 g gekochten Schinkenscheiben	einwickeln, in eine gefettete flache Auflaufform legen
300 g (2 Becher) Crème fraîche (30% Fett)	mit

Salz	
zerstoßendem, getrocknetem grünem Pfeffer	abschmecken
100 g geriebenen Käse, z. B. Gouda	unterrühren die Masse über den Chicorée verteilen die Auflaufform auf dem Rost in den vorgeheizten Backofen schieben
Strom:	Etwa 200
Gas:	3 – 4
Backzeit:	Etwa 35 Minuten.

Pro Portion: E: 26 g, F: 40 g, Kh: 7 g kJ: 2159, kcal: 516.

Tomaten mit Basilikum

750 g mittelgroße, feste Tomaten	kurze Zeit in kochendes Wasser legen (nicht kochen lassen), in kaltem Wasser abschrecken, enthäuten, die Stengelansätze herausschneiden
40 g Butter oder Margarine	zerlassen, die Tomaten nebeneinander hineinstellen, mit
Salz, Pfeffer	
einigen gehackten Basilikumblättchen	bestreuen, gar dünsten lassen die Tomaten mit
1 Eßl. gehackter Petersilie	bestreuen
Dünstzeit:	10 – 15 Minuten.

Pro Portion: E: 2 g, F: 9 g, Kh: 6 g kJ: 477, kcal: 114.

Möhren
(Wurzeln)

1 kg Möhren	putzen, schrappen, waschen, in Scheiben oder Stifte schneiden,(wenn sie noch jung und zart sind, ganz lassen)
25 g Butter	zerlassen, die Möhren kurze Zeit darin andünsten
100 ml (1/10 l) Salzwasser	
1 gestrichenen Teel. Zucker	hinzufügen, gar dünsten lassen
10 g Butter	hinzufügen, kurz miterhitzen die Möhren mit Salz, Zucker abschmecken, mit
1 Eßl. gehackter Petersilie	bestreuen
Dünstzeit für junge Möhren:	Etwa 20 Minuten
für ältere Möhren:	30 – 40 Minuten.

Pro Portion: E: 2 g, F: 8 g, Kh: 19 g kJ: 649, kcal: 155.

Fenchel-Apfelsinen-Salat

	Für die Salatsoße
2 Eßl. Salatöl	mit
1 Eßl. Essig	
5 Eßl. Wasser	
3 Eßl. Gin	
Zucker	verrühren (Foto 1), mit
Salz	
Pfeffer	
Knoblauchsalz	abschmecken
500 g Fenchelknollen	waschen, die braunen Stellen abschneiden, die Knollen in dünne Streifen schneiden (Foto 2), mit Salatsoße beträufeln, etwas ziehen lassen
3 mittelgroße Apfelsinen (je 150 g)	schälen, in dünne Scheiben schneiden, vierteln, abwechselnd mit dem Fenchel in eine Salatschüssel schichten, die Soße darüber geben (Foto 3).

Pro Portion: E: 4 g, F: 8 g, Kh: 25 g kJ: 883, kcal: 211.

Veränderung: Den Salat auf geschälten Apfelsinenscheiben anrichten.

Salate

Salate sind Träger wichtiger Vitamine, Mineralstoffe und Spurenelemente. Aber nicht nur ihr ernährungsphysiologischer Wert hat sie zu einem unverzichtbaren Bestandteil der modernen Ernährung gemacht. Auch ihr Genußwert hat viel zum starken Anstieg des Salatkonsums beigetragen. Das Angebot ist sehr vielfältig geworden.
Für Rohkost, Blattsalate und Gemüsesalate sollte immer nur frische, knackige Rohware ausgewählt werden, die mit einer harmonisch abgeschmeckten Salatmarinade angemacht wird.

Die wichtigsten Salatsorten:

1. **Krause Endivie,** Frisée. Zarte, gefiederte, hellgrüne Außen- und Innenblätter. Knackig frischer, leicht bitterer Geschmack.
2. **Feldsalat** Acker-, Rapunzel- oder Nüßlisalat. Tiefgrüne, kleinblättrige Staudenpflanze. Hoher Vitamin- (besonders Provitamin A, Vitamin C) und Mineralstoffgehalt (Kalium, Eisen).
3. **Glatte Endivie,** Eskariol. Fester grüner Kopf mit hellgelben Herzblättchen. Breite glatte Blätter mit grob gezahntem Rand.
4. **Römischer Salat,** Romana, Lattich. Grüner, fester Kopf mit länglichen, schmalen, knackigen Blättern. Leicht bitterer Geschmack.
5. **Radiccio** Faustgroße, sehr feste Köpfe. Leicht violett-rote bis rosa gefärbte Blätter mit weißen Adern durchzogen. Leicht bitterer Geschmack.
6. **Kopfsalat,** Grüner Salat. Mehr oder weniger geschlossene Köpfe mit zarten Blättern. Hellgelbe Herzblättchen.
7. **Eichblattsalat** Seine Blätter sind geschlitzt und ähneln Eichblättern. Die Blätter der Frühjahrsernte sind länger als die der Sommerernte. Ihre Farbe ist rot, grün, leicht violett mit nußigem Geschmack.

9. **Eisbergsalat**
   Feste, knackige, gelbgrüne Salatköpfe mit dicht übereinander liegenden Blättern.
10. **Chicorée**
   Weiße, feste Staude mit hellgelb gefärbten Spitzen. Leicht bitterer Keil an der Wurzel. Vor Licht schützen, Spitzen werden grün und bitter.
11. **Chinakohl**
   Langkegelige, geschlossene Köpfe mit leicht angewellten Blättern. Leichter Kohlgeschmack.
12. **Sojabohnensprossen**
   5–6 Tage alte, gekeimte Sojabohnen (Hülsenfrüchte). Wohlschmeckende, knackige und nährstoffreiche Sprossen mit neutralem Geschmack.

Hinweis:
Für Frischsalate eignen sich außer den aufgezählten Salatsorten nocht gut z. B. Karotten, Radieschen, Kohlrabi, Rettiche, Gurken, Zucchini, Blumenkohlröschen, Paprikaschoten, gestampftes und gehobeltes Kraut.

Richtiges Handwerkszeug zur Zubereitung für Salate und Rohkost:

– Salatschleuder, Schüsseln, Siebe;

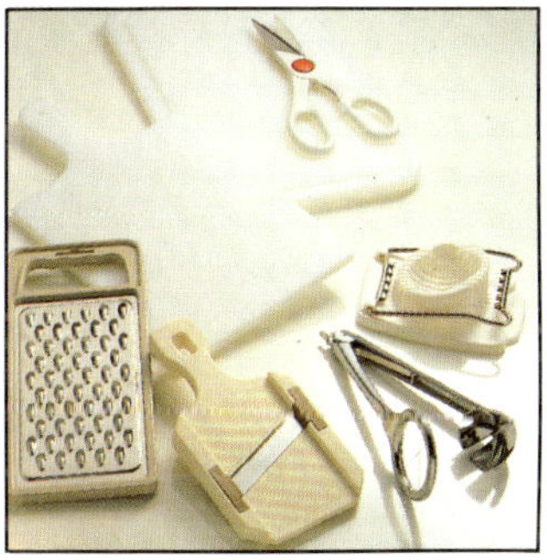

– Gemüsereibe, Gemüsehobel, Eierschneider, Schneidebrett, Küchenschere;

– Salatschüssel, Salatbesteck, Zitronenpresse, Salz- und Pfeffermühle, Knoblauchpresse, Essig-Öl-Menage.

Küchenkräuter

Frische Küchenkräuter sollten in Salaten und Rohkosten nicht fehlen. Sie verleihen den Speisen einen frischen, abgerundeten Geschmack. Kräuter werden einzeln, aber auch kombiniert eingesetzt. Sie können mithelfen, Salz einzusparen.
Außerdem sind Kräuter schon lange Zeit dafür bekannt, daß sie auf den menschlichen Organismus unterschiedlich wirken, u.a. appetitanregend (z. B. Bohnenkraut, Lorbeerblatt), verdauungsanregend (z. B. Liebstöckel), harntreibend (z. B. Kresse, Petersilie), erkältungshemmend (z. B. Salbei), durchblutungsfördernd (z. B. Rosmarin).
Nicht jeder kann frische Kräuter im Garten, auf dem Balkon oder im Blumenkasten anbauen. Das Angebot ist auch auf dem Wochenmarkt oder im Lebensmittelgeschäft der Jahreszeit entsprechend von erfreulicher Vielfalt.
Kräuter werden auch getrocknet (gerebelt, gemahlen), tiefgekühlt, gefriergetrocknet, in Essig oder Öl eingelegt angeboten.

Salate

Basilikum, Königskraut.
Einjährig. Kräftige, längliche, gerippte grüne Blätter. Weiß- bis rosafarbene Blütenkerzen. Aromatisch, leichtpfeffriger Geschmack. Frisch: Sommer bis Herbst. Günstig zu: Lamm, Geflügel, Fisch, Eiern, Salaten, Rohkost, Gemüse, Quark- und Joghurtspeisen.

Bohnenkraut
Ein- oder mehrjährige Sorten. Spitz zulaufende intensiv grüne Blättchen. Lila bis weiße Blüten. Frisch: Frühjahr bis Herbst. Günstig zu: Ragout, Gulasch, pikanten Salaten, Hackfleisch, Eintöpfen, Getreide- und Hülsenfruchtgerichten, Kartoffeln, Gemüse.

Borretsch, Gurkenkraut.
Einjährig. Längliche, leicht behaarte, hell- bis kräftiggrüne Blätter. Blaue Blüten. Leicht gurkenähnlich im Geschmack. Frisch: Frühsommer bis Herbst. Günstig zu: Salaten, Soßen, Gemüse, Eier-, Quark- und Joghurtspeisen, Butterbrot, Suppen.

Dill, Gurkenkraut.
Einjährig. Stiele mit mehrfach gefiederten, dunkelgrünen Blattspitzen. Angenehm würzig. Frisch: fast ganzjährig im Angebot.Günstig zu: Rohkost, Salaten, Krustentieren, hellen Geflügel- und Fleischgerichten, Fisch, Eier- und Quarkspeisen, Suppen, Soßen, Sauerkonserven.

Estragon
Mehrjährig. Buschig verzweigte Triebe. Schmale, längliche dunkelgrüne, glatte Blätter. Weißliche Blütenrispen. Frisch: Frühsommer bis Herbst. Aromatisch, leicht bitterer Geschmack. Günstig zu: Suppen, Soßen, Fisch, hellen Geflügel- und Fleischgerichten, Gemüse, Getreidespeisen, Eier- und Quarkspeisen. Senf- und Essigherstellung.

Kresse, Gartenkresse.
Grüne, kleinblättrige, zarte Blättchen. Kräftig, würzig im Geschmack. Frisch: Ganzjährig im Angebot. Günstig zu: Suppen, Soßen, Salaten, Rohkost, Quark-, Joghurt- und Eierspeisen, Kräuterbutter, Butterbrot.

Liebstöckel, Maggikraut
Mehrjährig. Röhrenförmige Stengel mit großen, gezackten Blättern. Sehr würzig, sparsam verwenden. Frisch: Frühling bis Herbst. Günstig zu: Suppen, Eintöpfen, Hackfleisch, Füllungen, Brühen, Gulasch, Hülsenfrucht- und Getreidegerichten, Gemüse, pikanten Salaten.

Minze, Pfefferminze.
Mehrjährig. Mehrere Sorten. Hellgrüne und grünviolette, längliche, gerippte Blätter. Zartrosa bis violette Blüten. Sehr würziger, kräftiger Geschmack. Sparsam verwenden. Frisch: Frühsommer bis Herbst. Günstig zu: Hackfleisch, Ragout, Füllungen, Lamm, Gulasch, Eintöpfen, Hülsenfrüchten.

Majoran
Einjährig. Buschig verzweigt. Kleine, ovale Blättchen. Weiß bis lilafarbige Blüten. Kräftigwürzig, leicht bitter. Frisch: Sommer bis Herbst. Günstig zu: Suppen, Gulasch, Hackfleisch, Füllungen, Hülsenfrucht- und Getreidegerichten, Eintöpfen, pikanten Salaten, Gemüse, Kartoffeln, Wurstwaren.

Pimpinelle, kleiner Wiesenknopf.
Mehrjährig. Zartgrüne, leichtgefiederte Blättchen. Rotblaue Blütenköpfe. Mild-würzig, leicht nußiger Geschmack. Frisch: Frühling bis Herbst. Günstig zu: Suppen, Soßen, Rohkost, Butterbrot, Eier-, Quark- und Joghurtspeisen.

Rosmarin
Mehrjährig. Frostempfindlich. Mittel- bis dunkelgrüne, nadelförmige Blätter. Blau-violette Blüten. Würzig, kräftig, leicht bitter. Frisch: fast das ganze Jahr. Günstig zu: Braten, Geflügel, Fisch, Innereien, Wild, Kartoffeln, Getreide- und Hülsenfruchtgerichten, würzigen Soßen, Pilzen, Zucchini, Auberginen, Tomaten.

Petersilie
Zweijährig. Glatt- und krausblättrige Sorten. Besonders intensiver, würziger Geschmack bei der glatten Sorte. Frisch: Ganzjährig im Angebot. Universalkraut, günstig zu: Suppen, Soßen, Eintöpfen, Aufläufen, Teigwaren, Hülsenfrucht- und Getreidegerichten, Quark-, Joghurt- und Eierspeisen.

Salate

Salbei
Mehrjährig. Längliche, silbergraue bis olivgrüne Blätter. Blau-violette Blütenrispen. Würzig, leichtbitterer Geschmack. Sparsam einsetzen. Frisch: Frühjahr bis Herbst. Günstig zu: Innereien, Lamm, Geflügel, Aal. Getreide, Teigwaren, Reis, Füllungen, Tomaten.

Schnittlauch
Merhjährig. Binsenähnliche Blattröhren. Blau-violette Blütenknospen. Würzig-scharf. Frisch: Ganzjährig im Handel. Universalkraut, günstig zu: Suppen, Soßen, Kräuterbutter, Salaten, Teigwaren, Reis, Gemüse, Eintöpfen, Eier-, Quark- und Joghurtgerichten.

Sauerampfer
Überwiegend wildwachsend. Längliche, pfeilförmige, kräftige Blätter. Leicht säuerlicher Geschmack. Frisch: Frühjahr bis Herbst. Günstig zu: Suppen, Soßen, Fisch, hellen Fleisch- und Geflügelgerichten, Eier-, Quark- und Joghurtspeisen, Kartoffelsalat, Kräuterbutter.

Schnittsellerie
Einjährig. Kleine, glatte, leicht gezackte Blätter. Sehr aromatisch, würzig. Frisch: Sommer bis Spätsommer. Günstig zu: Suppen, Soßen, Salaten, Rohkost, Eintöpfen, Brühen, Hülsenfrucht- und Getreidespeisen, Hackfleisch, Quark, Joghurt, Gemüse, Kartoffeln, Teigwaren.

Thymian
Mehrjährig. Stark verzweigt. Kleine, grüne-graue Blättchen. Rosa-violette Blütenrispen. Frisch: Frühjahr bis Herbst. Günstig zu: Fleisch, Geflügel, Wild, Fisch, Hackfleisch, pikanten Salaten, Hülsenfrucht- und Getreidegerichten, Gemüse, Kräuteressig.

Zitronenmelisse
Mehrjährig. Stark verzweigt. Zartgrüne, eiförmige, leichtbehaarte Blättchen. Weiß bis hellgelbe Blütenrispen. Zitronenähnlicher Geschmack. Frisch: Frühjahr bis Spätsommer. Günstig zu: Salaten, Soßen, Kräuterbutter, Eiern, Quark- und Joghurtgerichten, Tee, Erfrischungsgetränken, Obstsalaten.

Vorbereitung von Salaten

Feine Blattsalate, z. B. Kopf- oder Eichblattsalat:
1. In einzelne Blätter zerteilen.
2. In stehendem Wasser mehrmals vorsichtig waschen. Blätter nicht drücken. Nicht im Wasser liegen lassen, da wasserlösliche Stoffe ausgelaugt werden.
3. Auf einem Sieb/Salatdurchschlag abtropfen lassen.
4. Nach Bedarf in kleine oder große Stücke zerpflücken.
5. Erst vor dem Servieren unter die Marinade heben.

Kräftige Blattsalate, z. B. Endivien- oder Eisbergsalat
1. Vom Strunk aus der Länge nach halbieren.
2. Unter fließendem kaltem Wasser sehr sorgfältig abspülen.
3. Auf einem Sieb abtropfen lassen.
4. Nach Belieben zerpflücken, in breite oder in schmale Streifen schneiden.

Vorbereitetes Gemüse fein oder grob raspeln.

Vorbereitetes Gemüse in glatte oder gewellte (Buntmesser) Scheiben schneiden.

Lagerung und Verarbeitung

1. Frische Kräuter sorgfältig abspülen. In Wasser gestellt oder locker in Folie eingewickelt im Kühlschrank aufbewahren.
2. Kleinblättrige Kräuter zum Abstreifen der Blätter am oberen Teil des Kräuterstengels festhalten und mit der anderen Hand die Blätter von oben nach unten abstreifen (z. B. Thymian, Bohnenkraut, Majoran).
3. Kräuter erst unmittelbar vor der Weiterverarbeitung zerkleinern, damit kein Aromaverlust eintreten kann.

Wissenswertes über Salatmarinaden

Es gibt eine Vielzahl von Rezepturen für Salatmarinaden. Die bekannteste Marinade ist die

Essig-Öl-Marinade
Sie wird aus 1 Eßl. Essig und 1 oder 2 Eßlöffeln gutem Speiseöl zubereitet. Mit Pfeffer, etwas Salz, evtl. etwas Zucker, frischen Küchenkräutern, Zwiebelwürfeln, etwas Senf abgeschmeckt.

Essig ist nicht nur sauer, sondern auch aromatisch, würzig. Es gibt z. B. Weißwein-, Rotwein-, Zitronen-, Apfel-, Kräuter- oder Balsamessig. Essig darf in der Marinade nicht dominieren, sondern nur zur geschmacklichen Abrundung beitragen. **Öl** sollte möglichst neutral schmecken (z. B. wie Sonnenblumen- oder Maiskeimöl). Immer beliebter wird auch die **Zitronen-Öl-Marinade,** die nach demselben Prinzip zubereitet wird. **Sahnemarinaden** werden aus saurer oder süßer Sahne zubereitet, z. B. 2 Eßlöffel süße Sahne und 1-2 Teelöffel Zitronensaft; saure Sahne oder Joghurt mit einigen Tropfen Zitronensaft abschmecken. Die weiteren Zutaten sind wie bei der Essig-Öl-Marinade. Marinaden mit **Mayonnaise** sind sehr fetthaltig. Sie können mit etwas Quark, Joghurt, einer heiß gepreßten Pellkartoffel oder fettarmer, saurer Sahne vermischt und somit fettärmer zubereitet werden. Im Handel gibt es auch fertige Salatsoßen (in Tuben, Beuteln, Flaschen) in vielen Geschmacksrichtungen.

Möhren-Apfel-Salat

500 g Möhren	putzen, schrappen, waschen
250 g Äpfel	schälen, vierteln, entkernen
	beide Zutaten raspeln
	für die Salatsoße
2–3 Eßl. Zitronensaft	mit
1 Teel. Salatöl	
Salz, Zucker	verrühren
	Möhren und Äpfel mit der Soße vermengen
	den Salat mit Salz, Zucker abschmecken.

Pro Portion: E: 1 g, F: 2 g, Kh: 16 g kJ: 351, kcal: 84.

Veränderung: 1–2 Eßl. gehackte Haselnußkerne unter den Salat mengen.

Bohnensalat

500 g Grüne Bohnen	evtl. abfädeln, waschen, in etwa 4 cm lange Stücke brechen oder schneiden, in
125 ml (⅛ l) kochendes Salzwasser	geben, gar dünsten, abtropfen lassen
	für die Salatsoße
3 Eßl. Salatöl	mit
1 Eßl. Essig	verrühren, mit
Salz	
Pfeffer	abschmecken
1 mittelgroße Zwiebel	abziehen, fein würfeln
1 Eßl. gehackte Kräuter (Petersilie, Dill, Bohnenkraut)	
	die Zutaten unterrühren, die noch warmen Bohnen mit der Soße vermengen
	den Salat gut durchziehen lassen, evtl. mit Salz, Pfeffer abschmecken
Dünstzeit:	Etwa 30 Minuten.

Pro Portion: E: 3 g, F: 11 g, Kh: 7 g kJ: 594, kcal: 142.

Tip: Für den Bohnensalat sollten die Bohnen noch heiß mit der Salatsoße vermengt werden, damit sie die Gewürze gut aufnehmen können.

Kopfsalat

	Von
2 mittelgroßen Köpfen Salat (300 g)	die welken Blätter entfernen, die anderen vom Strunk lösen, die großen Blätter teilen, die Herzblätter ganz lassen den Salat in reichlich Wasser gründlich waschen, aber nicht drücken, auf einem Durchschlag abtropfen lassen oder in einem Tuch oder Drahtkorb ausschwenken für die Sahnesoße
1 Becher (150 g) saure Sahne (10% Fett)	mit
1 Eßl. Salatöl	
1 Eßl. Milch (3,5% Fett)	verrühren, mit
Salz	
Pfeffer	
Zucker	abschmecken
1 mittelgroße Zwiebel	abziehen, fein würfeln
2 Eßl. gehackte Kräuter (Petersilie, Dill, Zitronenmelisse, Pimpinelle, Schnittlauch)	
	die Zutaten unterrühren den Salat kurz vor dem Anrichten mit der Soße vermengen.

Pro Portion: E: 2 g, F: 8 g, Kh: 4 g kJ: 402, kcal: 96.

Feldsalat
(Rapunzeln)

	Von
200 g Feldsalat	die Wurzelenden abschneiden, fehlerhafte Blätter entfernen, größere Blätter evtl. einmal durchschneiden, den Salat gründlich waschen, gut abtropfen lassen für die Salatsoße
3 Eßl. Salatöl	mit
1 Eßl. Essig	verrühren, mit
Salz	
Pfeffer	abschmecken
1 Eßl. gehackte Kräuter (Petersilie, Schnittlauch)	unterrühren den Salat kurz vor dem Anrichten mit der Soße vermengen.

Pro Portion: E: 1 g, F: 11 g, Kh: 2 g kJ: 456, kcal: 109.

Bunte Salatplatte
(6 Portionen)

3 kleine Tomaten	kurze Zeit in kochendes Wasser legen (nicht kochen lassen), in kaltem Wasser abschrecken, enthäuten, die Stengelansätze herausschneiden, die Tomaten in Scheiben schneiden
½ Salatgurke (200 g)	waschen, abtrocknen, längs halbieren, in Scheiben schneiden
125 g Staudensellerie (vorbereitet gewogen)	waschen, evtl. halbieren, in 4 cm große Stücke schneiden
2 kleine Zucchini (200 g)	waschen, evtl. halbieren, in Scheiben schneiden (Foto 1)
125 g gedünstete Grüne Bohnen	
125 g gedünstete Möhrenstifte	
	für die Salatsoße
2 Becher (je 150 g) Crème fraîche (30% Fett)	mit
1 schwach gehäuften Eßl. Tomaten-Ketchup	
1 schwach gehäuften Teel. Rotisseur-Senf	
1 Eßl. Milch (3,5% Fett)	verrühren (Foto 2), mit
Salz, Pfeffer	abschmecken
4 Eßl. gehackte Kräuter (Kerbel, Zitronenmelisse, Dill, Schnittlauch, Petersilie)	unterrühren
	die Salatzutaten auf einer großen Platte anrichten, die Soße darüber verteilen (Foto 3).

Pro Portion: E: 3 g, F: 16 g, Kh: 10 g kJ: 824, kcal: 197.

Tip: Die Gemüsezusammenstellung kann beliebig verändert werden, z. B. Fenchel, Champignons, Tomaten, Möhren, Rosenkohl und Porree.

Salate

Kohlrabisalat

1 kg Kohlrabi	schälen, waschen, grob raspeln für die Salatsoße
2 schwach gehäufte Eßl. Crème fraîche (30% Fett)	mit
3 Eßl. Zitronensaft	verrühren
Salz	
2 Eßl. gehackte Kräuter	unterrühren die Kohlrabi mit der Soße vermengen.

Pro Portion: E: 4 g, F: 5 g, Kh: 9 g kJ: 410, kcal: 98.

Eisbergsalat

	Von
1 mittelgroßen Kopf Eisbergsalat (375 g)	die äußeren Blätter entfernen, den Salatkopf halbieren (Foto 1) oder vierteln, zerpflücken, waschen, auf einem Durchschlag abtropfen lassen oder in einem Tuch oder Drahtkorb ausschwenken
1 mittelgroße Apfelsine (150 g)	schälen (Foto 2), filieren (Foto 3), für die Joghurtsoße
1 Becher (150 g) Joghurt (3,5% Fett)	mit
1 Teel. Salatöl	
1 Eßl. Essig	verrühren, mit
Salz	abschmecken, Eisbergsalat und Apfelsine mit der Soße vermengen, nach Belieben mit Radieschenstreifen bestreuen.

Pro Portion: E: 3 g, F: 3 g, Kh: 6 g kJ: 268, kcal: 64.

Zucchini-Tomaten-Salat

3 Zucchini (500 g)	schälen, längs halbieren, in sehr dünne Scheiben schneiden (Foto 1)
4 mittelgroße Tomaten	kurze Zeit in kochendes Wasser legen (nicht kochen lassen), in kaltem Wasser abschrecken, enthäuten, die Stengelansätze herausschneiden, die Tomaten in dünne Scheiben schneiden
1 Kästchen Kresse (15 g)	putzen (Foto 2), waschen, abtropfen lassen für die Salatsoße
3 schwach gehäufte Eßl. Joghurt (3,5% Fett)	mit
4 Eßl. Schlagsahne (30% Fett)	
1 Eßl. Essig	
1 mittelgroßen, abgezogenen, geriebenen Zwiebel	verrühren (Foto 3), mit
Salz	
schwarzem Pfeffer (aus der Mühle)	
Ingwerpulver	abschmecken, mit den Salatzutaten vermengen, auf
gewaschenen Salatblättern	anrichten, sofort servieren.

Pro Portion: E: 4 g, F: 6 g, Kh: 12 g kJ: 498, kcal: 119.

Tip: Kleine, junge Zucchini brauchen nicht geschält zu werden. Sie werden gewaschen und ungeschält in Scheiben geschnitten.

Rotkohlsalat mit Preiselbeer-Kompott

	Von
500 g Rotkohl	
(vorbereitet gewogen)	die groben äußeren Blätter entfernen, den Kohl in Hälften oder Viertel schneiden, den Strunk herausschneiden, den Kohl waschen, sehr fein schneiden oder hobeln
1 Eßl. Salatöl	erhitzen, den Kohl kurze Zeit darin andünsten
etwas Salzwasser	hinzugießen, halbweich dünsten, gut abtropfen lassen
	für die Salatsoße
3 Eßl. Salatöl	mit
2 Eßl. Essig	verrühren, mit
Salz	abschmecken
1 mittelgroße Zwiebel	abziehen, fein würfeln, unterrühren, den noch warmen Rotkohl mit der Soße vermengen
	unter den abgekühlten Salat
100 g Preiselbeer-Kompott	rühren, gut durchziehen lassen
Dünstzeit:	15–20 Minuten.

Pro Portion: E: 2 g, F: 14 g, Kh: 19 g kJ: 908, kcal: 217.

Tip: Wer den Rotkohl-Salat knackig liebt, sollte den Rotkohl roh - sehr fein gehobelt - oder kurz in heißem Wasser blanchiert verwenden.

Weißkohlsalat

	Von
750 g Weißkohl	die groben äußeren Blätter entfernen, den Kohl in Viertel schneiden, den Strunk herausschneiden, den Kohl waschen, sehr fein schneiden oder hobeln, mit
2 schwach gehäuften Teel. Salz	gut verkneten, etwa 1 Stunde stehenlassen, dann die sich gebildete Flüssigkeit abgießen
	für die Salatsoße
3 Eßl. Salatöl	mit
2 Eßl. Essig	verrühren, mit
Salz, schwarzem Pfeffer	
(aus der Mühle)	abschmecken
2 kleine Zwiebeln	abziehen, fein würfeln, unterrühren
	den Kohl mit der Soße vermengen
	den Salat gut durchziehen lassen

2 Eßl. gehackte Kräuter (Petersilie, Schnittlauch, Dill)	unterheben.

Pro Portion: E: 2 g, F: 11 g, Kh: 8 g kJ: 590, kcal: 141.

Tip: Der Weißkohlsalat kann bereits 1 Tag vor dem Verzehr zubereitet werden. Anstelle der gehackten Kräuter wird 1 Teel. Kümmel untergehoben.

Gurkensalat

1 mittelgroße Salatgurke (750 g)	waschen, abtrocknen, evtl. schälen, in feine Scheiben schneiden oder hobeln
	für die Salatsoße
3 Eßl. Salatöl	mit
2 Eßl. Essig	verrühren, mit
Salz	
Pfeffer	
Zucker	abschmecken
1 mittelgroße Zwiebel	abziehen, fein würfeln
2 Eßl. gehackte Kräuter (Dill, Petersilie)	
	die Zutaten unterrühren
	die Gurkenscheiben kurz vor dem Anrichten mit der Soße vermengen.

Pro Portion: E: 1 g, F: 11 g, Kh: 3 g kJ: 485, kcal: 116.

Veränderung: Anstelle von Salatgurke Zucchini verwenden

Anmerkung: Gurkenscheiben nicht mehr einsalzen, weil dadurch der Salat schwer verdaulich wird und durch das Weggießen des Gurkenwassers wertvolle Nährstoffe verloren gehen.

Chicoréesalat

750 g Chicorée (vorbereitet gewogen)	von schlechten Blättern befreien, halbieren, die Strünke keilförmig herausschneiden, weil sie bitter schmecken die Chicorée in etwa ½ cm breite Streifen schneiden, waschen, gut abtropfen lassen
150 g gekochten Schinken	in feine Streifen schneiden für die Salatsoße
1 Becher (150 g) Crème fraîche (30% Fett)	mit
2 schwach gehäuften Eßl. Tomaten-Ketchup	verrühren, mit
Salz Pfeffer Zucker	abschmecken Chicorée und Schinken mit der Soße vermengen.

Pro Portion: E: 11 g, F: 16 g, Kh: 7 g kJ: 954, kcal: 228.

Den Salat nach Belieben mit ganzen Chicoréeblättern anrichten.

Tip: Der Chicoréesalat kann als Beilage z. B. zu Fisch gereicht werden, aber auch als Vorspeise mit Toast und Butter.

Kartoffeln und Nährmittel

Hausmachernudeln

	Für Rezept I ⅔ von
500 g Weizenmehl	in eine Schüssel sieben, in die Mitte eine Vertiefung eindrücken
1 Teel. Salz	mit
1 Eßl. Essig	hineingeben
250 ml (¼ l) Wasser	nach und nach von der Mitte aus mit dem Mehl verrühren, den Rest des Mehls unterkneten, sollte der Teig kleben, noch etwas
Weizenmehl	hinzugeben
oder	für Rezept II
250 g Weizenmehl	auf eine Tischplatte sieben, in die Mitte eine Vertiefung eindrücken
2 Eier, 1 Teel. Salz	mit
2–3 Eßl. Wasser	verschlagen, in die Vertiefung geben, mit einem Teil des Mehls zu einem dicken Brei verarbeiten, von der Mitte aus alle Zutaten schnell zu einem glatten Teig verkneten sollte der Teig kleben, noch etwas
Weizenmehl	hinzugeben den Teig (I oder II) in nicht zu großen Stücken nudeldick ausrollen (Foto 1), die Teigplatten zum Trocknen auf Küchentüchern legen, wenn die Teigplatten so weit getrocknet sind, daß sie nicht mehr aufeinanderkleben, aber auch noch nicht zerbrechen, sie in gewünschte Länge und Breite schneiden (Foto 2), die Nudeln so lange locker ausgebreitet an der Luft stehenlassen, bis sie vollkommen trocken sind (Foto 3).

Rezept I

Pro Portion: E: 13 g, F: 1 g, Kh: 93 g, kJ: 1925, kcal: 460.

Rezept II

Pro Portion: E: 10 g, F: 4 g, Kh: 46 g, kJ: 1146, kcal: 274.

Kartoffeln und Nährmittel

Die Bedeutung der Kartoffel für unsere Ernährung wird wieder zunehmend erkannt. Kartoffeln enthalten wichtige Vitamine, Mineral-, Nähr- und Ballaststoffe. Ihre guten ernährungsphysiologischen Eigenschaften können am besten genutzt werden, wenn sie fettarm und nährstoffschonend zubereitet werden.
Die einzelnen Kartoffeln haben ganz unterschiedliche Eigenschaften. Für das Gelingen eines Kartoffelgerichtes ist daher die Auswahl der richtigen Sorte sehr wichtig.
Nach den Kocheigenschaften teilt man sie ein:

1. **Festkochende Sorten,** z. B. Hansa, Sieglinde, Nicola, Selma. Gut geeignet für: Salate, Salz-, Pell- oder Bratkartoffeln.
2. **Vorwiegend festkochende Sorten,** z. B. Clivia, Grata, Christa, Gloria, Hela. Gut geeignet für: Salz-, Pell- und Bratkartoffeln, Folienkartoffeln, Kartoffelgemüse.
3. **Mehlig-festkochende Sorten,** z. B. Ilona, Bintje, Irmgard, Maritta, Datura, Aula. Gut geeignet für: Knödel, Klöße, Reibekuchen, Kartoffelteig, Suppen, Eintöpfe, Kartoffelplätzchen.

Lagerung

Möglichst luftig, kühl (4 – 6 Grad C.) und dunkel lagern. Bei warmer, heller Lagerung wird die Keimbildung gefördert.

Einzelne Hinweise:

- Für Pellkartoffeln möglichst gleichgroße Kartoffeln auswählen, damit sie zur gleichen Zeit gar sind.
- Ebenso Salzkartoffeln in etwa gleichgroße Stücke schneiden.
- Daß Pellkartoffeln gar sind, erkennt man daran, daß sich die Schale leicht abziehen läßt.
- Kartoffeln erst kurz vor dem Zubereiten schälen, in kaltes Wasser legen, damit sie sich nicht verfärben.
- Neue Kartoffeln können mit der Schale verzehrt werden. Sorgfältig waschen.
- Neue Kartoffeln enthalten wenig Stärke. Deshalb sind sie nicht geeignet für manche Gerichte, wie z. B. Klöße, Knödel, Kartoffelteig, Kartoffelgemüse.
- Kartoffeln nur mit **wenig Wasser**, am besten im Kartoffeldämpfer garen.
- Nach dem Garen das Kartoffelwasser abgießen (z. B. für Suppen oder Eintöpfe verwenden) und ein Küchentuch zwischen Topf und Topfdeckel legen. Der Dampf wird von dem Tuch aufgenommen, die Kartoffeln bleiben trocken. Topf evtl. dabei etwas rütteln.

Garzeiten.
Pellkartoffeln je nach Größe 20 – 25 Minuten.
Salzkartoffeln (geviertelt) ca. 20 Minuten.
Bouillonkartoffeln (in Würfel geschnitten) ca. 15 Minuten.
Folienkartoffeln (ca. 200 g schwer) 50 – 60 Minuten bei 200 Grad, Gas Stufe 3.

Unter dem Begriff Nährmittel versteht man Getreide (Cerealien). Dabei handelt es sich um Körner der Getreidepflanzen. Sie sind für unsere Ernährung von sehr großer Bedeutung, denn sie enthalten wichtige Nährstoffe, Vitamine, Mineral- und Ballaststoffe.
Zu ihnen gehören: Reis, Roggen, Weizen, Gerste, Hafer, Hirse, Buchweizen und Mais.

Ein Getreidekorn besteht aus:

Mehlkörper (vorwiegend stärkehaltig und mit hochwertigem Eiweiß).
Keimling (überwiegend Eiweiß aber auch Fett, Vitamine und Mineralstoffe).
Schalen (Frucht- und Samenschalen).
Spelzen (z. B. Hafer, Gerste).
Getreidekörner werden angeboten:
- ganze Körner
- grob oder fein geschrotet
- gequetscht (Flocken)
- gemahlen (fein, mittelfein)

Reis

Reis ist vitamin- und mineralstoffreich, kalorienarm und sehr leicht verträglich.
Für etwa die Hälfte der Erdbevölkerung ist er das wichtigste Grundnahrungsmittel.
Man unterscheidet:
Langkornreis, Patnareis. Wird bei uns sehr häufig verwendet. Er hat lange, schlanke Körner, die im Rohzustand leicht glasig aussehen. Festkochende Sorte, für alle pikanten Reisgerichte.
Rundkornreis, Milchreis. Er gibt beim Ausquellen viel Stärke ab und wird sehr weich und breiig. Fast ausschließlich für die Zubereitung von Süßspeisen geeignet.
Naturreis. Er hat eine bräunliche Farbe und enthält noch ein zartes Silberhäutchen, in dem wichtige Vitamine und Mineralstoffe enthalten sind. U. a. enthält es auch hochwertige Fettsäuren. Da er schnell ranzig wird, soll dieser Reis schnell verarbeitet und nicht lange gelagert werden. Seine Garzeit ist länger, als die von geschliffenen Sorten.
Wird die Silberhaut entfernt, entsteht **Weißreis**. Die Reiskörner werden gereinigt, poliert und glasiert. Er enthält weniger Vitamine als Naturreis. Die Fettsäuren sind entfernt, deshalb kann er gut gelagert werden.
Beim **Parboiled Reis** werden mit Dampf und Druck die Vitamine und Mineralstoffe aus dem Silberhäutchen in das Innere des Reiskornes gebracht. Beim anschließenden Schleifen und Polieren bleiben sie erhalten. Parboiled Reis ist leicht gelblich und wird beim Garen weiß. Er ist körnig, auch wenn er wieder aufgewärmt wird.
Schnellkochreis wird nach dem Schleifen vorgegart. Deshalb ist seine Zubereitungszeit auf 3 – 5 Minuten verkürzt.
Wilder Reis ist der Samen eines Wassergrases. Er hat dünne, sehr dunkle, fast schwarze Körner mit nußigem Geschmack. Lange Garzeit (mindestens 40 – 50 Minuten). Sehr teuer.

Reis zubereiten

1. **Kochreis:**
   Reichlich Wasser mit etwas Öl, Salz und einer mit 1 – 2 Nelken gespickten Zwiebel aufkochen. Reis darin bißfest garen. In ein Sieb schütten, mit kaltem Wasser übergießen und abtropfen lassen. Die Zugabe von Öl verhindert ein Überschäumen des Kochwassers.
2. **Quellreis:**
   Mengenverhältnis 1:2.
   1 Tasse Reis und 2 Tassen Flüssigkeit. Reis in etwas Öl anrösten, würzen und mit Flüssigkeit auffüllen. Zugedeckt ausquellen lassen.

Mengenverhältnis 1:1.
1 Tasse Reis und 1 Tasse Flüssigkeit. Zubereitungsart für den Schnellkochtopf.

Tips für die Zubereitung von Reis

- Die Garzeit richtet sich nach der Reissorte. Ungeschälter Reis benötigt 35 – 40 Minuten, geschälter Reis ca. 12 – 15 Minuten.
- Reis geht bei der Zubereitung um das dreifache auf, d. h. 1 Tasse roher Reis ergibt 3 Tassen gekochten Reis.
- Gegarter Reis soll körnig und nicht klebrig sein. Reis bleibt körnig, wenn nach dem Garen zwischen Topf und Topfdeckel ein Tuch gelegt wird. Der aufsteigende Dampf wird in dem Tuch aufgesaugt. Es entsteht kein Kondenswasser. Deshalb wird ein Übergaren verhindert.
- Zum Anrichten in eine Suppenkelle gefettete Reisrandform oder Tasse einfüllen, leicht andrücken und auf eine vorgewärmte Platte stürzen.

- Reis zum Aufwärmen in größeren Mengen in eine ausgefettete, feuerfeste Form einfüllen. Zugedeckt im Backofen bei 150 Grad aufwärmen.
- Reisreste können zugedeckt im Kühlschrank bis zu ca. 3 Tagen aufbewahrt werden. Besser ist es, Reisreste tiefkühlgerecht verpackt einzufrieren und bei Bedarf im Siebeinsatz über Wasserdampf aufzutauen und zu erwärmen.

Weizen. Das wichtigste und am meisten verwendete Getreide. Weizenmehl, das nur aus dem Mehlkörper hergestellt wurde und bei dem die wertvollen Außenschichten und der Keim entfernt wurden, hat einen großen Teil der wertvollen Stoffe des Kornes verloren (Mehl Type 405). Wesentlich wertvoller ist Mehl aus dem ganzen Korn (ohne Spelzen) – Vollkornmehl. Weizen findet Einsatz z. B. bei allen pikanten und süßen Teigen, Teigwaren, Brot, Eintöpfen, pikanten Salaten, Müsli.
Roggen. Die zweitwichtigste Getreideart, überwiegend zur Brotherstellung eingesetzt. Hat die dunkelste Farbe der Getreidearten.
Hirse. Sehr wertvolle, kleinkörnige Getreidesorte. Braucht viel Wärme und sandigen Boden. Enthält viele Mineralstoffe, z. B. Magnesium, Eisen, Fluor, Kieselsäure. U. a. gut für Haut, Haare, Zähne und Nägel.
Sehr vielseitig einsetzbar für pikante und süße Gerichte.
Buchweizen. Ein Knöterichgewächs. Hat eine dreieckige Körnerform und ist fast in Vergessenheit geraten.

Gerste. Neben Weizen die älteste Getreideart. Ihr Mehlkörper ist besonders reich an Mineralstoffen. Beim Keimprozeß entsteht eine starke Malzbildung. Wird überwiegend zum Bierbrauen eingesetzt. Sie sollte bei der Speisenzubereitung mehr Beachtung finden.
Hafer. Gehört zu den Spelzgetreiden und muß enthülst werden. Er ist sehr wertvoll u. a. reich an Vitaminen, Mineralstoffen, hochwertigem Eiweiß und hat einen relativ hohen Anteil an hochwertigen Fettsäuren. Er findet in der Säuglings- und Kinderernährung, aber auch in der Diätetik starke Beachtung.
Grünkern. Halbreife Körner des Dinkels. Reich an Vitaminen und Mineralstoffen. Findet in den letzten Jahren immer mehr Beachtung. Beim Darren (trocknen) erhält er seinen typischen, pikanten Geschmack. In Deutschland wird er fast ausschließlich in Franken und Baden Württemberg angebaut.
Dinkel. Eng verwandt mit dem Weizen. Enthält besonders viel Klebereiweiß und wird gerne zur Brotherstellung eingesetzt.
Mais. Kukuruz, türkischer Weizen. Neben Reis und Weizen das wichtigste Getreide. Enthält weniger Eiweiß als die anderen Getreidesorten. Wird z. B. in Italien zu Polenta, in Österreich zu Kukuruz (Türkensterz) und in Mexiko zu Tortillas (Maisfladen) verarbeitet.

Weizen
Roggen
Gerste
Hafer
Buchweizen
Grünkern
Dinkel
Hirse
Mais

Verarbeitung

- Zum Ausquellen eignen sich z. B. Brühe, Wasser mit Kräutern und Gewürzen, Tomaten- oder Möhrensaft, Milch.

- **Flüssigkeitsaufnahme:** Die verschiedenen Getreidesorten nehmen beim Ausquellen unterschiedliche Mengen Flüssigkeit auf. Empfohlene Menge Flüssigkeit für 1 Tasse Getreide:

Hafer	2	Tassen
Hirse	3	Tassen
Weizen	2½	Tassen
Gerste	2½	Tassen
Graupen	3	Tassen

- **Grütze** gibt es in fast allen Sorten. Es handelt sich um grob oder fein geschrotetes Getreide. Beim Mahlvorgang entsteht ein gewisser Mehlanteil. Grütze mit ausgesiebtem Mehlanteil ergibt körnige Gerichte. Grütze mit Mehlanteil ergibt breiige Gerichte.
- Alle Gerichte, die mit Getreide zubereitet werden, müssen immer sehr kräftig gewürzt werden.
- Die Gerichte müssen nach dem Garen evtl. nachgewürzt werden.
- Für Müsli angesetztes (eingeweichtes) Getreide nicht bei Zimmertemperatur, sondern kühlgestellt (z. B. im Kühlschrank – abgedeckt) quellen lassen.

Teigwaren

Wie schon auf Seite 204 (bei Weizen beschrieben), ist es ernährungsphysiologisch zu empfehlen, Teigwaren aus Vollkornmehl anstatt aus Mehl Type 405 herzustellen. Sie haben wesentlich mehr Nährstoffe, Vitamine, Mineral- und Ballaststoffe und daher auch einen höheren Sättigungswert.
Für Teigwaren (Nudeln) gibt es die unterschiedlichsten Formen, wobei insbesondere aus Italien ganz neuartige Spezialitäten zu uns gekommen sind. So gibt es auch farbige Sorten.

Tips zur Verarbeitung:

- Nudelteig vor dem Auswellen etwa 30 Minuten in Folie eingewickelt ruhen lassen.
- Nudeln benötigen zum Garen viel Wasser.
- Etwas Öl in das Nudelwasser geben. Das aufschäumende Eiweiß wird gebunden und kann nicht überschäumen. Außerdem kleben die Teigwaren nicht zusammen.
- Getrocknete Teigwaren nehmen etwa die 2-3fache Menge Wasser beim Garen auf.
- Bißfest (al dente) gegart schmecken sie am besten.
- Nach dem Garen die Nudeln auf ein Sieb geben, abtropfen lassen und in einer vorgewärmten Schüssel anrichten.
  Wird Salat daraus zubereitet, werden sie mit kaltem Wasser übergossen, damit sie nicht nachgaren. Nicht in heißem Wasser stehen lassen, da sie sonst zu weich werden.
- Nudelteig läßt sich färben, z. B. mit Tomatenmark, püriertem Spinat, sehr fein gehackten Kräutern, Safran oder Rote Betesaft.
- Nudelteig läßt sich formen, z. B. zu Spaghetti, breiten Nudeln (Fettuccini), Lasagne- oder Cannelloniplatten, Maultaschen, Hörnchen, Spiralen, Muscheln usw.
- Sollen fertig gekaufte Spaghetti nicht gebrochen gegart werden, diese gebündelt am oberen Ende anfassen und langsam in das kochende Wasser geben. Das eingetauchte Ende wird schnell weich, so daß der restliche Teil leicht nachgedrückt werden kann.
- Getrocknete Spaghetti lassen sich gut brechen. Roh in ein Tuch einwickeln, Außenränder festhalten und in den gewünschten Abständen an der Tischkante brechen.

Klöße und Knödel

Klöße und Knödel werden aus verschiedenen Grundteigen, vorwiegend aus rohen oder gekochten Kartoffeln oder Semmeln (Brötchen) aber auch z. B. aus Hefeteig, Grieß oder Grünkern zubereitet. Je nach Rezeptur wird der Teig mit unterschiedlichen Geschmackszutaten zubereitet (herzhaft, aber auch süß).
Wer sich die Mühe ersparen will, Klöße und Knödel selbst zu machen, kann auf vorgefertigte Produkte zurückgreifen.

Tips, damit Klöße und Knödel gut gelingen:

- Zutaten für den Teig gut durchmischen. Sie müssen sich zu einer einheitlichen Masse verbinden.
- Mit einem Probekloß prüfen, ob die Konsistenz des Teiges richtig ist.
  Ist der Teig **zu weich** und zerfällt der Kloß, unter den Teig noch etwas Grieß, Kartoffeln, Mehl oder Ei mischen.
  Ist der Teig **zu fest,** noch etwas Brühe, Milch, Quark oder Ei unter den Teig mischen.
- **Klöße/Knödel füllen:** Teig zu einem Kloß formen und in die Mitte eine Mulde eindrücken. Füllung hineingeben und den Teig vorsichtig über die Füllung drücken und glatt formen.

Klöße/Knödel formen

- Kleine Klößchen mit einem angefeuchteten Löffel abstechen.
- Längliche Klößchen mit 2 angefeuchteten Löffeln formen. Teig von einem zum anderen Löffel so lange andrücken, bis sich ein länglicher Kloß geformt hat.
- Klöße mit angefeuchteten oder leicht bemehlten Händen formen.

- Geformte Klöße/Knödel auf einem mit Wasser befeuchteten Teller oder ein bemehltes Brett legen. Sie kleben nicht fest.

Klöße/Knödel garen

1. In einem Topf reichlich Wasser zum Kochen bringen. Klöße brauchen zum Garen viel Platz nebeneinander. Daher einen breiten Topf wählen.
2. In kochendes Wasser legen. Temperatur runterstellen. **Garziehen** lassen (das Wasser soll sich leicht bewegen). Nicht kochen.
3. Im offenen Topf (mit Ausnahme von Hefeknödeln) garen.
4. Topf während der Garzeit ab und zu leicht rütteln. Die Knödel drehen sich und steigen an die Wasseroberfläche.
5. Probeknödel nach dem Garen mit 2 Gabeln aufreißen. Ist das Knödelinnere
   - noch feucht, müssen die Klöße noch ziehen.
   - trocken, sind sie gar.
6. Mit einem Schaum- oder Sieblöffel aus dem Wasser heben und auf einer vorgewärmten Platte anrichten.

Bratkartoffeln

1 kg Kartoffeln	waschen, in Wasser zum Kochen bringen, gar kochen lassen, abgießen, pellen, erkalten lassen, in Scheiben schneiden
1 große Zwiebel	abziehen, würfeln
50 g Margarine	in einer Bratpfanne zerlassen, Kartoffelscheiben, Zwiebelwürfel hineingeben, mit
Salz	bestreuen, braun braten
Kochzeit:	25 – 30 Minuten
Bratzeit:	Etwa 10 Minuten.

Pro Portion: E: 4 g, F: 10 g, Kh: 38 g kJ: 1146, kcal: 274.

Veränderung: Übriggebliebene Salzkartoffeln ebenso braten; 30 g in Würfel geschnittenen durchwachsenen Speck in der Margarine auslassen.

Kartoffel-Pfannkuchen
(Puffer oder Reibekuchen)

2 kg Kartoffeln	schälen
1 mittelgroße Zwiebel	abziehen
	beide Zutaten waschen, reiben (Foto 1), mit
Salz, 4 Eiern	
60 g Weizenmehl	verrühren (Foto 2), etwas von
250 ml (¼ l) Speiseöl	in einer Bratpfanne erhitzen, den Teig eßlöffelweise hineingeben (Foto 3), flachdrücken, von beiden Seiten backen.

40 Stück/pro Stück: E: 2 g, F: 7 g, Kh: 9 g kJ: 435, kcal: 104.

Beigabe: Kompott, Apfelmus, Kümmel-Quark, Brot, Butter.

Folienkartoffeln mit Crème-fraîche-Soße

4 mittelgroße Kartoffeln	waschen, ungeschält jeweils in ein genügend großes Stück
Alufolie	wickeln
	die Folienpakete auf dem Backblech in den vorgeheizten Backofen schieben
Strom:	200 – 225
Gas:	4 – 5
Garzeit:	30 – 40 Minuten.
	für die Soße
1 Becher (150 g) Crème fraîche	
(30 % Fett)	verrühren, mit
Salz, Pfeffer	abschmecken
1 Eßl. gehackte Petersilie	
evtl. etwas Kümmel	unterrühren
	wenn die Kartoffeln gar sind, die Folie öffnen, die Kartoffeln mit einer Gabel aufbrechen, mit der Soße füllen

Pro Portion: E: 3 g, F: 11 g, Kh: 16 g kJ: 782, kcal: 187.

Tip: Für Folienkartoffeln sollten mehlig-kochende Kartoffeln verwendet werden, da sie schneller durchgaren als die festkochenden Sorten.

Herzogin-Kartoffeln
(Pommes duchesse)

750 g Kartoffeln	schälen, waschen, in Hälften schneiden, in
Salzwasser	zum Kochen bringen, in 20 – 30 Minuten gar kochen lassen, abgießen, abdämpfen, sofort durch die Kartoffelpresse geben, erkalten lassen, die Kartoffeln mit
1 Eiweiß	
1 Eßl. Speisestärke	verrühren, mit
Salz, geriebener Muskatnuß	abschmecken, die Masse in einen Spritzbeutel mit großer Sterntülle füllen, in Form von Tuffs auf ein gefettetes Backblech spritzen
1 Eigelb	mit
1 Teel. Milch	verschlagen, den Kartoffelbrei damit bestreichen, das Blech in den vorgeheizten Backofen schieben
Strom:	200 – 225
Gas:	4 – 5
Backzeit:	10 – 12 Minuten.

Pro Portion: E: 6 g, F: 3 g, Kh: 28 g, kJ: 732, kcal: 175.

Kartoffelbrei

1 kg mehlig-kochende Kartoffeln	schälen, waschen, in Stücke schneiden, in
Salzwasser	zum Kochen bringen, gar kochen lassen, abgießen, sofort durch die Kartoffelpresse geben
75 g Butter	
250 ml (¼ l) heiße Milch (3,5% Fett)	hinzufügen den Topf auf die Kochstelle setzen, den Brei so lange schlagen, bis eine einheitliche Masse entstanden ist, mit Salz,
geriebener Muskatnuß	abschmecken
Kochzeit:	Etwa 20 Minuten.

Pro Portion: E: 6 g, F: 18 g, Kh: 40 g kJ: 1515, kcal: 362.

Veränderung: Den Kartoffelbrei mit in Fett gebräunten Zwiebelringen oder geröstetem Semmelmehl anrichten.

Kartoffelgratin

1 kg Kartoffeln	waschen, schälen, in Scheiben schneiden
250 g gedünstete Champignons	in Scheiben schneiden
1 mittelgroße Zwiebel	abziehen, fein würfeln
30 g Butter	in einer flachen Auflaufform zerlassen, Champignonscheiben und Zwiebelwürfel darin andünsten, mit
Salz	
Pfeffer	würzen, die Kartoffelscheiben schuppenförmig darauf anrichten, mit Salz bestreuen
250 ml (¼ l) Schlagsahne (30% Fett)	mit
1 Eßl. feingeschnittenem Schnittlauch	verrühren, mit Salz abschmecken, über die Kartoffeln gießen
300 g Käse, z. B. Edamer	raspeln, darüber verteilen die Auflaufform zugedeckt auf dem Rost in den vorgeheizten Backofen schieben, etwa 15 Minuten vor Beendigung der Backzeit den Deckel abnehmen
Strom:	175 – 200
Gas:	4 – 5
Backzeit:	Etwa 1 Stunde.

Pro Portion: E: 26 g, F: 48 g, Kh: 43 g kJ: 3100, kcal: 741.

Tip: Für das Kartoffelgratin sollten vorwiegend eine festkochende Kartoffelsorte verwendet werden.

Kartoffeln und Nährmittel

Reisbrei (Milchreis)

1 l Milch (3,5% Fett)	mit
Salz, 20 g Zucker	
Zitronenschale (unbehandelt)	zum Kochen bringen
125 g Milchreis (Rundkorn)	hineingeben, umrühren, zum Kochen bringen, ausquellen lassen
Garzeit:	Etwa 40 Minuten.
	Pro Portion: E: 11 g, F: 10 g, Kh: 40 g kJ: 1259, kcal: 301.
Beigabe:	Zerlassene, gebräunte Butter, Zucker und Zimt.

Kartoffelkroketten

750 g Kartoffeln	schälen, waschen, in
Salzwasser	zum Kochen bringen, gar kochen lassen, abgießen, sofort durch die Kartoffelpresse geben (Foto 1), erkalten lassen
	die Kartoffeln mit
2 Eigelb	verrühren, mit
Salz, geriebener Muskatnuß	abschmecken
	aus dem Teig knapp 2 cm dicke und 5 cm lange Röllchen formen
	die Röllchen zunächst in
1 verschlagenen Ei	dann in
50 g Semmelmehl	wenden (Foto 2), schwimmend in siedendem
Pflanzenfett	goldbraun backen (Foto 3)
Kochzeit:	20 – 25 Minuten
Backzeit:	2 – 3 Minuten.
	Pro Portion: E: 8 g, F: 15 g, Kh: 39 g kJ: 1419, kcal: 338.
Veränderung:	Anstelle der Röllchen Kugeln formen, für Mandelkroketten anstelle von Semmelmehl abgezogene, gehobelte Mandeln (etwa 100 g) verwenden.

Kartoffel-Klöße
(Mit Semmelmehl)

750 g Kartoffeln	waschen, in Wasser zum Kochen bringen, gar kochen lassen, abgießen, pellen, sofort durch die Kartoffelpresse geben, bis zum nächsten Tag kalt stellen
50 g Semmelmehl 20 g Weizenmehl 2 Eier	unterkneten (Foto 1), den Teig mit
Salz geriebener Muskatnuß	abschmecken
	aus dem Teig mit bemehlten Händen Klöße formen (Foto 2), in
kochendes Salzwasser	geben (Foto 3), zum Kochen bringen, gar ziehen lassen (Wasser muß sich leicht bewegen)
	die garen Klöße gut abtropfen lassen
Kochzeit für die Kartoffeln:	25 – 30 Minuten
Garzeit für die Klöße:	20 – 25 Minuten.

Pro Kloß: E: 3 g, F: 1 g, Kh: 14 g kJ: 343, kcal: 82.

Kartoffelklöße zu Sauerbraten oder Schweinebraten, Rotkohl oder Broccoli reichen.

Kartoffeln und Nährmittel

Semmelknödel

50 g durchwachsenen Speck	in Würfel schneiden
2 mittelgroße Zwiebeln	abziehen, fein würfeln
20 g Margarine	zerlassen, die Speckwürfel darin knusprig braten, die Zwiebelwürfel hinzufügen, glasig dünsten lassen
300 g (etwa 8) alte Semmeln (Brötchen)	in kleine Würfel schneiden, in eine Schüssel geben
300 ml Milch (3,5 % Fett)	mit
30 g Butter	erhitzen, über die Semmelwürfel gießen, gut verrühren, die Speck-Zwiebel-Masse mit dem Fett darunter rühren
4 Eier	mit
2 Eßl. gehackter Petersilie	verschlagen, unter die abgekühlte Masse rühren, mit
Salz	abschmecken
	aus der Masse mit bemehlten Händen 12 Klöße formen, in
kochendes Salzwasser	geben, zum Kochen bringen, gar ziehen lassen (Wasser muß sich leicht bewegen)
Garzeit:	Etwa 20 Minuten.

Pro Kloß: E: 6 g, F: 10 g, Kh: 15 g kJ: 736, kcal: 176.

Dampfnudeln
(Im Brattopf)

350 g Weizenmehl	in eine Schüssel sieben, mit
1 Päckchen Trocken-Backhefe	sorgfältig vermischen
50 g Zucker	
1 Päckchen Vanillin-Zucker	
Salz	
50 g zerlassene, lauwarme Butter oder Margarine	
1 Ei	
150 ml lauwarme Milch (3,5% Fett)	hinzugeben, mit einem Handrührgerät mit Knethaken zuerst auf niedrigster, dann auf höchster Stufe in etwa 5 Minuten zu einem Teig verarbeiten
	den Teig an einem warmen Ort so lange stehen lassen, bis er etwa doppelt so hoch ist, ihn dann gut durchkneten
250 ml (¼ l) Milch (3,5% Fett)	mit
10 g Butter	in einen Brattopf geben
	den Teig zu einer Rolle formen, diese in 8 gleichmäßige Stücke schneiden, zu Klößen formen, nebeneinander – nicht zu dicht – in die Milch setzen

die Dampfnudeln an einem warmen Ort so lange gehen lassen, bis sie etwa doppelt so hoch sind
den Topf zudecken, die Milch zum Kochen bringen, die Dampfnudeln bei schwacher Hitze gar kochen lassen

Kochzeit: 20 – 25 Minuten.

Pro Portion: E: 15 g, F: 18 g, Kh: 85 g kJ: 2452, kcal: 586.

Tip: Als Beigabe eignen sich Kompott oder Vanillesoße. Kalte Dampfnudeln können mit Butter und Marmelade/Konfitüre zum Kaffee gereicht werden.

Béchamel-Kartoffeln

750 g Kartoffeln — waschen, in Waser zum Kochen bringen, in 20 – 30 Minuten gar kochen lassen, abgießen, sofort pellen, erkalten lassen, in Scheiben schneiden

für die Béchamelsoße

2 kleine Zwiebeln — abziehen

40 g roher Schinken — beide Zutaten in kleine Würfel schneiden

30 g Margarine — zerlassen, die Schinkenwürfel darin auslassen

30 g Weizenmehl — mit den Zwiebelwürfeln unter Rühren so lange darin erhitzen, bis das Mehl hellgelb ist

375 ml (3/8 l) Milch (3,5% Fett)
125 ml (1/8 l) Wasser — hinzufügen, mit einem Schneebesen durchschlagen, darauf achten, daß keine Klumpen entstehen, die Soße zum Kochen bringen, etwa 5 Minuten kochen lassen, nach Belieben durch ein Sieb streichen, die Kartoffeln hinzufügen, zum Kochen bringen, mit

Salz
Pfeffer
geriebener Muskatnuß — abschmecken, mit

2 Eßl. gehackter Petersilie — bestreuen

Garzeit: Etwa 25 Minuten.

Pro Portion: E: 7 g, F: 11 g, Kh: 36 g kJ: 1184, kcal: 283.

Tip: Für Béchamel-Kartoffeln sollten festkochende Kartoffelsorten verwendet werden. Sie können bereits am Vortage gekocht und gepellt werden.

Hefeklöße

300 g Weizenmehl 1 Päckchen Trocken-Backhefe	in eine Schüssel sieben, mit sorgfältig vermischen
50 g Zucker 1 Päckchen Vanillin-Zucker 1 gestrichenen Teel. Salz 50 g zerlassene, lauwarme Butter oder Margarine 1 Ei 125 ml (⅛ l) lauwarme Milch (3,5 % Fett)	hinzugeben, mit einem Handrührgerät mit Knethaken zuerst auf niedrigster, dann auf höchster Stufe in etwa 5 Minuten zu einem Teig verarbeiten (Foto 1) den Teig an einem warmen Ort so lange stehenlassen, bis er etwa doppelt so hoch ist, ihn dann gut durchkneten den Teig zu einer Rolle formen, diese in 8 gleichmäßige Stücke schneiden (Foto 2) mit bemehlten Händen Klöße formen, auf ein bemehltes Backbrett legen, die Klöße an einem warmen Ort so lange gehen lassen, bis sie etwa doppelt so hoch sind ein Tuch recht straff über einen möglichst breiten Topf mit kochendem Wasser spannen, es an den Topfgriffen festbinden, mit Weizenmehl bestreuen, die Klöße darauf legen (Foto 3), eine Schüssel darüber decken, gar werden lassen (Garprobe mit einem Holzstäbchen)
Garzeit:	15 – 20 Minuten.

Pro Portion: E: 6 g, F: 7 g, Kh: 36 g kJ: 996, kcal: 238.

Beigabe: Zerlassene, gebräunte Butter, gebräunte, abgezogene, gehobelte Mandeln, Zucker und Zimmt, Kompott.

Kartoffeln und Nährmittel

Kochreis

1 mittelgroße Zwiebel	abziehen, würfeln, mit
2 l Salzwasser	zum Kochen bringen
250 g Langkornreis (parboiled)	hineingeben, umrühren, zum Kochen bringen, sprudelnd kochen den garen Reis auf ein Sieb geben, mit kaltem Wasser übergießen, gut abtropfen lassen, in
30 g Butter	erhitzen
Kochzeit:	Etwa 20 Minuten.

Pro Portion: E: 5 g, F: 7 g, Kh: 50 g kJ: 1222, kcal: 292.

Veränderung: Etwas Currypulver mit der Butter erhitzen.

Tip: Der Reis kann bereits am Vortage oder einige Stunden vor dem Verzehr gekocht werden. Dann wird er kurz vor dem Servieren in einer großen Pfanne mit Deckel in Butter erhitzt.

Risotto

1 kleine Zwiebel	abziehen, würfeln
20 g Margarine	zerlassen, die Zwiebelwürfel darin andünsten
250g italienischen Rundkorn- oder Langkornreis	hinzufügen, glasig dünsten lassen
500 ml (½ l) Instant-Fleischbrühe	hinzugießen, zum Kochen bringen, den Reis ausquellen lassen (Reis nicht umrühren, da er sonst breiig wird) den garen Reis in eine vorgewärmte Schüssel füllen, mit
1 Eßl. gemischten, gehackten Kräutern	bestreuen
Garzeit:	Etwa 20 Minuten.

Pro Portion: E: 5 g, F: 5 g, Kh: 50 g kJ: 1167, kcal: 279.

Klöße von gekochten und rohen Kartoffeln
(6 Portionen)

750 g Kartoffeln	waschen, in Wasser zum Kochen bringen, gar kochen lassen, abgießen, pellen, sofort durch die Kartoffelpresse geben, bis zum nächsten Tag kalt stellen
500 g geschälte rohe Kartoffeln	in eine Schüssel mit Wasser reiben, in einem Tuch fest auspressen, zu den gekochten Kartoffeln geben

1 Ei	
65 g Weizenmehl	
1 Teel. Salz	unterkneten
	aus dem Teig mit bemehlten Händen 18 Klöße formen, in
kochendes Salzwasser	geben, zum Kochen bringen, gar ziehen lassen (Wasser muß sich leicht bewegen)
	die garen Klöße gut abtropfen lassen
Kochzeit für die Kartoffeln:	25–30 Minuten
Garzeit für die Klöße:	15–20 Minuten.

Pro Kloß: E: 2 g, F: 0g, Kh: 14 g kJ: 301, kcal: 72.

Klöße von gekochten und rohen Kartoffeln zu Rouladen oder Schweinebraten reichen.

Vollkornnudeln, hausgemacht

200 g Weizen	fein mahlen, mit
2 Eiern	
2 Eßl. Wasser	
½ Eßl. Pflanzenöl	
Salz, geriebener Muskatnuß	mit dem elektrischen Handrührgerät mit Knethaken zu einem glatten Teig verarbeiten
	den Teig etwas ruhen lassen, dann dünn ausrollen, die Teigplat te zum Trocknen auf ein Küchentuch legen, in gewünschter Länge und Breite zu Nudeln schneiden die Nudeln so lange locker ausgebreitet an der Luft stehen lassen, bis sie vollkommen trocken sind.

Pro Portion: E: 17 g, F: 9 g, Kh: 23 g, kJ: 1092, kcal: 261.

Grießbrei

1 l Milch (3,5% Fett)	mit
Salz, 75 g Zucker	
Zitronenschale (unbehandelt)	
10 g Butter	zum Kochen bringen
125 g Grieß	hineinstreuen, unter häufigem Umrühren ausquellen lassen
Garzeit:	10–15 Minuten.

Pro Portion: E: 12 g, F: 11 g, KH: 54 g kJ: 1561, kcal: 373.

Labskaus

600 g gepökeltes, schieres Rindfleisch	in
500 ml (½ l) kochendes Wasser	geben, zum Kochen bringen (Foto 1), gar kochen lassen, von der Brühe 375 ml (¾ l) abmessen
5 große Zwiebeln	abziehen beide Zutaten grob zerkleinern, durch den Fleischwolf drehen (Foto 2)
75 g Margarine	zerlassen, die Fleisch-Zwiebel-Masse unter Rühren 5 Minuten darin erhitzen
1 kg gekochte Kartoffeln	noch heiß durch die Kartoffelpresse geben (Foto 3), mit
6 Eßl. Flüssigkeit von eingelegten Essiggurken	
375 ml (⅜ l) Rindfleischbrühe	unter die Fleisch-Masse rühren, unter Rühren durchkochen lassen, das Gericht mit
Salz	
geriebener Muskatnuß	abschmecken
Garzeit:	Etwa 2 Stunden.

Pro Portion: E: 30 g, F: 41 g, Kh: 48 g kJ: 2950, kcal: 705.

Beilage: Spiegeleier, Essiggurken oder Rote Bete.
Veränderung: Anstelle von Rindfleisch Corned Beef verwenden.

Eintöpfe

Eintöpfe gehören zu den klassischen deftigen Gerichten. Alle zeichnen sich dadurch aus, daß mehrere Rohstoffe, die gut zusammenpassen, in einem Topf gegart werden. Einige sind eher eine Suppe mit viel Einlage, andere ein kräftiges, herzhaftes Gericht. Man verzehrt sie als Hauptgericht, vielleicht abgerundet mit einem Dessert.
Einige typische Eintopfgerichte, wie sie traditionell in Deutschland zubereitet werden:
- Pfefferpotthast
- Linseneintopf mit Würstchen
- Himmel und Erde
  Frankfurter Kartoffeleintopf
- Pichelsteiner Topf
- Gaisburger Marsch
- Landshuter Hochzeitstopf
- Altdeutscher Rindertopf
- Berliner Gänseklein
- Bohnen mit Birnen und Speck

Einige Beispiele für internationale Eintopfgerichte, die aber auch schon Eingang gefunden haben in die deutsche Küche:
- Bollito misto (Italien)
- Borschtsch (Rußland)
- Steirisches Wurzel-Schöpsernes (Österreich)
- Bündener Gerstentopf (Schweiz)
- Bouillabaisse (Frankreich)
- Paella (Spanien)
- Serbischer Fischtopf (Jugoslawien)
- Enten-Paprikasch (Ungarn)
- Chop suey (China)
- Boston baked beans (USA)
- Chili con carne (Mexiko)
- Persisches Hammelpilaw (Iran)
  Cous-Cous (Tunesien)

Fast alle Eintöpfe benötigen eine längere Garzeit. Dies hat den Vorteil, daß die einzelnen Rezeptbestandteile zusammen den beliebten Geschmack ergeben, wie er bei einem Eintopf gewünscht ist. Daher ist es auch zu empfehlen, mehrere Portionen zu kochen, d. h. eine grössere Menge zuzubereiten. Man kann dann das Gericht portionsweise eingefrieren, falls man nur eine oder zwei Portionen sofort benötigt.
Eintöpfe werden auf dem Herd oder aber im Backofen zubereitet in einem Topf mit gut schliessendem Deckel.
Eintopfgerichte können mit viel Phantasie individuell komponiert werden. Man sollte nur darauf achten, daß die einzelnen Rezeptzutaten etwa die gleiche Garzeit haben.

Linsen-Eintopf mit Schweinerippchen

250 g Linsen	waschen
500 g geräucherte Schweinerippchen	unter fließendem kaltem Wasser abspülen, mit den Linsen in
1 ½ l Wasser	zum Kochen bringen, fast weich kochen lassen
375 g Kartoffeln	schälen, waschen, in Würfel schneiden
1 Bund Suppengrün	putzen, waschen, kleinschneiden
2 mittelgroße Zwiebeln	abziehen, halbieren, in Scheiben schneiden
125 g geräucherte Mettwurst	
	die vier Zutaten zu den Linsen geben, mit
Salz, Pfeffer, Essig	
gerebeltem Liebstöckel	würzen, gar kochen lassen die Suppe mit Salz, Pfeffer abschmecken, Schweinerippchen und Mettwurst dazureichen oder kleingeschnitten in die Suppe geben, die Suppe mit
2 Eßl. gehackter Petersilie	bestreuen
Garzeit:	Etwa 1 ½ Stunden.

Pro Portion: E: 37 g, F: 42 g, Kh: 54 g kJ: 3301, kcal: 789.

Tip: Linseneintopf eignet sich gut zum Einfrieren. Empfehlenswert ist es, ihn portioniert einzufrieren und vor dem Erhitzen ganz aufzutauen, damit ein weiteres Garen und Zerkochen der Zutaten vermieden wird. Beim Erhitzen evtl. Flüssigkeit hinzufügen.

Streifrüben-Eintopf
(Stielmus)

500 g Schweinebauch (ohne Knochen)	unter fließendem kaltem Wasser abspülen, trockentupfen, in Würfel schneiden
750 g Streifrüben	
(vorbereitet gewogen)	putzen, waschen, kleinschneiden
500 g Kartoffeln	schälen, waschen, in Würfel schneiden
40 g Margarine	erhitzen, das Fleisch unter Wenden schwach darin bräunen lassen, mit
Salz, Pfeffer	würzen, Streifrüben, Kartoffeln,
250 ml (¼ l) Wasser	hinzufügen, gar schmoren lassen
	den Eintopf mit Salz, Pfeffer abschmecken
Garzeit:	Etwa 1 Stunde.

Pro Portion: E: 21 g, F: 61 g, Kh: 24 g kJ: 3213, kcal: 768.

Kasseler mit Sauerkraut

250 ml (1/4 l) Wasser	in den Schnellkochtopf gießen, den gelochten Einsatz hineinstellen
800 g Kasseler Rippenspeer	unter fließendem kalten Wasser abspülen, in den Einsatz geben (Foto 1), den Schnellkochtopf schließen, etwa 25 Minuten garen lassen, den Topf öffnen
750 g Sauerkraut 250 ml (1/4 l) Wasser 25 g Schweineschmalz 2 Nelken 1 Lorbeerblatt 3 Wacholderbeeren Salz Zucker	hinzufügen, den Einsatz auf den unteren gelochten Einsatz stellen (Foto 2) den Schnellkochtopf schließen, etwa 5 Minuten garen lassen das gare Fleisch in Scheiben schneiden (Foto 3), mit dem Sauerkraut servieren
	Pro Portion: E: 37 g, F: 35 g, Kh: 10 g kJ: 2761, kcal: 660.
Beilage:	Kartoffelbrei

Faßbohnen-Eintopf

500 g Kasseler Nacken	unter fließendem kaltem Wasser abspülen, trockentupfen, in Würfel schneiden
500 g Kartoffeln	schälen, waschen, in Würfel schneiden
750 g Faßbohnen	waschen, evtl. wässern, abtropfen lassen
40 g Margarine	erhitzen, das Fleisch unter Wenden schwach darin bräunen lassen
2 mittelgroße Zwiebeln	abziehen, würfeln
	kurz bevor das Fleisch genügend gebräunt ist, die Zwiebelwürfel hinzufügen, kurz miterhitzen, das Fleisch mit
Salz, Bohnenkraut	
weißem Pfeffer (aus der Mühle)	würzen, Kartoffelwürfel, Bohnen,
500 ml (½ l) Wasser	hinzufügen, gar schmoren lassen den Eintopf evtl. mit Salz abschmecken.
Garzeit:	Etwa 1 Stunde.

Pro Portion: E: 22 g, F: 43 g, Kh: 29 g kJ: 2602, kcal: 622.

Weiße Bohnensuppe

250 g Weiße Bohnen	waschen, in
1 ½ l Wasser	12 – 24 Stunden einweichen
500 g Kasseler Nacken	unter fließendem kaltem Wasser abspülen Bohnen und Kasseler Nacken in dem Einweichwasser zum Kochen bringen, die Bohnen fast weich kochen lassen das gare Fleisch herausnehmen
375 g Kartoffeln	schälen, waschen, in Würfel schneiden
1 Stange Porree (150 g)	putzen
3 mittelgroße Möhren	putzen, schrappen
1 Stück Sellerieknolle (75 g)	schälen
2 mittelgroße Zwiebeln	abziehen das Gemüse waschen, kleinschneiden, mit
125 g geräucherter Mettwurst	zu den Bohnen geben, mit
Salz	
Pfeffer	würzen, zum Kochen bringen, gar kochen lassen die Suppe mit Salz, Pfeffer abschmecken das Fleisch kleingeschnitten in die Suppe geben die Suppe mit
2 Eßl. gehackter Petersilie	bestreuen
Garzeit:	Etwa 1 ½ Stunden.

Pro Portion: E: 36 g, F: 52 g, Kh: 59 g kJ: 3740, kcal: 894.

Erbsensuppe mit Schweinebauch

375 g ungeschälte Erbsen	waschen, in
1 ½ l Wasser	12–24 Stunden einweichen
500 g geräucherte Schweinerippe	
250 g Schweinebauch (ohne Knochen)	
	das Fleisch unter fließendem kaltem Wasser abspülen, mit den Erbsen in dem Einweichwasser zum Kochen bringen, fast weich kochen lassen
375 g Kartoffeln	schälen, waschen, in Würfel schneiden
1 Bund Suppengrün	putzen, waschen, kleinschneiden
	beide Zutaten zu den Erbsen geben, mit
Salz, Pfeffer	
gerebeltem Liebstöckel	würzen, zum Kochen bringen, gar kochen lassen die Suppe mit Salz, Pfeffer abschmecken, das kleingeschnittene Fleisch in die Suppe geben
Garzeit:	Etwa 1 ½ Stunden.

Pro Portion: E: 47 g, F: 52 g, Kh: 73 g kJ: 4222, kcal: 1009.

Weißkohleintopf

500 g Hammelfleisch	unter fließendem kaltem Wasser abspülen, trockentupfen, in Würfel schneiden
1 kg Weißkohl	
(vorbereitet gewogen)	putzen, waschen, kleinschneiden
2 mittelgroße Zwiebeln	abziehen, halbieren, in Scheiben schneiden
1 Knoblauchzehe	
(nach Belieben)	abziehen, zerdrücken
30 g Pflanzenfett	erhitzen, das Fleisch unter Wenden schwach darin bräunen lassen, Weißkohl, Zwiebeln, Knoblauchzehe,
500 ml (½ l) Wasser	hinzufügen, mit
Salz, Pfeffer	
½ Teel. Kümmel	würzen, schmoren lassen
375 g Kartoffeln	schälen, waschen, in Würfel schneiden
1 Stange Porree (150 g)	putzen, in etwas dickere Ringe schneiden, waschen, 30 Minuten vor Beendigung der Schmorzeit beide Zutaten hinzufügen, gar schmoren lassen
	den Eintopf mit Salz, Pfeffer abschmecken
Garzeit:	Etwa 1 ¼ Stunden.

Pro Portion: E: 28 g, F: 31 g, Kh: 27 g kJ: 2205, kcal: 527.

Buntes Reisfleisch

500 g Schweinefleisch	unter fließendem kaltem Wasser abspülen, trockentupfen, in Würfel schneiden
500 g Tomaten	kurze Zeit in kochendes Wasser legen (nicht kochen lassen), in kaltem Wasser abschrecken, enthäuten (Foto 1), die Stengelansätze herausschneiden, die Tomaten vierteln
2 große Paprikaschoten (je 150 g, grün und rot)	halbieren, entstielen, entkernen, die weißen Scheidewände entfernen, die Schoten waschen, in Stücke schneiden
250 g Zwiebeln	abziehen, vierteln
60 g durchwachsenen Speck	in kleine Würfel schneiden
20 g Margarine	zerlassen, den Speck darin auslassen, das Fleisch unter Wenden darin bräunen lassen, Zwiebelviertel und Paprikastücke hinzufügen (Foto 2), etwa 10 Minuten mitschmoren lassen, mit
Salz	
Pfeffer	
2 Eßl. Tomatenmark	
einigen Spritzern Tabasco	
Paprika edelsüß	
Cayennepfeffer	würzen
gehackte Basilikumblättchen	
gehackte Liebstöckelblättchen	unterrühren
250 ml (¼ l) Instant-Fleischbrühe	hinzugießen, etwa 15 Minuten schmoren lassen
	Tomatenviertel,
250 g Langkornreis (parboiled)	
500 ml (½ l) Wasser	hinzufügen (Foto 3), gar kochen lassen
	das Gericht evtl. nochmals abschmecken
Garzeit:	Etwa 50 Minuten.

Pro Portion: E: 31 g, F: 24 g, Kh: 62 g kJ: 2607, kcal: 623.

Grüne Bohneneintopf

500 g Rindfleisch	unter fließendem kaltem Wasser abspülen, trockentupfen, in Würfel schneiden
1 kg Grüne Bohnen	evtl. abfädeln, waschen, in kleine Stücke brechen oder schneiden
500 g Kartoffeln	schälen, waschen, in Würfel schneiden
40 g Margarine	erhitzen, das Fleisch unter Wenden schwach darin bräunen lassen
1 mittelgroße Zwiebel	abziehen, würfeln
	kurz bevor das Fleisch genügend gebräunt ist, die Zwiebelwürfel hinzufügen, kurz miterhitzen
1 Stengel Bohnenkraut	abspülen
	das Fleisch mit
Salz	
Pfeffer	würzen, Bohnenkraut, Bohnen, Kartoffeln,
500 ml (½ l) Wasser	hinzufügen, gar schmoren lassen
	den Eintopf mit Salz abschmecken.
Garzeit:	Etwa 80 Minuten.
	Pro Portion: E: 30 g, F: 11 g, Kh: 31 g kJ: 1556, kcal: 372.
Veränderung:	150 g durchwachsenen Speck würfeln, ausbraten, 2 abgezogene, gewürfelte Zwiebeln hinzufügen, leicht bräunen lassen. Das Speck-Zwiebelgemisch kurz vor dem Servieren in den Eintopf geben.

Möhreneintopf

75 g Weiße Bohnen	waschen, in
500 ml (½ l) Wasser	12–24 Stunden einweichen, in dem Einweichwasser zum Kochen bringen, in etwa 1 Stunde gar kochen lassen
500 g Schweinebauch (ohne Knochen)	unter fließendem kaltem Wasser abspülen, trockentupfen, in Würfel schneiden
750 g Möhren	putzen, schrappen
375 g Kartoffeln	schälen
	beide Zutaten waschen, in kleine Würfel schneiden
40 g Margarine	erhitzen, das Fleisch unter Wenden schwach darin bräunen lassen
2 mittelgroße Zwiebeln	abziehen, würfeln
	kurz bevor das Fleisch genügend gebräunt ist, die Zwiebelwürfel hinzufügen, kurz miterhitzen

	das Fleisch mit
Salz	
Pfeffer	würzen, Möhren-, Kartoffelwürfel,
375 ml (3/8 l) Wasser	hinzufügen, in etwa 1 Stunde gar schmoren lassen
	die Bohnen (ohne Flüssigkeit) in den Möhren-Eintopf geben, mit
Salz, Pfeffer, Essig	abschmecken, den Eintopf mit
2 Eßl. gehackter Petersilie	bestreuen
Garzeit:	Etwa 2 Stunden.

Pro Portion: E: 22 g, F: 61 g, Kh: 40 g kJ: 3519, kcal: 841.

Veränderung: 1 Stange Porree putzen, in Ringe schneiden gründlich waschen, in den Eintopf geben, 1 geräucherte Mettwurst mitkochen.

Pichelsteiner

250 g Hammelfleisch	
250 g Schweinefleisch	
	das Fleisch unter fließendem kaltem Wasser abspülen, trockentupfen, in Würfel schneiden
250 g Möhren	putzen, schrappen
375 g Kartoffeln	schälen
	beide Zutaten waschen, in Würfel schneiden
250 g Porree (vorbereitet gewogen)	putzen, in Scheiben schneiden, waschen
250 g Weißkohl (vorbereitet gewogen)	putzen, waschen, kleinschneiden
40 g Margarine	erhitzen, das Fleisch unter Wenden schwach darin bräunen lassen
2 mittelgroße Zwiebeln	abziehen, halbieren, in Scheiben schneiden
	kurz bevor das Fleisch genügend gebräunt ist, die Zwiebelscheiben hinzufügen, kurz miterhitzen, das Fleisch mit
Salz	
gerebeltem Majoran	
gerebeltem Liebstöckel	
schwarzem Pfeffer (aus der Mühle)	würzen, Gemüse, Kartoffeln,
500 ml (1/2 l) Instant-Fleischbrühe	hinzufügen, gar schmoren lassen, den Eintopf mit
2 Eßl. gehackter Petersilie	bestreuen
Garzeit:	Etwa 1 Stunde.

Pro Portion: E: 27 g, F: 33 g, Kh: 25 g kJ: 2222, kcal: 531.

Eier-Auflauf
(Omelette soufflée)

4 Eigelb	mit
100 g Zucker	cremig schlagen (Foto 1)
4 Eiweiß	steif schlagen, auf die Eigelbcreme geben
20 g Speisestärke	darauf sieben, alles vorsichtig unter die Eigelbcreme ziehen (nicht rühren) (Foto 2)
	die Masse in eine gefettete flache Auflaufform geben (Foto 3), auf dem Rost in den vorgeheizten Backofen schieben
Strom:	Etwa 175
Gas:	2–3
Backzeit:	25–30 Minuten
	den Auflauf nach dem Backen mit
20 g Puderzucker	bestäuben, sofort servieren.

Pro Portion: E: 7 g, F: 6 g, Kh: 35 g kJ: 944, kcal: 223.

Beilage: Gezuckerte Beerenfrüchte oder gedünstetes Obst.

Tip: Eierauflauf bekommt eine lockere, duftige Konsistenz, wenn das Eigelb stark cremig und das Eiweiß sehr fest geschlagen werden.

Aufläufe

Es gibt eine Vielzahl unterschiedlicher Aufläufe – süße und pikante. Meist werden dabei kleingeschnittene Zutaten mit einer halbflüssigen Masse (z. B. Soße) in einer feuerfesten Form vermischt und im Backofen gebacken.
Aufläufe eignen sich ganz besonders auch zur Verwertung der Restmengen von Beilagen anderer Gerichte, z. B. Kartoffeln, Nudeln, Reis, Fleisch-, Fisch oder Wurstreste.

Einige Rezeptideen für herzhafte Aufläufe:

- Püree, geräucherter Fisch, Sauerkraut, etwas Käse.
- Kartoffelscheiben, Hackfleisch, Wirsing, Eiermilch.
- Rollgerste, Lauch, Käse, Joghurt-Ei-Masse.
- Reis, Fisch, Pilze, Eischnee.
- Teigwaren, Hackfleischsoße, Käse.
- Teigwaren, Quark, Schinken oder Salami, Eigelb, Eischnee.
- Gemüsevariation, Käsesoße.

Rezeptideen für süße Aufläufe:

- Grieß, Quark, Äpfel oder Kirschen, Eigelb, Eischnee.
- Hirse, Milch, Kirschen, Eier.
- Getränkter Zwieback oder Kuchen, Früchte, nach Wahl, Eiermilch.
- Quark, Nüsse, Eigelb, Äpfel, Eischnee.
- Semmeln, Eiermilch, Rosinen, Zwetschen.
- Gerstengrütze, Backobst, Sahne.
- Rosinenbrötchen, Kirschen, Eigelb, Milch, Eischnee.

Vorbereitung:

1. Feuerfeste Auflaufform, z. B. aus Keramik, Porzellan oder Jenaer Glas, sorgfältig fetten.
2. Vorbereitete, geschnittene Zutaten in die Form einschichten. Dabei ist zu beachten, daß bei Aufläufen, die beim Backen hochsteigen, die Form nur bis zu ¾ eingefüllt werden darf.
3. Backofen auf die gewünschte Temperatur einstellen und vorheizen, wenn es im Rezept angegeben ist.
4. Auflauf-Oberfläche, z. B. mit Semmelmehl, geriebenem Käse, gehackten Nüssen oder Mandeln bestreuen oder mit einigen Fettflöckchen belegen.

5. Rand der Form vor dem Backen abwischen. Daran haftende Reste verbrennen sehr schnell und aufgestiegene Aufläufe fallen dann wieder zusammen.
6. Nach dem Backen wird der Auflauf auf einen feuerfesten Untersetzer gesetzt und in der Form serviert.

Lockerungsmöglichkeiten

Aufläufe sollen eine lockere Konsistenz haben. Diese erhält man mit folgenden, unterschiedlichen Zubereitungsarten:
- Zutaten mit einer Soße übergießen, z. B. Käse-, Hackfleisch- oder Tomatensoße.

- Zutaten mit Eiermilch übergießen (250 ml Milch, 1 Ei, oder 500 ml Milch und 2 Eier verschlagen und würzen).
- Joghurt-Ei-Masse (1 Becher Joghurt und 1 Ei verschlagen und würzen).
- Eigelb unter die Masse rühren. Eiweiß steif schlagen und vorsichtig unterheben.
- Breiige, nicht zu feste Zutaten mit geriebenem oder in Würfel geschnittenem Käse einschichten.

Quarkcreme-Auflauf

2 Päckchen Pudding-Pulver Vanille-Geschmack	mit ⅔ von
200 g Zucker	mischen
2 ½ Eigelb	hinzufügen, mit ¼ von
500 ml (½ l) kalter Milch (3,5% Fett)	anrühren, die übrige Milch zum Kochen bringen das Pudding-Pulver in die von der Kochstelle genommene Milch rühren, zum Kochen bringen, kurz aufkochen lassen den Topf von der Kochstelle nehmen
750 g Speisequark (Magerstufe)	hinzufügen, unter Rühren einmal aufkochen lassen die heiße Milch in eine Schüssel füllen
50 g Rosinen	verlesen, unterrühren
3 Eiweiß	steif schlagen, den restlichen Zucker eßlöffelweise unterschlagen, zuletzt unter die Quarkmasse heben, in eine gefettete Auflaufform füllen, glattstreichen
½ Eigelb	mit
1 Eßl. Milch (3,5% Fett)	verschlagen, den Auflauf damit bestreichen, die Auflaufform auf dem Rost in den vorgeheizten Backofen schieben
Strom:	175 – 200
Gas:	2 – 3
Backzeit:	60 – 70 Minuten.

Pro Portion: E: 35 g, F: 10 g, Kh: 88 g kJ: 2843, kcal: 591.

Sauerkirsch-Quarkauflauf

3 Eigelb	mit
125 g Zucker	cremig schlagen, mit
75 g Grieß	
2 Eßl. Zitronensaft	
500 g Magerquark	verrühren
3 Eiweiß	steif schlagen, vorsichtig unter die Quark-Masse heben
460 g entsteinte, gedünstete Sauerkirschen	gut abtropfen lassen, unter die Masse rühren, in eine gefettete flache Auflaufform füllen, auf dem Rost in den vorgeheizten Backofen schieben
Strom:	200 – 225
Gas:	3 – 4
Backzeit:	Etwa 35 Minuten.

Pro Portion: E: 25 g, F: 5 g, Kh: 73 g kJ: 1870, kcal: 447.

Kompott-Auflauf mit Schneehaube

250 ml (¼ l) Milch (3,5% Fett)	erhitzen
100 g (etwa 9) Zwiebäcke	darin einweichen
200 g Pflaumenkompott	
150 g Birnenkompott	
150 g Apfelkompott	(Foto 1) das Kompott abtropfen lassen, in eine gefettete Auflaufform geben, die durchweichten Zwiebäcke dicht nebeneinander darauf legen (Foto 2) einen Vanille-Pudding zubereiten aus:
500 ml (½ l) Milch (3,5% Fett)	
1 Päckchen Puddingpulver Vanillegeschmack	
50 g Zucker	
1 Eigelb	
	den Pudding auf die Zwiebäcke geben
1 Eiweiß	steif schlagen, mit
1 gestrichenen Teel. Zucker	süßen, gleichmäßig auf den Pudding streichen (Foto 3) die Auflaufform auf dem Rost in den vorgeheizten Backofen schieben
Strom:	175–200
Gas:	2–3
Backzeit:	15–20 Minuten.

Pro Portion: E: 11 g, F: 9 g, Kh: 74 g kJ: 1818, kcal: 431.

Tip: Für den Kompott-Auflauf können beliebige Reste von gedünstetem Obst, auch Obst aus dem Glas oder aus der Dose verwendet werden.

Aufläufe

Apfel-Auflauf

500 g Äpfel	schälen, vierteln, entkernen, in Scheiben schneiden
2 Eier	mit
125 g Zucker	schaumig schlagen
1 Päckchen Vanillin-Zucker	hinzufügen
125 g Weizenmehl	
2 gestrichene Teel. Backpulver	mischen, sieben, unterrühren den Teig abwechselnd lagenweise mit den Apfelscheiben in eine gefettete Auflaufform schichten, die oberste Schicht soll aus Teig bestehen, die Auflaufform auf dem Rost in den vorgeheizten Backofen schieben
Strom:	175–200
Gas:	2–3
Backzeit:	Etwa 30 Minuten.
	Pro Portion: E: 7 g, F: 4 g, Kh: 71 g kJ: 1485, kcal: 355.
Beigabe:	Vanillesoße.

Cannelloni in pikanter Tomatensoße

1 kg Tomaten	kurze Zeit in kochendes Wasser legen (nicht kochen lassen), in kaltem Wasser abschrecken, enthäuten, die Stengelansätze herausschneiden, die Tomaten in Würfel schneiden
1 mittelgroße Zwiebel	abziehen, fein würfeln
2 Eßl. Olivenöl	erhitzen, die Zwiebelwürfeln darin hellgelb dünsten, Tomatenwürfel,
1 schwach gehäuften Eßl. Tomatenmark	hinzufügen, zum Kochen bringen, kurz aufkochen lassen, mit
Salz, Pfeffer	
gerebeltem Oregano	würzen
1 Eßl. gehackte Petersilie	unterrühren
1 Brötchen (Semmel)	in kaltem Wasser einweichen
2 mittelgroße Zwiebeln	abziehen, fein würfeln
500 g Hackfleisch (halb Rind-, halb Schweinefleisch)	mit dem gut ausgedrückten Brötchen, den Zwiebelwürfeln,
1 Eßl. gehackter Petersilie	vermengen, mit Salz, Pfeffer abschmecken, die Fleischmasse in einen Spritzbeutel füllen, in
16 rohe Cannelloni (aus der Packung)	spritzen, etwas von der Tomaten-Masse in eine gefettete flache Auflaufform geben

	die gefüllten Cannelloni nebeneinander hineinlegen, die restliche Tomatenmasse darüber verteilen
20 g Butter	in Flöckchen darauf setzen, mit
50 g geriebenem Gouda-Käse	bestreuen, die Auflaufform auf dem Rost in den vorgeheizten Backofen schieben
Strom:	200 – 225
Gas:	3 – 4
Backzeit:	Etwa 35 Minuten.

Pro Portion: E: 37 g, F: 48 g, Kh: 54 g kJ: 3510, kcal: 839.

Tip: Canneloni sind italienische Teigwaren (Pasta) und bedeuten übersetzt „große Röhren", es sind also große, hohle Teigplatten, die im Handel zu verschiedenen Mengen abgepackt angeboten werden. Man unterscheidet helle und grüne, d.h. mit Spinatpüree gefärbte Cannelloni. Sie werden vorgekocht, dann beliebig gefüllt und mit Soße und Käse überbacken gefüllt.

Kartoffel-Porree-Auflauf

1 Brötchen (Semmel)	in kaltem Wasser einweichen
1 mittelgroße Zwiebel	abziehen, fein würfeln
500 g Hackfleisch (halb Rind-, halb Schweinefleisch)	mit dem gut ausgedrückten Brötchen, den Zwiebelwürfeln vermengen, mit
Salz, Pfeffer	abschmecken
300 g Porree (vorbereitet gewogen)	putzen, in Scheiben schneiden, waschen, abtropfen lassen die Hälfte aus
1 Packung (450 g) Bratkartoffeln, tiefgekühlt	in eine gefettete Auflaufform geben, die Porreescheiben darauf geben, mit Salz,
gerebeltem Oregano	würzen, das Fleisch darauf verteilen, mit den restlichen Kartoffelscheiben bedecken, mit Salz, Oregano würzen
250 ml (¼ l) Instant-Fleischbrühe	mit
1 Eßl. Tomatenmark	verrühren, über die Zutaten gießen die Auflaufform zugedeckt auf dem Rost in den vorgeheizten Backofen schieben
Strom:	175 – 200, Gas: 3 – 4
Backzeit:	Etwa 1 Stunde.

Pro Portion: E: 30 g, F: 36 g, Kh: 36 g kJ: 2580, kcal: 617.

Aufläufe

Nudel-Auflauf

250 g Bandnudeln	in
1 ½ l kochendes Salzwasser	geben, zum Kochen bringen, ab und zu umrühren, in etwa 8 Minuten gar kochen lassen
	die garen Nudeln auf ein Sieb geben, mit kaltem Wasser übergießen, abtropfen lassen
2 mittelgroße Zwiebeln	
1 Knoblauchzehe	
	beide Zutaten abziehen, würfeln
20 g Butter	zerlassen, Zwiebel- und Knoblauchwürfel darin glasig dünsten
500 g Hackfleisch	
(halb Rind-, halb Schweinefleisch)	hinzufügen, unter ständigem Rühren darin anbraten, dabei die Fleischklümpchen etwas zerdrücken (Foto 1), das Hackfleisch mit
Salz, Pfeffer, Paprika edelsüß	
gerebeltem Thymian	würzen
500 g Tomaten	kurze Zeit in kochendes Wasser legen (nicht kochen lassen), in kaltem Wasser abschrecken, enthäuten, halbieren, die Stengelansätze herausschneiden, die Tomatenhälften in Stücke schneiden, zu dem Hackfleisch geben (Foto 2), etwa 5 Minuten mitschmoren lassen, mit Salz, Pfeffer, Paprika würzen ⅔ der Nudeln in eine gefettete Auflaufform füllen, die Hackfleischmasse darauf geben, mit den restlichen Nudeln bedecken
100 g geriebenen Käse,	
z. B. Gouda	darüber streuen (Foto 3)
20 g Butter	in Flöckchen darauf setzen
	die Form auf dem Rost in den vorgeheizten Backofen schieben
Strom:	225 – 250
Gas:	5 – 6
Backzeit:	35 – 40 Minuten.

Pro Portion: E: 39 g, F: 48 g, Kh: 51 g kJ: 3527, kcal: 843.

Spiegeleier

20 g Butter oder Margarine	in einer Bratpfanne zerlassen
4 Eier	vorsichtig aufschlagen, nebeneinander in das Fett gleiten lassen das Eiweiß mit
Salz	bestreuen, braten lassen
Bratzeit:	Etwa 5 Minuten.

Pro Portion: E: 7 g, F: 10 g, Kh: 0 g kJ: 527, kcal: 126.

Veränderung: Schinkenspeck-Scheiben in dem Fett anbraten, die Eier darauf schlagen.

Verlorene Eier
(Pochierte Eier)

1 l Wasser	mit
3 Eßl. Essig	zum Kochen bringen
6 Eier	einzeln in einer Kelle aufschlagen, vorsichtig in das kochende Wasser geben (Foto 1) (bei Gas die Flamme klein stellen, bei Strom die Kochplatte auf Stufe 0 schalten) die garen Eier mit einem Schaumlöffel herausnehmen (Foto 2), kurz in kaltes Wasser halten, ringsherum zu einer hübschen Form beschneiden (Foto 3)
Garzeit:	3 – 4 Minuten.

Verlorene Eier als Einlage für Suppen, auf gerösteten Brotscheiben als Vorspeise oder mit verschiedenen Soßen als selbständiges Gericht reichen.

Pro Portion: E: 7 g, F: 9 g, Kh: 0 g kJ: 368, kcal: 88.

Tip: Die verlorenen Eier zu Senfsoße reichen oder auf Friseesalat anrichten.

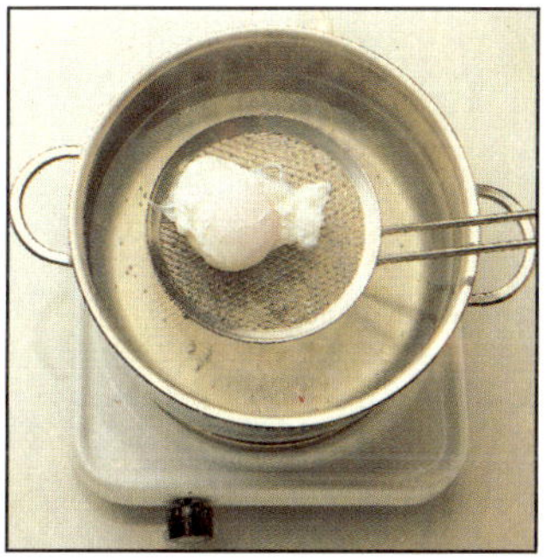

Eierspeisen

Hühnereier sind ernährungsphysiologisch wertvoll, preisgünstig und vielseitig einsetzbar. Ist von „Eiern" die Rede (ohne weiteren Zusatz) so sind immer Hühnereier gemeint. Eier von anderen Vogelarten müssen mit der vollen Bezeichnung genannt werden (Wachtel- oder Möveneier).

Hauptbestandteile eines Eies:

Eidotter (Eigelb)
Es hat einen Durchmesser von etwa 3 cm und wird durch das zähflüssige Eiklar und die Hagelschnüre in seiner Form gehalten. Es enthält wertvolle Nährstoffe und ist deshalb der wertvollste Teil des Eies.

Eiweiß (Eiklar)
besteht aus 4 dünn- bis dickflüssigen Schichten und umschließt das Dotter. Durch seine bakterienhemmende Wirkung übernimmt es auch eine gewisse Schutzfunktion gegenüber dem Dotter.

Eischale
Sie schützt das Ei vor Verunreinigungen, so lange sie unbeschädigt ist. Sie besteht aus einer luftdurchlässigen Kalkschicht.

Eier werden entsprechend ihrer Frische in **Güteklassen** und hinsichtlich ihres Gewichtes in **Gewichtsklassen** eingeteilt.

Einteilung der Güteklassen:
Klasse **A** Frischeier: Unbeschädigte, saubere Schale. Luftkammerhöhe nicht über 6 mm. Frei von Fremdgeruch. Ein Keim darf nicht sichtbar entwickelt sein. Das Ei muß durchsichtig sein. Bis zu 7 Tage alte Eier, die diesen Anforderungen entsprechen, dürfen als **„A – Extra"** angeboten werden.
Klasse **B**. Diese Eier müssen nicht ganz so frisch und sauber sein, wie die der Klasse A. Die Luftkammerhöhe darf 9 mm betragen.

Einteilung der Gewichtsklassen:
Gewicht des einzelnen Eies in Gramm:

Klasse 1	70 und darüber
2	65 bis unter 70
3	60 bis unter 65
4	55 bis unter 60
5	50 bis unter 55
6	45 bis unter 50
7	unter 45

Klasse **C**. Eier, die nicht der Klasse A oder B entsprechen. Sie dürfen nur in der Industrie verarbeitet werden.

Frische-Tests für Eier

Schwimmprobe

Aufschlagprobe

1. Ein frisches Ei:

Es bleibt auf dem Boden liegen.

Das Eiweiß umschließt das Eidotter fest; das Dotter ist kugelig.

2. Ein etwa 7 Tage altes Ei:

Es richtet sich leicht auf.

Das Eiweiß beginnt zu fließen (es steht nicht mehr so fest).

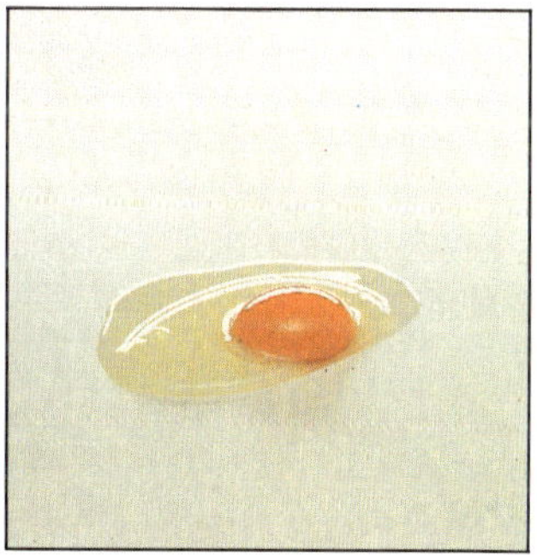

3. Ist das Ei etwa 3 Wochen alt:

Es beginnt zu schwimmen.

Das Eiweiß ist wässsrig, das Dotter ist flach.

Eierspeisen

Ei aufschlagen

Das Ei auf einer Kante aufschlagen und in ein Gefäß gleiten lassen. Bei Verwendung von mehreren Eiern für ein Gericht sollte jedes Ei einzeln in einem Gefäß aufgefangen werden. Ein einziges schlechtes Ei kann die ganze Masse verderben.

Eier trennen

Eier auf einer Kante aufschlagen, Schale auseinander brechen und das Eigelb von einer Schalenhälfte in die andere gleiten lassen. Dabei das Eiweiß in einem darunterstehenden Gefäß auffangen.

Eischnee schlagen

Eischnee wird für viele Gerichte als Lockerungsmittel eingesetzt, z. B. für Aufläufe, Soufflées, Schaumomeletts, Puddinge, Crémes, Kuchen usw.

1. Je frischer das Eiweiß ist, desto besser läßt es sich steif schlagen.
2. Kaltes Eiweiß in einem sauberen, fettfreien Gefäß mit dem Rührbesen des elektrischen Handrührgerätes oder mit dem Schneebesen steif schlagen.

Hinweis:
Fetthaltige Gefäße und Eidotterreste verhindern das Steifwerden von Eiweiß.

3. Eischnee ist steif, wenn:
   - die sich beim Schlagen bildenden Spitzen stehen bleiben;
   - er mit einem Messer geschnitten werden kann;
   - der Eischnee stumpf aussieht;
   - man die Schüssel langsam umdrehen kann, ohne daß der Eischnee herausrutscht.
4. Steif geschlagenen Eischnee beim Weiterverarbeiten **unterheben**, nicht rühren. Die eingeschlagene Luft würde entweichen und die Konsistenz des Gerichtes zu fest werden.
5. Werden zum Abschmecken unter den Eischnee fetthaltige Zutaten gemischt, diese vorsichtig **unterziehen**. Nicht rühren. Der Eischnee fällt sonst zusammen.
6. Steif geschlagenen Eischnee sofort weiter verarbeiten. Beim Stehen wird er schnell wieder flüssig.

Eier kochen

1. Eier an der stumpfen Stelle mit dem Eierpieker einstechen, damit sie nicht platzen.
2. Mit kaltem Wasser bedeckt zum Kochen bringen.
3. Eieruhr auf die gewünschte Garzeit einstellen, sobald das Wasser kocht.
4. Gekochte Eier unter kaltem Wasser abschrecken. Sie lassen sich dann besser pellen.

Hinweis:
Ist ein Ei beim Kochen geplatzt, etwas Essig in das Wasser gießen. Das Eiweiß wird gebunden und schäumt nicht über.

Garzeiten:

Weiche Eier	3– 4 Min.
Wachsweiche Eier	5– 6 Min.
Harte Eier	8–10 Min.

Frische-Datum

Auf den Eier-Packungen sind die Nummern der Abpackwoche unverschlüsselt von Woche 1 bis Woche 52 (oder 53) angegeben. Es darf jeweils ab Donnerstag die Wochenzahl der kommenden Woche angegeben werden.

Lagerung

Möglichst kühl (etwa 8 – 10 Grad C) und bei erhöhter Luftfeuchtigkeit im Kühlschrank lagern.

Eier mit Senfsoße

	4 feuerfeste Förmchen gut ausfetten, von
8 Eiern	jeweils 2 Eier in jedes Förmchen aufschlagen
75 g durchwachsenen Speck	in Würfel schneiden, über die Eier geben, mit
Salz	
Pfeffer	bestreuen
2 Eßl. feingeschnittenen Schnittlauch	auf die Förmchen verteilen, auf dem Rost in den vorgeheizten Backofen schieben
Strom:	Etwa 200
Gas:	Etwa 3
Garzeit:	Etwa 25 Minuten
	für die Senfsoße
250 ml (¼ l) Schlagsahne (30% Fett)	in einem Topf auf die Hälfte einkochen lassen, mit
Salz	
2 schwach gehäufte Teel. Senf	verrühren
	die Eier vom Rand der Förmchen lösen, auf eine Platte heben, mit
Petersilie	garnieren
	die Soße dazureichen.

Pro Portion: E: 17 g, F: 44 g, Kh: 1 g kJ: 2105, kcal: 503.

Tip: Eier in Senfsoße eignen sich für 8 Personen als Vorspeise oder für 4 Personen aus Hauptgericht mit Petersilienkartoffeln und Salat.

Gestürzte Eier

60 g gekochten Schinken	fein schneiden, mit
40 g geriebenem Käse, z. B. Gouda	vermengen
	4 Tassen oder Förmchen gut ausfetten
	von
4 Eiern	jeweils 1 Ei in jede Tasse (Förmchen) aufschlagen, die Schinken-Käse-Masse darauf füllen
	die Förmchen mit Alufolie abdecken, in heißes, aber nicht kochendes Wasser stellen, stocken lassen
gewaschene Salatblätter	auf einer Platte anrichten, die Eier darauf stürzen
Gerinnungszeit:	Etwa 30 Minuten.

Pro Portion: E: 12 g, F: 11 g, Kh: 0 g kJ: 665, kcal: 159.

Eierkuchen, goldgelb

250 g Weizenmehl	in eine Schüssel sieben, in die Mitte eine Vertiefung eindrücken
4 Eier	mit
Zucker	
Salz	
375 ml (3/8 l) Milch (3,5% Fett)	
125 ml (1/8 l) Mineralwasser	verschlagen, etwas davon in die Vertiefung geben, von der Mitte aus Eier-Flüssigkeit und Mehl verrühren, nach und nach die übrige Eier-Flüssigkeit dazugeben, darauf achten, daß keine Klumpen entstehen, etwas von
150 g Margarine	in einer Bratpfanne erhitzen, eine dünne Teiglage hineingeben, von beiden Seiten goldgelb backen bevor der Eierkuchen gewendet wird, etwas Margarine in die Pfanne geben.

Pro Portion: E: 17 g, F: 40 g, Kh: 51 g kJ: 2766, kcal: 661.

Beilage: Kompott, Zimt und Zucker, Ahornsirup, Früchte.

Veränderung: Statt der ganzen Eier nur das Eigelb in den Teig rühren und das steif geschlagene Eiweiß erst kurz vor dem Backen unterheben. Das macht den Eierkuchen zarter und lockerer.

Eierkuchen mit Schinkenspeck

250 g Weizenmehl	in eine Schüssel sieben, in die Mitte eine Vertiefung eindrücken
4 Eier	mit
Salz	
375 ml (3/8 l) Milch (3,5 % Fett)	
125 ml (1/8 l) Mineralwasser	verschlagen, etwas davon in die Vertiefung geben, von der Mitte aus Eier-Flüssigkeit und Mehl verrühren, nach und nach die übrige Eier-Flüssigkeit dazugeben, darauf achten, daß keine Klumpen entstehen etwas von
150 g Margarine	in einer Bratpfanne erhitzen, etwas von
200 g Schinkenspeckscheiben	darin bräunlich braten, eine dünne Lage Eierkuchen-Teig darauf geben, von beiden Seiten goldgelb backen bevor der Eierkuchen gewendet wird, etwas Margarine in die Pfanne geben.

Pro Portion: E: 26 g, F: 57 g, Kh: 51 g kJ: 3594, kcal: 859.

Beigabe: Grüner Salat.

Gekochte Eier

Eier	müssen frisch und sauber sein
Wassermenge	muß reichlich bemessen sein, damit sie sich beim Hineinlegen der Eier nicht zu sehr abkühlt
	sehr kalte Eier in lauwarmem Wasser vorwärmen, damit die Schalen beim Einlegen in das kochende Wasser nicht platzen, bzw. die Eier einstechen
	die fertigen Eier kurze Zeit in kaltes Wasser legen, damit sie sich besser pellen lassen
Kochzeit:	Weiche Eier 3 – 4 Minuten harte Eier 8 – 10 Minuten.

Pro Portion: 7 g, F: 6 g, Kh: 0 g kJ: 368, kcal: 88.

Eierkuchen mit Äpfeln

1 kg mürbe Äpfel	schälen, vierteln, entkernen, in dünne Scheiben schneiden
	für den Teig
250 g Weizenmehl	in eine Schüssel sieben, in die Mitte eine Vertiefung eindrücken
4 Eier	mit
Salz	
25 g Zucker	
375 ml (3/8 l) Milch (3,5% Fett)	
125 ml (1/8 l) Mineralwasser	verschlagen, etwas davon in die Vertiefung geben, von der Mitte aus Eier-Flüssigkeit und Mehl verrühren, nach und nach die übrige Eier-Flüssigkeit dazugeben, darauf achten, daß keine Klumpen entstehen, etwas von
200 g Margarine	in einer Bratpfanne erhitzen, einen Teil der Apfelscheiben hineingeben, anbraten lassen, eine dünne Teiglage darauf geben, den Eierkuchen von beiden Seiten goldgelb backen
	bevor der Eierkuchen gewendet wird, etwas Margarine in die Pfanne geben
	die fertigen Eierkuchen mit
Zucker	
gemahlenem Zimt	bestreuen.

Pro Portion: E: 17 g, F: 51 g, Kh: 87 g kJ: 3795, kcal: 907.

Tip: Der Eierkuchen wird besonders locker, wenn der Teig vor dem Backen 1 – 2 Stunden ruht, so daß das Mehl quellen kann.

Schaumomelette mit Quarkfüllung
(2 Portionen)

	Für die Füllung
250 g Erdbeeren	waschen, abtropfen lassen, entstielen, pürieren
250 g Speisequark (20% Fett)	mit
25 g Zucker	
1 Päckchen Vanillin-Zucker	
1 Eßl. Zitronensaft	verrühren
125 ml (⅛ l) Schlagsahne	steif schlagen, unter den Quark heben, zuletzt die Erdbeeren darunter heben für das Omelette
3 Eigelb	mit
abgeriebener Schale einer halben Zitrone (unbehandelt)	
30 g Zucker	cremig schlagen (Foto 1)
3 Eiweiß	steif schlagen, auf die Eigelbcreme geben (Foto 2)
1 schwach gehäuften Teel. Speisestärke	darüber sieben, beides unter die Eigelbcreme heben
30 g Butter	in einer nicht zu kleinen Bratpfanne zerlassen, den Teig hineingeben (Foto 3) (evtl. 2 Omelettes backen), Pfanne mit einem Deckel schließen, den Teig bei schwacher Hitze von unten goldgelb backen, das Omelette mit der Füllung bestreichen, zusammenklappen, auf einer vorgewärmten Platte anrichten, mit
Erdbeeren	garnieren, mit
Puderzucker	bestäuben
Backzeit:	Etwa 10 Minuten.

Pro Portion: E: 28 g, F: 48 g, Kh: 49 g kJ: 3188, kcal: 762.

Eierspeisen

Eier in Kerbelsoße

375 ml (3/8 l) Instant-Fleischbrühe	mit
1 abgespülten Bund Kerbel	einige Minuten aufkochen lassen, pürieren
25 g Margarine	zerlassen
20 g Weizenmehl	unter Rühren so lange darin erhitzen, bis es hellgelb ist, die Kerbelbrühe hinzugießen, mit einem Schneebesen durchschlagen, darauf achten, daß keine Klumpen entstehen, die Soße zum Kochen bringen, etwa 5 Minuten kochen lassen, mit
Salz	abschmecken
6 hartgekochte Eier	pellen, in Scheiben schneiden, in eine vorgewärmte Schüssel legen, die Soße darüber verteilen.
	Pro Portion: E: 11 g, F: 14 g, Kh: 5 g kJ: 858, kcal: 205.
Beilage:	In Butter geschwenkte Kartoffeln.

Eierfrikassee

200 g gedünstete Champignons	
175 g gekochte Spargelstücke	
	beide Zutaten zum Abtropfen auf ein Sieb geben, das Champignon- und Spargelwasser mit Wasser auf 375 ml (3/8 l) auffüllen
6 hartgekochte Eier	pellen
	Champignons und Eier in Scheiben schneiden
	für die Soße
20 g Butter oder Margarine	zerlassen
25 g Weizenmehl	unter Rühren so lange darin erhitzen, bis es hellgelb ist
375 ml (3/8 l) Champignon- und Spargelwasser	hinzugießen, mit einem Schneebesen durchschlagen, darauf achten, daß keine Klumpen entstehen, die Soße zum Kochen bringen
	die Zutaten in die Soße geben, etwa 10 Minuten darin ziehen lassen
1 Eigelb	mit
3 Eßl. Weißwein	verschlagen, das Frikassee damit abziehen (nicht mehr kochen lassen), mit
Salz	
Zitronensaft	abschmecken, mit

1 Eßl. gehackter Petersilie	bestreuen.
	Pro Portion: E: 14 g, F: 15 g, Kh: 8 g kJ: 1008, kcal: 241.
Veränderung:	1 Teel. Kapern und Semmelklößchen zuletzt in das Frikassee geben.
Resteverwertung:	Hartgekochte Eier, z. B. Ostereier, können sehr gut zu Eierfrikassee verarbeitet werden. Zu Eierfrikassee schmeckt besonders gut ein Brüh- oder Kräuterreis.

Rührei

6 Eier	mit
6 Eßl. Milch (3,5% Fett)	
Salz	kurz verschlagen
45 g Butter oder Margarine	in einer Bratpfanne zerlassen, die Eier-Milch hineingeben sobald die Masse zu stocken beginnt, sie mit einem Löffel strichweise vom Boden der Pfanne losrühren, so lange weiter erhitzen, bis keine Flüssigkeit mehr vorhanden ist Rührei muß weiß und großflockig, aber nicht trocken sein
Gerinnungszeit:	Etwa 5 Minuten.
	Pro Portion: E: 11 g, F: 19 g, Kh: 2 g kJ: 971, kcal: 232.
Veränderung:	3 Eßl. feingeschnittenen Schnittlauch unter das Rührei rühren.

Apfelmus

750 g Äpfel	waschen, von Stiel und Blüte befreien, in kleine Stücke schneiden, mit
5 Eßl. Wasser	zum Kochen bringen, weich kochen lassen, durch ein Sieb streichen, mit
etwa 50 g Zucker	abschmecken.

Pro Portion: E: 1 g, F: 1 g, Kh: 34 g, kJ: 607, kcal: 145.

Schokoladencreme

(Mousse au chocolat)

100 g Halbbitter-Schokolade	
50 g Vollmilch-Schokolade	
	die Schokolade in kleine Stücke brechen, in einem Topf im Wasserbad (Foto 1) bei schwacher Hitze zu einer geschmeidigen Masse rühren, etwas abkühlen lassen
3 Eiweiß	so steif schlagen, daß ein Messerschnitt sichtbar bleibt
	die noch warme Schokolade darunter rühren (Foto 2)
125 ml (1/8 l) Schlagsahne (30% Fett)	steif schlagen, unterheben
	die Creme mindestens 2 Stunden kalt stellen
	vor dem Servieren die Creme mit einem Eisportionierer oder mit einem Eßlöffel auf Dessertgläser verteilen, (Foto 3).

Pro Portion: E: 6 g, F: 22 g, Kh: 22 g kJ: 1289, kcal: 308.

Beigabe: Angeschlagene Sahne.

Tip: Die Schokoladen-Creme sollte vor dem Servieren gut durchgekühlt sein, erst dann hat sie ihre typische Beschaffenheit. Die Creme nach Belieben mit Puderzucker bestäuben.

Obst und süße Speisen

Das gesamte Jahr über gibt es ein reichhaltiges Angebot an einheimischem und ausländischem Obst. Je nach Jahreszeit sind ganz unterschiedliche Sorten auf dem Markt. Wir haben so die Möglichkeit, ganz abwechslungsreich diesem Angebot zu folgen und auch immer die günstigen Saisonpreise zu nutzen.
Obst hat einen hohen Anteil an Ballaststoffen und ist reich an Vitaminen und Mineralstoffen. Es sollte täglich in unserem Menüplan mit enthalten sein.
Mit den einheimischen Obstsorten sind wir vertraut, doch das ständig steigende Marktangebot an ausländischen, exotischen Früchten erfordert noch eine Menge Fachkenntnisse. Hier nun einige warenkundliche Hinweise und Tips.

Apfelsine. Fast ganzjährig zu erhalten. Verschiedene Sorten. Für Fruchtsalate wie einen Apfel schälen und dabei die weiße Außenhaut mit entfernen. Danach die Spalten so schneiden, daß die Trennhäute jeweils in der Mitte der Schnitze sind. Die Apfelsinenschnitze sehen frisch aus und behalten ihre Ballaststoffe, die ansonsten beim filieren entfernt werden.

Ananas. Braungeschuppte, nicht eßbare Schale. Reife Früchte sind sehr aromatisch, saftig und süß. Je ausgeprägter die Schuppen, desto aromatischer ist die Frucht. Bei reifen Früchten lassen sich die Blättchen leicht aus der Blattkrone herausziehen. Unreife Ananas an der Blattkrone festgebunden aufhängen, nicht unter 5° C lagern. Druckempfindlich.

Avocado. Birnenförmige Früchte. Je nach Sorte mit grüner und braungrüner Farbe. Reife Früchte geben bei Daumendruck leicht nach. Stoß- und druckempfindlich. Früchte am besten unreif kaufen und bei Zimmertemperatur reifen lassen. Gelbgrünes Fruchtfleisch mit ungenießbarem Kern. Überreife Früchte sind matschig und haben braune Flecken.

Feigen. Sehr empfindliche Früchte mit violetter – schwarzblauer oder leicht grauer Schale. Rötliches Fruchtfleisch mit vielen, kleinen eßbaren Kernen. Nur reife Früchte sind aromatisch. Nicht lagerfähig.
Die Schale kann mitgegessen werden. Als Beilage z. B. zu Schinken oder Lamm, aber auch für Obstsalate geeignet. Überwiegend getrocknet im Angebot.

Grapefruit. Gelb-orange farbene Schale. Gelbes oder rosa gefärbtes Fruchtfleisch. Sehr saftig, leicht säuerlich-bitter im Geschmack. Länger lagerfähig als Orangen. Früchte quer halbieren und auslöffeln oder zu Saft auspressen.

Kaki. Tomatenähnliche Früchte mit orangefarbener, glatter, glänzender, nicht eßbarer Schale. Etwas glasig durchscheinendes Fruchtfleisch mit 3 – 4 Kernen. Reife Früchte sind weich und schmecken fruchtig-süß. Kaki quer halbieren und auslöffeln. Unreife Früchte schmecken pelzig. Auch für Fruchtpürees oder Quarkspeisen geeignet.

Kaktusfeige. Grün-rötliche bis gelbe Früchte mit sehr feinen Stacheln und ungenießbarer Schale. Gelb-rötliches Fruchtfleisch mit zahlreichen eßbaren Kernen. Aromatischer, frischer Geschmack. Grüne Früchte sind noch nicht reif. Früchte vorsichtig schälen oder halbiert aushöhlen.

Kiwi. Oliv-braune, leicht behaarte, nicht eßbare Schale. Hellgrünes Fruchtfleisch mit eßbaren Kernen. Leicht säuerlich.

Früchte schälen oder halbiert mit einem Löffel an der Schaleninnenseite entlangfahren und das Fruchtfleisch herausheben.

Litschi (Chinesische Haselnuß). Pflaumengroße Früchte mit runzeliger, rot-brauner, nicht eßbarer Schale. Helles, saftiges Fruchtfleisch, mit einem braun-schwarzen, nicht eßbarem Kern. Saftige Früchte mit süß-säuerlichem leicht nußigen Geschmack. Bei reifen Litschis läßt sich die Schale leicht eindrücken und von der Frucht glatt abheben. In den Wintermonaten zu erhalten.

Mango. Grün-gelbliche, evtl. etwas rötliche, glatte, nicht eßbare Schale. Hellgelbes, saftiges Fruchtfleisch. Reife Früchte haben ein intensives Aroma und die Schale gibt bei leichtem

Druck nach. Aromatischer, süßer evtl. etwas herber Geschmack. Früchte haben einen langen, flachen Kern.

Melonen. Unterschiedliche Früchte mit gelber bis grüner, glatter oder rauher ungenießbarer Schale. Saftiges, aromatisches, süßes Fruchtfleisch von gelb bis orangefarben. Nicht eßbare Kerne und Fasern im Inneren. Reife Früchte lassen sich am Stielansatz etwas eindrücken und haben einen intensiven Duft.

Papaya. Grün-rote oder grüngelbe ledrige, nicht eßbare Schale. Gelb oder lachsfarbenes Fruchtfleisch mit süßem, leicht an Honigmelone erinnernden Geschmack. Im Fruchtinneren viele, kleine nicht eßbare Kerne. Gut für Obstsalat. Reif sind sie, wenn die Schale bei leichtem Fingerdruck etwas nachgibt und gelblich wird.

Passionsfrüchte (Maracuja). Grün-gelbe oder grün-rote Früchte mit verschrumpelter, nicht eßbarer Schale. Leicht rötlich-orangefarbenes Fruchtfleisch mit vielen eßbaren Kernchen. Sehr aromatischer, leicht süßer Geschmack. Reife Früchte haben eine besonders stark verschrumpelte Haut und ein star-

kes Aroma. Werden überwiegend für Getränke verwendet.

Obst und süße Speisen

Süße Speisen – ob als Dessert oder als Hauptgericht – stellen für viele einen besonderen geschmacklichen Genuß dar. Entsprechend vielseitig ist die Palette der Gerichte und deren Rezepturen.

Typische Beispiele für süße Speisen:
- Puddinge, Flammeri
- Creme-Dessert (z. B. mit Gelatine- oder Speisestärke angedickt)
- Quark- und Joghurtgerichte
- Fruchtgrützen
- Fruchtsalate
- Gelee-Dessert (z. B. Organgen- oder Weingelee)
- Eis (Sorbet, Eisbecher, Parfait, Eisbomben)
- Reis-Desserts
- Warme Süßspeisen (z. B. Kaiserschmarrn, Apfelküchle, Crêpes, Aufläufe, Strudel)
- Kuchen und Gebäck (siehe Dr. Oetker Backen macht Freude)

Aus dieser Übersicht wollen wir eine Auswahl besonders wichtiger Süßspeisen etwas näher betrachten.

Pudding

Kalte Puddinge, z. B. für Desserts oder Zwischenmahlzeiten.
Warme Puddinge (im Wasserbad gegart), z. B. als Hauptgerichte – evtl. mit einer Suppe ergänzt.

Die **herkömmlichen Puddinge** (Flammeri) binden die **heiße** Flüssigkeit (fast ausschließlich Milch) mit einem Dickungs- oder Geliermittel. Zusätzlich erhalten sie Zucker und geschmacksgebende Zutaten wie z. B. Vanille, Kakao, Mandel- oder Nußgeschmack. Sie müssen gekocht werden.

Instantpuddinge binden die **kalte** Flüssigkeit mit Stärke, Gelatine oder pflanzlichen Geliermitteln (die Quellstoffe sind vorbehandelt). Ein Kochprozeß ist nicht nötig.
Die Industrie bietet Koch- und Instantpuddinge, auch Fertig-Puddinge in großer Auswahl an.

Zubereitung von Pudding

1. Milch aufkochen.
2. Speisestärke/Puddingpulver mit etwas kalter Milch anrühren.
3. In die kochende Milch einrühren. Unter Rühren kurz aufkochen.
   Ist Eigelb in der angerührten Masse, zum Einrühren den Topf von der Kochstelle nehmen. Danach unter ständigem Rühren kurz aufkochen.

Hinweise:
- Wird Eischnee in den Pudding gegeben, diesen sehr steifgeschlagen unter die **kochende** Masse heben (sonst setzt er sich ab).
- Zum Stürzen Pudding in mit kaltem Wasser ausgespülte Förmchen einfüllen.
- Vor dem Stürzen obere Außenkante leicht lösen.

Fruchtsalate

Das gesamte Jahr über besteht ein reichhaltiges Angebot an frischen Früchten.
Für Fruchtsalate sollte nur reifes Obst ausgewählt werden. Es ist süß und macht die zusätzliche Zugabe von Zucker unnötig.
Zuerst etwas frisch gepreßten Grapefruit- oder Orangensaft in die Schüssel geben und danach die vorbereiteten, frischen Früchte untermischen. Anstatt des Saftes können auch saftziehende Früchte (Trauben, Melonen usw.) zuerst in die Schüssel gegeben werden. Der Saft ist wichtig, damit empfindliche Früchte wie z. B. Bananen oder Äpfel ihre frische Farbe behalten.

Süßspeisen auf Gelatinebasis

Zum Beispiel Zitronen-, Wein- oder Orangencreme, Orangen- oder Weingelee.
Gelatine ist ein Gelierstoff des tierischen Eiweißstoffes Kollagen. Es gibt auch Geliermittel auf pflanzlicher Basis, die aus Algen oder Tang hergestellt werden, z. B. Agar-Agar. (Ist meist nur im Reformhaus erhältlich).
Gelatine ist geschmacksneutral. Sie ist in weißer oder roter Farbe, gemahlen oder in Blattform im Handel. 1 Päckchen gemahlene Gelatine entspricht der Bindefähigkeit von 6 Blättern Blattgelatine.
Für ½ Liter Flüssigkeit werden zum Gelieren **6 Blätter Gelatine** benötigt. Für Gerichte mit Eigelb (z. B. Creme) braucht man 1 – 2 Blätter weniger. (Soll die Speise sturzfähig sein, sollte man 1 – 2 Blätter mehr nehmen.

Verwendung von Gelatine

Gemahlene Gelatine
1. Mit etwas **kaltem** Wasser angerührt 10 Minuten quellen lassen.
2. Im Wasserbad oder auf der Stufe 2 der Automatikplatte (12 Stufenregelung) auflösen.
3. In die zu gelierende Masse einrühren.

Blatt-Gelatine
1. Mit reichlich **kaltem** Wasser einweichen.

2. Eingeweichte Gelatine leicht ausdrücken und mit etwas Flüssigkeit im Wasserbad oder auf der Stufe 2 der Automatikplatte (12 Stufenregelung) auflösen.
   Oder fest ausgedrückt in etwas heißer Flüssigkeit auflösen.
3. Aufgelöste Gelatine in die zu gelierende Masse einrühren.

Hinweise zur Gelatineverarbeitung
- Aufgelöste Gelatine in nicht zu kalte Zutaten einrühren. Sonst bilden sich schnell Klümpchen (z. B. bei Quark).
- Früchte in Gelatinespeisen erst einrühren, wenn die Masse zu stocken beginnt.
- Einige ausländische Früchte (z. B. Ananas, Kiwi, Mango) müssen **vor** der Verarbeitung mit Gelatine blanchiert werden. Sie enthalten ein eiweißspaltendes Enzym, welches die Gelatine wieder verflüssigt.

Hinweise für Cremespeisen
Cremespeisen enthalten Eier, Sahne und Geschmackszutaten.
- Damit die Konsistenz locker und leicht wird, die Schaummasse so lange schlagen, bis sie weißlich-cremig ist (etwa 6 Minuten).
- Eischnee oder Schlagsahne erst unter die etwas angedickte Masse heben, sonst setzen sie sich an der Oberfläche ab.

Grütze

Für Fruchtgrütze werden kleingeschnittene Früchte oder Beeren mit Obstsaft aufgekocht und mit angerührter Speisestärke angedickt.
Eine weitere, vitaminschonendere Möglichkeit ist es, den Saft für die Grütze anzudicken und die Früchte unter den angedickten Saft zu mischen, aber nicht aufzukochen. Die Aroma- und Geschmacksstoffe bleiben besser erhalten, ebenso die kräftige Farbe der Früchte.
Bei Verwendung von tiefgekühlten Früchten muß der Saft sehr stark angedickt werden und die gefrorenen Früchte unter den kochendheißen Saft gemischt werden. Nicht aufkochen.

Crêpes (dünne Pfannkuchen)
Sie werden aus einem Teig mit Eiern, Milch, Schlagsahne oder Mineralwasser und Mehl hergestellt und in der Pfanne ausgebacken.

Crêpes ausbacken

1. Pfanne vor dem Erhitzen leicht ausfetten.
2. Pfanne auf Stufe 1 1/2 – 2 (Automatikplatte 6 – 7, Gas mittlere Einstellung) erhitzen.
3. Teig in die heiße Pfanne einlaufen lassen und dünn verteilen.
4. Pinsel in etwas Öl eintauchen, an dem oberen Pfannenrand entlangfahren. Das Öl fließt unter den Teig.
5. Teig solange backen, bis sich die Crêpes leicht wenden lassen. Dann zweite Seite kurz goldgelb backen.
6. Beim Weiterbacken **zuerst** den Teig einlaufen lassen und **danach** mit dem Ölpinsel weiterarbeiten. Kommt zuerst das Öl in die Pfanne, verläuft der Teig nicht so dünn.

Hinweise:

- Der Teig wird besonders locker, wenn er mit Mineralwasser zubereitet wird.
- Die Konsistenz des Teiges ist richtig, wenn er beim Verteilen in der Pfanne noch fließt.
- Die Zutaten mit einem Schneebesen verrühren. Bei der Vermischung mit einem Handrührgerät wird Luft eingeschlagen, die vor dem Ausbacken wieder entweichen muß, damit sie sich hauchdünn ausbacken lassen.
- Die zuerst gebackene Seite ist gleichmäßiger gebräunt. Beim Füllen darauf achten, daß dies die Außenseite ist.

Pfannkuchen

Im Prinzip gelten die gleichen Hinweise wie bei der Zubereitung von Crêpes. Der Unterschied ist, daß die Zutaten des Teiges dickflüssiger mit Milch oder Mineralwasser angerührt werden und der Teig etwas dicker ausgebacken wird. Außerdem können vor dem Ausbacken auch Zutaten wie z. B. Rosinen, gehackte Nüsse oder Mandeln, feine Apfelwürfel oder Beeren untergemischt werden.

Sahnereis mit Erdbeersoße

500 ml (½ l) Milch (3,5% Fett)	mit
Salz	
50 g Zucker	
1 Päckchen Vanillin-Zucker	zum Kochen bringen
100 g Milchreis (Rundkorn)	hineingeben, umrühren, zum Kochen bringen, ausquellen lassen, dabei ab und zu umrühren (er muß noch körnig sein), kalt stellen
125 ml (⅛ l) Schlagsahne (30% Fett)	steif schlagen, unter den erkalteten Reisbrei heben
	die Creme in eine Glasschale füllen, bis zum Verzehr kalt stellen
	für die Erdbeersoße
500 g Erdbeeren	waschen, gut abtropfen lassen, entstielen, im Mixer so lange schlagen, bis eine dickflüssige Soße mit teilweise noch vorhandenen Fruchtstückchen entstanden ist, die Soße mit
1 Päckchen Vanillin-Zucker	
25 g Zucker	verrühren
Garzeit:	Etwa 20 Minuten.

Pro Portion: E: 8 g, F: 15 g, Kh: 58 g kJ: 1703, kcal: 407.

Tip: Sahnereis mit Erdbeersoße eignet sich gut als leichte Mittagsmahlzeit an heißen Sommertagen.

Ananascreme

4 kleine Scheiben Ananas (125 g, aus der Dose)	zum Abtropfen auf ein Sieb geben, den Saft mit Wasser auf 375 ml (⅜ l) auffüllen
30 g Speisestärke	mit
50 g Zucker	
1 Päckchen Vanillin-Zucker	mischen, mit 6 Eßl. von dem Ananassaft anrühren, den übrigen Saft zum Kochen bringen, von der Kochstelle nehmen, die angerührte Mischung unter Rühren hineingeben, kurz aufkochen lassen, kalt stellen, ab und zu durchrühren
2 Eßl. Zitronensaft	unter die lauwarme, noch nicht festgewordene Creme rühren
125 ml (⅛ l) Schlagsahne (30% Fett)	steif schlagen
	die Ananasscheiben in kleine Stücke schneiden, Schlagsahne und Ananasstücke unter die Creme heben, in eine Glasschale oder in Dessertgläser füllen, kalt stellen, damit sie fester wird.

Pro Portion: E: 1 g, F: 10 g, Kh: 29 g kJ: 887, kcal: 212.

Obst und süße Speisen

Joghurt-Sahnecreme

1 Päckchen Gelatine gemahlen, weiß	mit
5 Eßl. kaltem Wasser	in einem kleinen Topf anrühren, 10 Minuten zum Quellen stehen lassen (Foto 1)
1 Becher (150 g) Joghurt (3,5% Fett)	mit
125 ml (⅛ l) Milch (3,5% Fett)	
75 g Zucker	
1 Päckchen Vanillin-Zucker	
2 Eßl. Zitronensaft	verrühren
	die gequollene Gelatine unter Rühren erwärmen, bis sie gelöst ist, zunächst 3 Eßl. der Joghurt-Speise hinzufügen (Foto 2), verrühren, dann unter die übrige Joghurt-Speise schlagen, kalt stellen
125 ml (⅛ l) Schlagsahne (30% Fett)	steif schlagen, wenn die Speise anfängt dicklich zu werden, die Schlagsahne unterheben (Foto 3), kalt stellen.

Pro Portion: E: 5 g, F: 13 g, Kh: 25 g kJ: 1017, kcal: 243.

Tip: Die Creme kann einige Stunden vor dem Verzehr zubereitet werden. Als Beigabe empfehlen sich gezuckertes Obst oder pürierte Fruchtsoßen.

Obst und süße Speisen

Quarkcreme
(Gekocht)

1 Päckchen Soßen-Pulver Vanille-Geschmack	
20 g Speisestärke	
2 Eigelb	mit 6 Eßl. von
375 ml (3/8 l) kalter Milch (3,5% Fett)	anrühren, die übrige Milch mit
25 g Butter, Salz	zum Kochen bringen, das Soßen-Pulver in die von der Kochstelle genommene Milch rühren, zum Kochen bringen, kurz aufkochen lassen, kalt stellen, ab und zu durchrühren
250 g Magerquark	mit
75 g Zucker	geschmeidig rühren, die erkaltete Creme eßlöffelweise unterrühren, mit
Rum-Aroma	abschmecken
2 Eiweiß	steif schlagen, zuletzt unter die Quark-Creme heben die Speise in eine Glasschale füllen, mit
10 g geraspelter Schokolade	bestreuen.

Pro Portion: E: 15 g, F: 13 g, Kh: 35 g kJ: 1339, kcal: 320.

Zitronencreme

1 gehäuften Teel. Gelatine gemahlen, weiß	mit
3 Eßl. kaltem Wasser	in einem kleinen Topf anrühren, 10 Minuten zum Quellen stehen lassen
2 Eigelb	mit
2 Eßl. heißem Wasser	schaumig schlagen, nach und nach
75 g Zucker	unterschlagen, so lange schlagen, bis eine cremeartige Masse entstanden ist
5 Eßl. Zitronensaft	
abgeriebene gelbe Schale von ½ Zitrone (unbehandelt)	unterrühren die gequollene Gelatine unter Rühren erwärmen, bis sie gelöst ist, zunächst 3 Eßl. der Eigelbmasse hinzufügen, verrühren, dann unter die übrige Eigelbmasse schlagen, evtl. kalt stellen
2 Eiweiß	steif schlagen
125 ml (1/8 l) Schlagsahne (30% Fett)	steif schlagen wenn die Masse anfängt dicklich zu werden, beide Zutaten (etwas Schlagsahne zum Verzieren zurücklassen) unterheben die Creme in eine Glasschale oder in Dessertgläser füllen, kalt

	stellen, damit sie fest wird, mit der zurückgelassenen Schlagsahne verzieren, mit
4 halbierten Maraschino-Kirschen	garnieren.

Pro Portion: E: 5 g, F: 13 g, Kh: 21 g kJ: 937, kcal: 224.

Tip: Die Zitronen-Creme kann evtl. schon am Vortage zubereitet werden, so daß nur die Sahne zum Verzieren kurz vor dem Servieren frisch geschlagen zu werden braucht.

Mandel-Pudding mit Aprikosen
(6 Portionen)

250 g getrocknete Aprikosen	vierteln, mit
125 ml (1/8 l) Wasser	
25 g Zucker	weich dünsten, abkühlen und evtl. abtropfen lassen, aus
500 ml (1/2 l) Milch	
1 Päckchen Mandella Pudding-Pulver Vanille-Geschmack	
40 g Zucker	einen Pudding nach der Vorschrift auf dem Päckchen (aber ohne Anrührflüssigkeit) zubereiten, den Pudding kalt stellen, ab und zu umrühren, damit sich keine Haut bildet
250 ml (1/4 l) Schlagsahne (30% Fett)	steif schlagen, unter den erkalteten Pudding rühren zuletzt die Aprikosenviertel unterheben, die Speise in Dessertschälchen füllen, kühl stellen.

Pro Portion: E: 6 g, F: 17 g, Kh: 51 g kJ: 1607, kcal: 384.

Birnen-Kompott

500 g Birnen	schälen, halbieren, entkernen
250 ml (1/4 l) Wasser	mit
50 g Zucker	
1 Päckchen Vanillin-Zucker	zum Kochen bringen, die Birnen hineingeben, zum Kochen bringen, weich kochen das Kompott erkalten lassen, evtl. mit
Zucker	abschmecken.

Pro Portion: E: 1 g, F: 0 g, Kh: 29 g kJ: 510, kcal: 122.

Veränderung: 1 Stück Stangenzimt und 3 Gewürznelken mitkochen.

Obst und süße Speisen

Weinschaumsoße
(Chaudeau)

1 Ei	mit
1 Eigelb 60 g Zucker	
125 ml (1/8 l) trockenen Weißwein	in einen Kochtopf geben, mit einem Handrührgerät mit Rührbesen auf niedrigster Stufe im Wasserbad so lange schlagen, bis die Masse durch und durch schaumig ist (muß sich etwa verdoppeln – nicht kochen lassen).

Pro Portion: E: 3 g, F: 3 g, Kh: 16 g kJ: 510, kcal: 122.

Puttäpfel
(Gebratene Äpfel)

8 mittelgroße Äpfel	waschen, nicht schälen, von der Blütenseite her ausbohren (Foto 1), aber nicht durchstechen, die Äpfel in eine gefettete Auflaufform oder auf feuerfeste kleine Teller setzen (Foto 2)
1–2 Eßl. Butter	mit
1–2 Eßl. Zucker	
1 Päckchen Vanillezucker	verrühren, in die Äpfel füllen, evtl. etwas Rum in die Form gießen, auf dem Rost in den vorgeheizten Backofen schieben, weich backen
Strom:	200–225
Gas:	3–4
Backzeit:	30–45 Minuten.

Pro Portion: E: 0 g, F: 3 g, Kh: 18 g kJ: 406, kcal: 97.

Tip: Die Butter-Zucker-Mischung kann zusätzlich mit gemahlenen Mandeln oder Mandelstiften und/oder mit in Rum getränkten Rosinen verrührt werden, bevor sie in die Äpfel gefüllt wird.

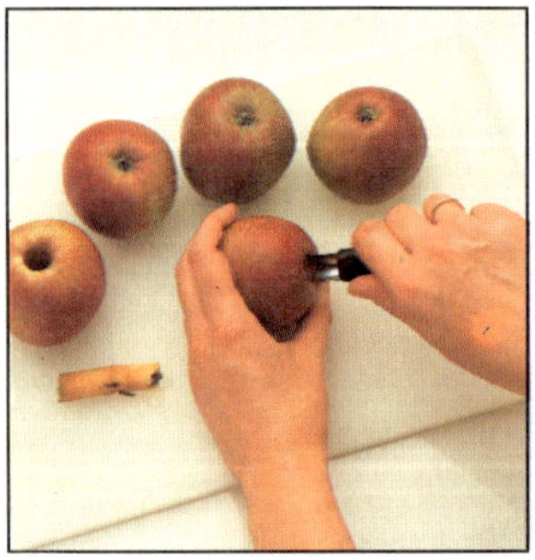

Obstsalat
(6 Portionen)

2 mittelgroße Äpfel (250 g)	schälen, vierteln, entkernen
1 kleine Mango (250 g)	schälen, halbieren, entkernen
1 Nektarine (75 g)	
1 mittelgroßer Pfirsich (75 g)	
	beide Zutaten waschen, abtrocknen, halbieren, entsteinen
1 mittelgroße Apfelsine (150 g)	schälen, in Spalten teilen
1 Kiwi (50 g) 1 Banane (150 g)	
	beide Zutaten schälen das Obst in kleine Stücke (Banane in Scheiben) schneiden
100 g Erdbeeren	waschen, gut abtropfen lassen, entstielen, in Stücke schneiden das Obst mit
3 Eßl. Zitronensaft	
30 g Zucker	vermengen
	den Obstsalat in eine Glasschale füllen, mit
30 g gehackten Walnußkernen	bestreuen.

Pro Portion: E: 2 g, F: 4 g, Kh: 26 g kJ: 607, kcal: 145.

Beigabe: Schlagsahne, mit Eierlikör abgeschmeckt, oder Soße, zubereitet mit Soßen-Pulver Ohne Kochen, Vanille-Geschmack.

Rote Grütze
(6–8 Portionen)

300 g Sauerkirschen	waschen, abtropfen lassen, entstielen, entsteinen
300 g Johannisbeeren	waschen, abtropfen lassen, von den Stengeln streifen
300 g Himbeeren	waschen, abtropfen lassen, die Beeren mit
100 g Zucker	
3 geschälten bitteren Mandeln	vermischen, in einem Topf zum Kochen bringen, etwa 15 Minuten kochen lassen
300 ml Sauerkirschsaft	mit
30 g Speisestärke	anrühren, in die Grütze rühren, kurz aufkochen lassen, kalt stellen, vor dem Servieren die Mandeln entfernen.

Pro Portion: E: 29 g, F: 1 g, Kh: 39 g, kJ: 685, kcal: 164

Dazu paßt Vanille-Soße oder angeschlagene mit Vanille abgeschmeckte Sahne.

Tip: Anstelle der frischen Beeren eingelegte oder tiefgekühlte Früchte verwenden.

Vanillesoße

	Aus
1 Päckchen Soßen-Pulver Vanille-Geschmack, 30 g Zucker	
500 ml (½ l) Milch (3,5% Fett)	nach der Vorschrift auf dem Päckchen eine Soße zubereiten, kalt stellen, ab und zu durchrühren
125 ml (⅛ l) Schlagsahne (30% Fett)	fast steif schlagen, unter die erkaltete Soße heben.

Pro Portion: E: 5 g, F: 14 g, Kh: 18 g kJ: 941, kcal: 225.

Tip: Vanille-Soße ist ein perfekter Begleiter für Grützen, Obstsalate, Bratäpfel, warmen Apfelkuchen und Apfelstrudel.

Stachelbeer-Kompott

500 g halbreife Stachelbeeren	von Stiel und Blüte befreien, waschen
125 ml (⅛ l) Wasser	mit
100 g Zucker	zum Kochen bringen, die Stachelbeeren hineingeben, zum Kochen bringen, weich kochen (nicht durchrühren) das Kompott erkalten lassen, evtl. mit
Zucker	abschmecken.

Pro Portion: E: 1 g, F: 0 g, Kh: 36 g kJ: 644, kcal: 154.

Tip: Bei der Zubereitung von Kompott ist es wichtig, daß das Obst nicht zerkocht. Bei vielen Früchten reicht schon ein Aufkochen und evtl. Durchziehen im geschlossenen Topf.

Johannisbeeren mit Cornflakes

375 g Johannisbeertrauben	waschen, gut abtropfen lassen, entstielen die Johannisbeeren mit
50 g Zucker	vermengen, zum Saftziehen stehenlassen, auf 4 Dessertschälchen verteilen, vor dem Verzehr jeweils 2 Eßl. von
30 g Cornflakes	darauf geben
2 Becher (je 150 g) Joghurt (3,5% Fett)	verrühren, darüber verteilen.

Pro Portion: E: 5 g, F: 3 g, Kh: 31 g kJ: 724, kcal: 173.

Ossobucco

4 Scheiben Kalbshaxe (je etwa 200 – 300 g)	unter fließendem kaltem Wasser abspülen, trockentupfen, mit
Salz Pfeffer	einreiben, mit
Speiseöl	bestreichen
1 Zwiebel, 1 Möhre 1 Scheibe Sellerie 1 Stange Porree	das Gemüse putzen, fein schneiden (Foto 1), das Gemüse in einer Glasschüssel zugedeckt mit
2 Eßl. Öl	5 – 6 Minuten bei 100 andünsten Bräunungsschüssel 7 – 8 Minuten bei 100 vorheizen, die Fleischscheiben in die Bräunungsschüssel geben (Foto 2), auf beiden Seiten je 3 Minuten bei 100 braten, das Gemüse mit
2 Eßl. Tomatenmark abgeriebener Zitronenschale Salbei, Thymian, Rosmarin 1 Nelke 1 zerdrückten Knoblauchzehe 125 ml (⅛ l) Weißwein 125 ml (⅛ l) Instant-Brühe	gut verrühren, über die Kalbshaxenscheiben geben (Foto 3), zugedeckt 4 – 6 Minuten bei 100 schmoren und 20 – 30 Minuten bei 70 garen, die Haxenscheiben aus der Soße nehmen, die Soße abschmecken und mit
etwas Schlagsahne oder Crème fraîche	verfeinern, das Fleisch wieder in die Soße geben und servieren.
Garzeit insgesamt:	Etwa 45 Minuten.
	Pro Portion: E: 35 g, F: 17 g, Kh: 8 g, kJ: 1536, kcal: 367.
Beilage:	Spaghetti mit Parmesan und Salat.

Mikrowelle

Bevor Sie Ihren Mikrowellenherd in Betrieb nehmen, sollten Sie bedenken, daß mit einem Mikrowellenherd anders gearbeitet wird, als mit einem herkömmlichen Herd. Das fängt beim Kochgeschirr an. Geeignet sind alle Geschirr-Arten, die einen direkten Durchgang der Mikrowellen zum Kochgut ermöglichen.
Dazu gehören feuerfestes Glas (außer Kristall) Porzellan (ohne Metall-Dekor/Goldrand), Keramik und hitzebeständiges Kunststoff-Geschirr, speziell für Mikrowelle. Empfehlenswert ist das MICROTHERM-Geschirr von AEG.

Darüber hinaus wird im Fachhandel ein spezielles Bräunungsgeschirr für Mikrowellenherde angeboten, das aber auch über den Geräte-Hersteller zu beziehen ist. (Foto MICRO-Bräunungsschüssel)

Bedingt mikrowellengeeignet sind auch Aluschalen. Fertiggerichte werden meistens in Aluschalen angeboten. Sie können darin erhitzt werden, allerdings ohne Deckel. Wichtig dabei ist, daß die Schale einen Abstand von etwa 2 cm zu den Seitenwänden hat und der Aluschalenrand nicht höher als 2 cm ist.

Ungeeignet für einen Mikrowellenherd sind alle Geschirr-Arten aus Metall oder mit Metall-Auflage, da Mikrowellen von Metall reflektiert werden und dadurch den Kochvorgang verhindern.

Manchen Geräten liegt ein **Speisenthermometer** bei, das sich besonders beim Garen von großen Fleischstücken und beim Erhitzen von Flüssigkeiten bewährt.

Tips für die Praxis

Es ist empfehlenswert, alle Nahrungsmittel im Mikrowellenherd

abzudecken – mit einem zum Geschirr gehörenden Deckel oder mit einem Teller. Das beschleunigt den Erhitzungsvorgang des Gargutes und verhindert darüber hinaus, insbesondere bei längeren Garzeiten, ein Austrocknen der Speise.

Beim Garen von Speisen ist es ratsam, die Speisen zwischendurch zu wenden oder umzurühren. Dadurch werden evtl. Temperaturunterschiede ausgeglichen. Dazu kann bedenkenlos die Tür geöffnet werden – das Gerät schaltet sich dann automatisch ab, und der Mikrowellenherd arbeitet erst wieder, wenn die Tür geschlossen ist. Um bei unterschiedlich großen Nahrungsmitteln (Geflügel/Fisch) ein gleichmäßiges Auftauen, Erhitzen oder Garen zu erreichen, sollten die flacheren Teile während der letzten Garminuten mit einem Stück Alufolie abgedeckt werden. Die Alufolie sollte dann mindestens etwa 2 cm von den Innenwänden des Mikrowellen-Herdes entfernt sein. Sie darf die Wände nicht berühren.

Die Länge der Garzeit hängt im wesentlichen von der Speisenmenge, aber auch von der Art und der Beschaffenheit des Nahrungsmittels ab. Dabei gilt die Faustregel:
Doppelte Menge = doppelte Zeit.

Leistungseinstellungen

Einstellung 100% (entspricht: ca. 700/600/500 Watt)	– Höchste Leistung zu Anfang eines Garvorganges: zum Ankochen, Anbraten, Andünsten usw.
Einstellung 60 bis 70% (entspricht: ca. 500/450/400 Watt)	– Fertigbraten von Fleisch, das vorher auf Einstellung 100 angebraten wurde und zum Erhitzen empfindlicher Speisen.
Einstellung 40 bis 50% (entspricht: ca. 350/300/250 Watt)	– Weiterkochen von Suppen, Eintöpfen, Aufläufen, Nudeln (nach Ankochen auf Einstellung 100). – Weiterschmoren nach Anbraten.
Einstellung 30% (entspricht: ca. 230/200/180 Watt)	– Auftauen von Fleisch, Fisch, Obst, Brot und Kuchen.
Einstellung 15 bis 20% (entspricht: ca. 140/120/100 Watt)	– Anwärmen von kalten Speisen, Getränken. – Auftauen fettreicher Speisen. – Gehenlassen von Hefeteig. – Auftauen von Sahne und Butter.

Schweinelendchen pikant

	Bräunungsschüssel 7 – 8 Minuten bei 100 vorheizen
1 Schweinelendchen (etwa 400 g)	unter fließendem kaltem Wasser abspülen, trockentupfen, enthäuten, mit
1 Teel. Salz, 1 Teel. Paprika edelsüß	einreiben, mit
1 Eßl. Speiseöl	bestreichen, in die Bräunungsschüssel legen, unter mehrmaligem Wenden darin bräunen lassen
2 Zwiebeln	abziehen, fein würfeln, zu dem Fleisch geben, zugedeckt 5 – 7 Minuten bei 100 braten lassen
	das Fleisch aus der Bräunungsschüssel nehmen, in Scheiben schneiden
1 Packung tiefgekühlte Erbsen (etwa 300 g)	in eine Glasschüssel geben, mit
Salz	würzen
25 g Butter	hinzufügen, zugedeckt in 7 – 8 Minuten bei 100 garen lassen
	für die Soße
1 Becher (etwa 125 g) Sahnejoghurt	mit
1 Teel. Zucker abgeriebener Zitronenschale (unbehandelt)	
2 – 3 Eßl. Zitronensaft	
1 Schnapsglas Aquavit	verrühren, in den Bratensatz rühren
	die Fleischscheiben fächerartig in die Schüssel legen, die Zwischenräume mit den Erbsen,
2 kleingeschnittenen Ananasscheiben (aus der Dose)	ausfüllen, zugedeckt 4 – 7 Minuten bei 100 erhitzen.
Garzeit insgesamt:	Etwa 20 Minuten.

Pro Portion: E: 25 g, F: 22 g, Kh: 20 g, kJ: 1703, kcal 407.

Schweinebraten

Etwa 800 g Schweinenacken	unter fließendem kaltem Wasser abspülen, trockentupfen, mit
Salz	
Pfeffer	
Paprika edelsüß	
gemahlenem Kümmel	
evtl. Rosmarin	
Knoblauchpulver	
1 – 2 Eßl. Öl	einreiben
½ Zwiebel in Scheiben	in eine Glasschüssel geben, dazu das Fleisch auf einer umgedrehten Untertasse oder einem Mikro-Rost in 8 – 10 Minuten bei

	100 braten lassen, Fleisch wenden, in 25 – 35 Minuten bei 70 – 60 garen lassen (Speisenthermometer 80 – 85 Grad C) den Braten aus dem Mikrowellenherd und aus der Glasschüssel nehmen, zugedeckt 5 – 10 Minuten stehen lassen
	für die Soße
	den Bratensatz mit
etwas Wasser	auffüllen
1 gestrichenen Eßl. Weizenmehl	mit
2 Eßl. kaltem Wasser	anrühren oder
1 Eßl. Soßenbinder	in den Bratensatz rühren, 1 – 2 Minuten bei 100 kochen lassen, während der Kochzeit umrühren, das Fleisch in Scheiben schneiden, die Soße zu dem Fleisch reichen.
Garzeit insgesamt:	Etwa 45 Minuten.
	Pro Portion: E: 36 g, F: 19 g, Kh: 2 g, kJ: 1435, kcal: 343.
Als Beilage:	Salzkartoffeln und Salat reichen.
Tip:	Fleisch, das ein dunkleres Aussehen erhalten soll, wird vor dem Garen mit Paprika und/oder Currypulver bestreut oder mit Pilz-Soja-Soße beträufelt.

Irish Stew

500 g Lammfleisch	unter fließendem kaltem Wasser abspülen, trockentupfen, in Würfel schneiden in einer Glasschüssel 10 – 14 Minuten bei 70 bis 80 garen
1 Zwiebel	abziehen, würfeln
1 Möhre	putzen, schrappen, waschen, in Würfel schneiden
500 g Wirsing (vorbereitet gewogen)	in Streifen schneiden
etwa 200 g Kartoffeln	schälen, waschen, in Würfel schneiden
	Zwiebelwürfel und Gemüse mit
Salz	zu dem Fleisch geben, zugedeckt etwa 10 Minuten bei 100 dünsten lassen
etwa 300 g tiefgekühlte Erbsen	mit
1 Teel. Thymian	
1 Lorbeerblatt	hinzufügen, unterrühren, zugedeckt in 30 – 40 Minuten bei 50 garen lassen, zwischendurch umrühren
	den Eintopf aus dem Mikrowellenherd nehmen, zugedeckt 5 – 10 Minuten stehen lassen, mit
1 – 2 Eßl. gehackter Petersilie	bestreuen.
Garzeit insgesamt:	Etwa 60 Minuten.
	Pro Portion: E: 32 g, F. 23 g, Kh: 26 g, kJ: 1950, kcal: 466.

Roastbeef mit Meerrettichsoße

	Bräunungsschüssel 6–8 Minuten bei 100 vorheizen
800 g Roastbeef	unter fließendem kaltem Wasser abspülen, trockentupfen, mit
Speiseöl	bestreichen, mit
Salz	
Pfeffer	würzen
	das Fleisch in die Bräunungsschüssel legen, 5–6 Minuten bei 100 braten lassen, wenden, in 7–8 Minuten bei 100 garen lassen (Speisenthermometer 50 Grad C medium) (Foto 1), das Roastbeef aus dem Mikrowellenherd nehmen, zugedeckt 10 Minuten stehen lassen
	für die Meerrettichsoße
30 g Weißbrot	entrinden, in
125 ml (⅛ l) Weißwein	in einer Glasschüssel einweichen (Foto 2), mit
2 Eßl. Meerrettich (aus dem Glas)	
1 Teel. Senf	
1 Eßl. saurer Sahne	verrühren, mit Salz
Zucker	würzen, etwa 2–3 Minuten bei 100 kochen lassen, während der Kochzeit umrühren
1 Eigelb	unterrühren (Foto 3), nochmals etwa 1 Minute bei 70 bis 60 erhitzen die Soße zu dem Roastbeef reichen.
Garzeit insgesamt:	Etwa 15 Minuten.

Pro Portion: E: 40 g, F: 27 g, Kh 6 g, kJ: 2000, kcal: 478.

Beilage: Bratkartoffeln oder Pommes frites, feines Gemüse.

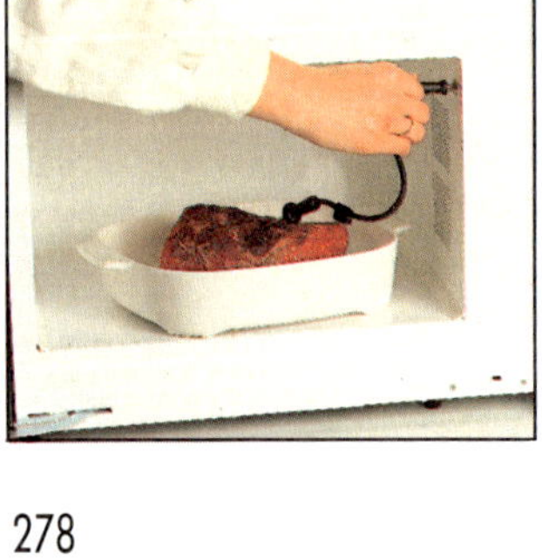

Putenkeulen mit Gemüse, geschmort

1 Zwiebel	abziehen, fein würfeln
½ grüne Paprikaschote	entkernen, die weißen Scheidewände entfernen, die Schote waschen, in Streifen schneiden
2 Tomaten	waschen, abtrocknen, in Viertel schneiden, mit der Zwiebel und der Paprikaschote in eine Glasschüssel geben
2 Putenkeulen (etwa 1 kg)	unter fließendem kaltem Wasser abspülen, trockentupfen, mit
Salz	
Pfeffer	würzen, mit
30 g flüssiger Butter	zu dem Gemüse geben, zugedeckt etwa 15 – 18 Minuten bei 80 bis 70 schmoren lassen, das Fleisch herausnehmen
250 ml (½ l) Wasser	
1 Päckchen Instant-Bratensoße	zu dem Gemüse geben, die Putenkeulen umgedreht wieder hinzufügen, zugedeckt in 50 – 70 Minuten bei 50 garen lassen das Fleisch herausnehmen, von den Knochen lösen, in Stücke schneiden die Soße durch ein Sieb geben, mit
Salz	
Zucker	
Paprika edelsüß	würzen das Fleisch und die Soße in eine Glasschüssel geben, mit
50 g geriebenem Käse	bestreuen, 4 – 6 Minuten bei 100 erhitzen
Garzeit insgesamt:	Etwa 1 ½ Stunden.

Pro Portion: E: 46 g, F: 18 g, Kh: 5 g, kJ: 1636, kcal: 391.

Beilage: Reis und Salat.

Tip: Die angegebenen Garzeiten sind abhängig von der Ausgangstemperatur und der Beschaffenheit der Lebensmittel.

Kaninchen in Thymiansoße

Etwa 1 kg Kaninchenfleisch	unter fließendem kaltem Wasser abspülen, trockentupfen, in Stücke schneiden
2 Eßl. Speiseöl	mit
Salz	
1 Teel. Paprika edelsüß	verrühren, die Fleischstücke damit bestreichen
1 Zwiebel	abziehen, mit dem Fleisch in eine Glasschüssel geben, zugedeckt 4 – 6 Minuten bei 100 garen lassen, das Fleisch wenden, in 30 – 40 Minuten bei 50 garen lassen

	die Kaninchenstücke aus dem Mikrowellenherd und aus der Glasschüssel nehmen, erkalten lassen, von den Knochen lösen, kleinschneiden
	für die Thymiansoße
	den Bratensatz mit
Wasser	auf 250 ml (¼ l) auffüllen, in eine Glasschüssel gießen
2 Eßl. Weizenmehl	mit
4 Eßl. kaltem Wasser	anrühren oder
2 Eßl. Soßenbinder	in den Bratensatz rühren, mit
½ Eßl. feingehackten Thymian	
Salz	
1–2 Eßl. Zitronensaft	würzen
2 Eßl. Milch	
2 Eßl. Schlagsahne	
2 Eßl. Weißwein	hinzufügen, zugedeckt etwa 3–5 Minuten bei 100 kochen lassen, während der Kochzeit umrühren
	das Fleisch in die Soße geben (nach Belieben abschmecken), evtl. nochmals 2–3 Minuten bei 100 erhitzen.
Garzeit insgesamt:	Etwa 1 Stunde.
	Pro Portion: E: 53 g, F: 29 g, Kh: 5 g, kJ: 2255, kcal: 539.
Beilage:	Reis, Salat.

Champignongemüse
(3 Portionen)

1 Zwiebel	abziehen, fein würfeln, mit
20 g Butter	in eine Glasschüssel geben, zugedeckt etwa 3–4 Minuten bei 100 dünsten lassen
500 g frische Champignons	putzen, waschen, in Scheiben schneiden, zu den Zwiebelwürfeln geben, zugedeckt in etwa 12–15 Minuten bei 100 garen lassen
125 ml (⅛ l) saure Sahne	
Salz	
1–2 Teel. Zitronensaft	zu dem Gemüse geben
1 Teel. Weizenmehl	mit
2 Teel. kaltem Wasser	anrühren oder
1 Teel. Instant-Mehl	unter die Pilze rühren, zugedeckt nochmals 3–4 Minuten bei 100 durchdünsten lassen, während der Garzeit umrühren, mit
gehackter Petersilie	bestreuen.
Garzeit insgesamt:	Etwa 18 Minuten.
	Pro Portion: E: 6 g, F: 13 g, Kh: 8 g, kJ: 728, kcal: 174.
Beilage:	Braten, Frikadellen oder Semmelknödel.

Szegediner Gulasch

500 g Schweinefleisch	unter fließendem kaltem Wasser abspülen, trockentupfen, in Würfel schneiden (Foto 1), mit
1 Eßl. Paprika edelsüß	
1 Teel. Worcestersoße	in eine Glasschüssel geben, mit
Salz	würzen, zugedeckt 10 – 14 Minuten bei 70 bis 80 durchbraten lassen
1 Zwiebel	abziehen, fein würfeln
500 g Sauerkraut (aus der Dose)	mit einer Gabel lockerzupfen (Foto 2), mit den Zwiebelwürfeln
500 ml (½ l) Instant-Fleischbrühe	unter das Fleisch mengen (Foto 3), zugedeckt etwa 5 Minuten bei 100 dünsten, in 20 – 25 Minuten 70 bis 50 garen lassen, zwischendurch umrühren, evtl. mit
Salz, Paprika edelsüß	abschmecken, das Szegediner Gulasch aus dem Mikrowellenherd nehmen, zugedeckt 5 – 10 Minuten stehen lassen.
Garzeit insgesamt:	Etwa 40 Minuten.
	Pro Portion: E: 29 g, F: 5 g, kH: 6 g, kJ: 828, kcal: 198.
Beilage:	Kartoffelbrei.

Zwiebelsuppe
(6 Portionen)

2 große Zwiebeln (etwa 400 g)	abziehen, in Ringe schneiden, mit
50 g Margarine	in eine Schüssel geben, mit
Salz	
Pfeffer	würzen, zugedeckt 6–10 Minuten bei 100 dünsten lassen, die Zwiebelringe auf 6 Tassen verteilen
500 ml (½ l) heiße	
Instant-Fleischbrühe	mit
125 ml (⅛ l) Weißwein	vermengen, die Flüssigkeit auf die Tassen verteilen
2 Scheiben Weißbrot	im Toaster toasten, in kleine Würfel schneiden, auf die Zwiebelsuppe geben, mit
50 g geriebenem Käse (z. B. Gouda, Chester)	und
Cayennepfeffer	bestreuen, die Tassen in den Mikrowellenherd stellen, in 10–14 Minuten bei 100 erhitzen, bis der Käse geschmolzen ist.
Garzeit insgesammt:	Etwa 20 Minuten.

Pro Portion: E: 4 g, F: 10 g, Kh: 10 g, kJ: 665, kcal: 159.

Tip: Für die Mikrowelle geeignetes Geschirr: Glas, Keramik, Porzellan, hitzebeständiger Kunststoff. Ungeeignet: Gefäße aus Metall oder Geschirr, das mit diesem Material versehen ist (Dekor/Goldrand).

Zucchini mit Dill

500 g Zucchini	waschen, große schälen und entkernen, in etwa ½ cm breite Scheiben schneiden, in eine Glasschüssel geben, mit
Salz	und
20 g Butter	zugedeckt etwa 8–12 Minuten bei 100 garen, zwischendurch umrühren.
1 Bund Dill	waschen, kleinschneiden, mit
1 Eßl. Schnittlauch	
3 Eßl. Schlagsahne	zu den Zucchini geben, abschmecken, evtl. nochmal 1 Minute bei 100 erhitzen.
Garzeit insgesamt:	Etwa 10 Minuten.

Pro Portion: E: 3 g, F: 8 g, kH: 9 g, kJ: 527, kcal: 126.

Wirsinggemüse

1 Kopf Wirsing (etwa 750 g)	waschen, in Streifen schneiden
1 Zwiebel	abziehen, fein würfeln, mit
3 Eßl. Speiseöl	in eine Glaschüssel geben, zugedeckt 3–4 Minuten bei 100 dünsten lassen, das Gemüse mit
125 ml (1/8 l) Wasser	
Salz	
weißem Pfeffer	
4–6 zerdrückten Wacholderbeeren	
1 Teel. gekörnter Brühe	zu den Zwiebeln geben, 5–7 Minuten bei 100 dünsten, umrühren, in 15–30 Minuten bei 50 garen lassen
125 ml (1/8 l) Schlagsahne	hinzufügen, nochmals 2–3 Minuten bei 100 durchdünsten lassen, das Gemüse aus dem Mikrowellenherd nehmen, zugedeckt 5–10 Minuten stehenlassen.
Garzeit insgesamt:	Etwa 30 Minuten.

Pro Portion: E: 5 g, F: 21 g, Kh: 8 g, kJ: 1033, kcal: 247.

Tip: Im Mikrowellen-Gerät gegartes Gemüse behält seine knackige Frische und seine intensive Farbe.

Sauerkraut in Wein
(2 Portionen)

25 g durchwachsenen Speck	fein würfeln
1 Zwiebel	abziehen, fein würfeln
	beide Zutaten in eine Glasschüssel geben
	zugedeckt 2–3 Minuten bei 100 dünsten lassen
300 g Sauerkraut (aus der Dose)	mit einer Gabel lockerzupfen, mit
1 Teel. Zucker	zu der Speck-Zwiebelmischung geben, untermischen
125 ml (1/8 l) Weißwein	darüber gießen, zugedeckt 12–16 Minuten bei 100 garen, aus dem Mikrowellenherd nehmen, zugedeckt 5–10 Minuten stehenlassen.
Garzeit insgesamt:	Etwa 15 Minuten.

Pro Portion: E: 4 g, F: 9 g, Kh: 129 g, kJ: 761, kcal: 182.

Sauerkraut in Wein zu Schweinebraten oder gebackenem Eisbein reichen.

Mikrowelle

Reisfleisch

	Bräunungsschüssel 6 – 8 Minuten bei 100 vorheizen
1 Zwiebel	abziehen, fein würfeln
500 g Schweinefleisch	unter fließendem kaltem Wasser abspülen, trockentupfen, in Würfel schneiden, mit den Zwiebelwürfeln und
Bratfett	in die Bräunungsschüssel geben, zugedeckt etwa 5 – 7 Minuten bei 100 braten lassen (Foto 1), zwischendurch umrühren
500 g enthäutete Tomaten	in Würfel schneiden (Foto 2), mit
1 Teel. Paprika	
1 Teel. Tomatenmark	
100 g Reis	
125 ml (⅛ l) Wasser	zu dem Fleisch geben, in etwa 7 – 9 Minuten bei 100 zum Kochen bringen und in 20 – 25 Minuten bei 60 bis 70 garen lassen, aus dem Mikrowellenherd nehmen, zugedeckt 5 – 10 Minuten stehen lassen, mit
gehackter Petersilie	und
geriebenem Käse	bestreuen (Foto 3)
Garzeit insgesamt:	Etwa 40 Minuten.

Pro Portion: E: 31 g, F: 10 g, Kh: 25 g, kJ: 1389, kcal: 332.

Beigabe: Gemischter Salat.

Spiegelei

	Bräunungsschüssel etwa 2 Minuten bei 100 vorheizen
1 Teel. Speiseöl	in die Bräunungsschüssel geben
1 Ei	aufschlagen, hineingleiten lassen, in 1–2 Minuten bei 60 garen lassen, sollen mehrere Spiegeleier zur gleichen Zeit im Mikrowellenherd zubereitet werden, so erhöht sich die Garzeit pro Ei um ½ – 1 Minute (die Zugabe von Speiseöl erhöht sich um 1 Teelöffel pro Ei)
Garzeit insgesamt:	Etwa 1–2 Minuten.

Pro Portion: E: 2 g, F: 4 g, Kh: 0 kJ: 420, kcal: 104.

Rühreier
(1 Portion)

2 Eier	mit
Salz, Pfeffer	
etwas Mineralwasser	verschlagen, in eine mit
Butter	ausgestrichene Glasform gießen, in 1 ½ – 3 Minuten bei 100 stocken lassen, dabei ab und zu die Eimasse mit einem Löffel strichweise vom Boden der Glasform lösen
Garzeit insgesamt:	Etwa 2 Minuten.

Pro Portion: E: 14 g, F: 16 g, Kh: 19 g, kJ: 900, kcal: 215.

Tip: Ganze Eier in der Schale eignen sich nicht für das Garen in der Mikrowelle; die Schale könnte platzen.

Bauernfrühstück
(2 Portionen)

	Bräunungsschüssel etwa 4–5 Minuten bei 100 vorheizen
1 Zwiebel	abziehen, mit
50 g durchwachsenen Speck	fein würfeln, in die Bräunungsschüssel geben, etwa 1 Minute bei 100 dünsten lassen
400–500 g gekochte Kartoffeln	pellen, in Scheiben schneiden
3 Eier	mit
125 ml (⅛ l) Milch	
3–4 Eßl. Schlagsahne	verschlagen, mit

Salz	würzen, mit den Kartoffeln zu den Speck-Zwiebeln geben, zugedeckt in 8 – 12 Minuten bei 100 garen lassen, während der Garzeit die Kartoffeln einige Male wenden.
Garzeit insgesamt:	Etwa 10 Minuten.

Pro Portion: E: 19 g, F: 36 g, Kh: 39 g, kJ: 2431, kcal: 581.

Milchreis

150 – 200 g Milchreis	waschen, mit
750 ml (¾ l) Milch	
½ Teel. Salz	
30 g Zucker	
Zitronenschale (unbehandelt)	in eine Glasschüssel geben, zugedeckt in 8 – 12 Minuten bei 100 zum Kochen bringen, in 25 – 35 Minuten bei 30 ausquellen lassen den Milchreis aus dem Mikrowellenherd nehmen, zugedeckt 10 – 15 Minuten stehenlassen.
Garzeit insgesamt:	Etwa 40 Minuten.
Anmerkung:	Für die halbe Menge folgende Zeiten beachten: in 6 – 7 Minuten bei 100 zum Kochen bringen, in 15 – 20 Minuten bei 30 ausquellen lassen, 10 – 15 Minuten zugedeckt stehenlassen.

Pro Portion: E: 9 g, F: 7 g, Kh: 51 g, kJ: 1314, kcal: 314.

Nudeln
(Spaghetti, Bandnudeln usw.)

1 l Salzwasser	zu einer länglichen Glasform zugedeckt in 12 – 14 Minuten bei 100 zum Kochen bringen
250 g Nudeln	in das kochende Wasser geben, zugedeckt in 3 – 5 Minuten bei 100 zum Kochen bringen, umrühren, in 8 – 14 Minuten bei 50 garen lassen, die Nudeln aus dem Mikrowellenherd nehmen, auf ein Sieb geben, mit
kaltem Wasser	übergießen vor dem Servieren evtl. mit
etwas Butter, Salz	nochmals 3 – 5 Minuten bei 100 erhitzen.
Garzeit insgesamt:	Etwa 20 Minuten.

Pro Portion: E: 8 g, F: 2 g, Kh: 45 g, kJ: 1017, kcal: 243.

Rotbarschfilet Gärtnerin Art

400 g Rotbarschfilet	unter fließendem kaltem Wasser abspülen, trockentupfen, in Portionsstücke schneiden, mit
Zitronensaft	beträufeln, mit
Salz, Pfeffer	
Paprika edelsüß	bestreuen, in einer flachen Glasform zugedeckt 6–8 Minuten bei 100 dünsten lassen, den Fisch nach der Hälfte der Dünstzeit wenden
250 g gedünstete Erbsen und Karotten	
250 g gedünsteten Stangenspargel	
200 g gedünstete Champignons	abtropfen lassen, mit
20 g Butter	
125 ml (⅛ l) Schlagsahne	zu dem Fisch geben, 8–10 Minuten bei 100 dünsten lassen, mit
1 Bund gehackter Petersilie	bestreuen.
Garzeit insgesamt:	Etwa 20 Minuten.

Pro Portion E: 24 g, F: 18 g, Kh: 119 g, kJ: 1331, kcal: 318.

Fischgulasch, Szegediner Art

2 Zwiebeln	abziehen, fein würfeln
20–30 g Speck	fein würfeln, mit
2–3 Eßl. Speiseöl	in eine Glasschüssel geben, 4–5 Minuten bei 100 dünsten lassen
300 g Sauerkraut (aus der Dose)	mit einer Gabel lockerzupfen, mit
70 g Tomatenmark (1 kleine Dose)	
125 ml (⅛ l) Instant-Fleischbrühe	zu den Zwiebeln geben, zugedeckt etwa 4–6 Minuten bei 100, etwa 10 Minuten bei 70 dünsten lassen.
500 g Kabeljaufilet	unter fließendem kaltem Wasser abspülen, trockentupfen, in kleine Stücke schneiden, mit dem
Saft von 1 Zitrone	
Salz, Pfeffer	
Suppenwürze	würzen, zu dem Sauerkraut geben, 4–6 Minuten bei 100 dünsten lassen.
Garzeit insgesamt	Etwa 30 Minuten.

Pro Portion E: 24 g, F: 16 g, Kh: 6 g, kJ: 1180, kcal: 282.

Beilage	Salzkartoffeln

Kakao
(1 Portion)

250 ml (¼ l) Milch	in einem Glas 2–3 Minuten bei 100 erhitzen (Speisenthermometer etwa 75 Grad C), aus dem Mikrowellenherd nehmen
2–3 Teel. Instant-Kakao	in die Milch einrühren.

Pro Portion: E: 9 g, F: 9 g, kH: 16 g, kJ: 770, kcal: 184.

Irish Coffee
(1 Portion)

4–5 cl Whisky	mit
1 Teel. Zucker	in einem Glas etwa 20–30 Sekunden bei 100 erhitzen, aus dem Mikrowellenherd nehmen
1 Tasse starken, heißen Kaffee	hinzugießen
1 Eßl. Schlagsahne	darauf geben.

Pro Portion: E: 19 g, F: 6 g, Kh: 6 g, kJ: 1393, kcal: 333

Grog
(1 Portion)

1 Teeglas Wasser	in 1½–2 Minuten bei 100 zum Kochen bringen, aus dem Mikrowellenherd nehmen
1 Glas Rum	etwa 30 Sekunden bei 100 erwärmen, ins Wasser geben, mit
Zucker	süßen.

Pro Portion: E: 0 g, F: 0 g, Kh: 109 g, kJ: 481, kcal: 115.

Glühwein
(1 Portion)

1 Teeglas Rotwein	mit
1–2 Nelken, ½ Stange Zimt	in 1–1½ Minuten bei 100 erhitzen, mit
Zucker	süßen.

Pro Portion: E: 0 g, F: 0 g, Kh: 14 g, kJ: 577, kcal: 138.

Tip: Für das Erhitzen von Getränken auf die gewünschte Temperatur ist die Verwendung des Temperaturfühlers empfehlenswert.

Schollenfilets mit Mais-Champignonsoße

500 g Schollenfilets	unter fließendem kaltem Wasser abspülen, trockentupfen, in Stücke schneiden
3 Eßl. Zitronensaft	
Salz	darüber geben, stehen lassen
etwa 300 g Maiskörner (aus der Dose)	abspülen
etwa 200 g gedünstete Champignons	abtropfen lassen, blättrig schneiden, mit den Maiskörnern in eine Glasschüssel geben (Foto 1)
125 ml (1/8 l) trockenen Rotwein	darüber gießen
1 Eßl. Weizenmehl	mit
30 g Butter	verkneten, den Kloß in das Gemüse legen (Foto 2), etwa 5–7 Minuten bei 100 erhitzen, durchrühren, die vorbereiteten Fischstücke auf das Gemüse legen, zusammen 5–7 Minuten bei 100 erhitzen
3–4 Eßl. Schlagsahne	
gehackte Petersilie	vorsichtig unterrühren (Foto 3)
Garzeit insgesamt	Etwa 10 Minuten.

Pro Portion E: 26 g, F:12 g, Kh: 19 g, kJ: 1326, kcal: 317.

Beilage Salzkartoffeln und Salat.

Tip: Fisch im ganzen gegart erfordert eine längere Garzeit, als portioniert gegart.

Karamelcreme

100 g Zucker	mit
2 Eßl. kaltem Wasser	verrühren, in einer Glasschüssel in 4–6 Minuten bei 100 karamelisieren lassen, zwischendurch umrühren (Foto 1), damit die Masse gleichmäßig bräunt
4 Eßl. heißes Wasser	unterrühren
40 g Speisestärke	
500 ml (½ l) Milch	
20 g Zucker	
1 Päckchen Vanillin-Zucker	verrühren, unter die Karamelmasse rühren (Foto 2), in 5–7 Minuten bei 100 zum Kochen bringen, während der Kochzeit öfters umrühren, aus dem Mikrowellenherd nehmen, abkühlen lassen
125 ml (⅛ l) Schlagsahne	steif schlagen, unterheben (Foto 3), die Creme erkalten lassen.
Garzeit insgesamt:	Etwa 12 Minuten.
	Die Karamelcreme mit gehackten, gebräunten Mandeln bestreuen.

Pro Portion: E: 5 g, F: 14 g, Kh: 48 g, kJ: 1448, kcal: 346.

Tip: Süße Speisen mit Grieß, Reis, Sago, Speisestärke oder Puddingpulver während des Garens mehrmals umrühren, damit sich keine Klümpchen bilden.

Quarkpudding

3 Eiweiß	zu steifem Schnee schlagen
250 g Magerquark	
30 g Grieß	
3 Eigelb	
50 g Zucker	
50 g Butter	
20 g geriebene Nüsse	
30 g gewaschene Sultaninen	
½ Teel. Backpulver	miteinander verrühren, den Eischnee unterheben
	eine Glasbackform mit
etwas Butter	fetten und mit
geriebenen Nüssen	ausstreuen, die Quarkmasse einfüllen, glattstreichen 10–12 Minuten bei 50 und 2–4 Minuten bei 100 garen. Mit einer Fruchtsoße und geschlagener Sahne noch warm servieren.
Garzeit insgesamt:	Etwa 12 Minuten.

Pro Portion: E: 17 g, F: 31 g, Kh: 38 g, kJ: 2134, kcal: 510.

Tip: Für die Zubereitung von Puddingen möglichst hohe Schüsseln verwenden, damit die Flüssigkeit (Milch) nicht überlaufen kann.

Roqueforttoast

	Mikro-Grillplatte etwa 2–3 Minuten bei 100 vorheizen
4 Scheiben Toastbrot	mit
Butter	bestreichen, mit
4 Scheiben gekochten Schinken	
4 Birnenhälften (aus der Dose)	
1 Teel. Preiselbeerkompott	
100 g Roquefort	belegen, auf der Mikro-Grillplatte 2–3 Minuten bei 100 erhitzen, bis der Käse geschmolzen ist.
Garzeit insgesamt:	Etwa 5 Minuten.

Pro Portion: E: 18 g, F: 19 g, Kh: 19 g, kJ: 1381, kcal: 330.

Tip: Beim Überbacken von Gerichten mit Käse, zunächst nur kurze Garzeiten einstellen, da Käse schnell zerläuft. Evtl. Zeit nachstellen.

Hawaiitoast

	Mikro-Grillplatte etwa 2 – 3 Minuten bei 100 vorheizen
4 Scheiben Toastbrot	mit
Butter	bestreichen, mit
4 Scheiben gekochten Schinken	
4 Scheiben Ananas (aus der Dose)	
4 Scheiben Edamer	belegen, auf der Mikro-Grillplatte etwa 3 – 4 Minuten bei 100 erhitzen, bis der Käse geschmolzen ist.
Garzeit insgesamt:	Etwa 5 Minuten.

Pro Portion: E: 21 g, F: 16 g, Kh: 22 g, kJ: 1364, kcal: 326.

Champignontoast

	Mikro-Grillplatte etwa 2 – 3 Minuten bei 100 vorheizen
4 Scheiben Toastbrot	mit
Butter	bestreichen
200 g gedünstete Champignons	abtropfen lassen, kleinschneiden, mit
8 Eßl. geriebenem Käse	
4 Eßl. gehackter Petersilie	vermengen, mit
Salz	
Pfeffer	würzen
	die Champignon-Masse auf die Toastscheiben geben, auf der Mikro-Grillplatte 4 – 5 Minuten bei 100 erhitzen.
Garzeit insgesamt:	Etwa 4 – 5 Minuten.

Pro Portion: E: 5 g, F: 8 g, Kh: 12 g, kJ: 167, kcal: 40.

Schnecken

12 tiefgekühlte Schnecken	auf einen Schneckenteller geben
3 Eßl. Weißwein	darüber gießen, 2 – 4 Minuten bei 70 erhitzen.
	Als Beilage Stangenweißbrot reichen.
Garzeit insgesamt:	Etwa 4 Minuten.

Pro Portion: E: 5 g, F: 0 g, Kh: 1 g, kJ: 167, kcal: 40.

Kapitelregister

Ratgeber

Suppen

Soßen

Fisch

Fleisch

Wild u. Geflügel

Gemüse

Salate

Kartoffeln und Nährmittel

Eintöpfe

Aufläufe

Eierspeisen

Obst und süße Speisen

Mikrowelle

Alphabetisches Rezeptregister